BESTSELLER

Robert T. Kiyosaki transformó radicalmente la forma en que millones de personas alrededor del mundo perciben el concepto del dinero. Con perspectivas que contradicen el conocimiento convencional, Robert se ha ganado una gran reputación por hablar claro, ser irreverente y tener valor. Es reconocido alrededor del mundo como un defensor apasionado de la educación financiera. Ha escrito más de 15 libros.

ROBERT T. KIYOSAKI

El Cuadrante del flujo del dinero

Guía del Padre Rico hacia la Libertad Financiera

DEBOLS!LLO

El cuadrante del flujo de dinero
Guía del Padre Rico para la libertad financiera

Título original: *Rich Dad's CASHFLOW Quadrant*
Guide to Financial Freedom

Primera edición en Debolsillo: julio, 2017

This edition published by arrangement with Rich Dad Operating Company, LLC.
Esta edición es publicada en acuerdo con Rich Dad Operating Company, LLC.

D. R. © 2017, derechos de edición mundiales en lengua castellana:
Penguin Random House Grupo Editorial, S.A. de C.V.
Blvd. Miguel de Cervantes Saavedra núm. 301, 1er piso,
colonia Granada, delegación Miguel Hidalgo, C.P. 11520,
Ciudad de México

www.megustaleer.com.mx

D. R. © 2016, Alejandra Ramos, por la traducción

ISBN: 978-607-315-544-1

Impreso en México – *Printed in Mexico*

El papel utilizado para la impresión de este libro ha sido fabricado a partir de madera procedente de bosques y plantaciones gestionadas con los más altos estándares ambientales, garantizando una explotación de los recursos sostenible con el medio ambiente y beneficiosa para las personas.

Penguin
Random House
Grupo Editorial

El hombre nace libre;
y dondequiera está encadenado.
Uno se considera a sí mismo el amo de los demás,
y sin embargo sigue siendo más esclavo que ellos.

JEAN JACQUES ROUSSEAU

Mi padre rico solía decir: "Usted nunca puede tener verdadera libertad sin la libertad financiera." A continuación agregaba: "La libertad puede ser libre, pero tiene un precio." Este libro está dedicado a aquellas personas dispuestas a pagar el precio.

A nuestros amigos.

El fenomenal éxito de *Padre rico, padre pobre* nos ha traído miles de nuevos amigos en todo el mundo. Sus amables palabras y su amistad nos han inspirado para escribir *El Cuadrante del flujo de dinero*, que en realidad es una continuación de *Padre rico, padre pobre.*

Así que a nuestros amigos, antiguos y nuevos, por su apoyo entusiasta que supera nuestros sueños más ambiciosos, les decimos: gracias.

Índice

¿En qué cuadrante está usted? ¿Es el correcto?

¿Es usted libre desde el punto de vista financiero? *El Cuadrante del flujo de dinero* fue escrito para usted si su vida ha llegado a una encrucijada financiera. Si usted desea asumir el control de lo que hace para cambiar su destino financiero, le será útil para planificar su ruta. Éste es el Cuadrante del flujo de dinero:

Las letras en cada cuadrante representan:
E para empleado
A para autoempleado
D para dueño de negocio
I para inversionista

Cada uno de nosotros se encuentra en por lo menos uno de los cuatro cuadrantes del Cuadrante del flujo de dinero. El lugar en donde nos encontramos está determinado por el sitio de donde proviene nuestro efectivo. La mayoría depende de los cheques de su salario y son, por lo tanto, empleados, mientras que otros son autoempleados. Los empleados y autoempleados se ubican en el lado izquierdo del Cuadrante del flujo de dinero. El lado derecho del Cuadrante del flujo de dinero es para los individuos que reciben su efectivo de los negocios que tienen o de las inversiones que poseen.

El Cuadrante del flujo de dinero trata sobre los cuatro diferentes tipos de personas que conforman el mundo de los negocios, quiénes son y qué hace que los individuos de cada cuadrante sean únicos. Le ayudará a determinar en qué lugar del Cuadrante se encuentra usted actualmente y a planificar la ruta hacia donde quiere estar en el futuro, al elegir su propio camino hacia la libertad financiera. Mientras la libertad financiera puede ser encontrada en los cuatro cuadrantes, las habilidades de un "D" o un "I" le ayudarán a alcanzar sus metas financieras más rápidamente. Un "E" exitoso también debe convertirse en un "I" exitoso.

"¿Qué quieres ser cuando seas grande?"

Este libro es, en muchas maneras, la segunda parte de mi libro *Padre rico, padre pobre*. Para aquellos que quizá no leyeron *Padre rico, padre pobre*, éste se trató de las diferentes lecciones que mis dos padres me enseñaron sobre el tema del dinero y las elecciones en la vida. Uno de ellos fue mi padre verdadero y el otro fue el padre de mi mejor amigo. Uno tenía una gran educación y el otro abandonó los estudios en la preparatoria. Uno era pobre y el otro rico.

Siempre que me formulaban la pregunta: "¿Qué quieres ser cuando seas grande?", mi padre, educado pero pobre, me recomendaba:

"Ve a la escuela, obtén buenas calificaciones y encuentra un trabajo seguro."

Él me estaba recomendando un camino en la vida que se veía como la siguiente ilustración:

El consejo de mi padre pobre

Mi padre pobre me recomendaba que eligiera convertirme en un "E" (empleado) muy bien pagado, o en un profesionista "A" (autoempleado) igualmente bien pagado, como un médico, abogado o contador. Mi padre pobre estaba muy preocupado acerca de obtener un salario estable, beneficios laborales y seguridad en el empleo. Por eso fue un funcionario gubernamental bien pagado; el director de educación del estado de Hawai.

Por otra parte, mi padre rico, que tenía poca educación, me ofrecía un consejo muy diferente. Él me recomendaba:

"Ve a la escuela, gradúate, crea un negocio y conviértete en un inversionista exitoso."

Él estaba recomendando un camino en la vida que se veía como la siguiente ilustración:

Este libro trata sobre el proceso mental, emocional y educativo por el que atravesé al seguir el consejo de mi padre rico.

Para quién es este libro

Este libro ha sido escrito para las personas que están listas para cambiar de cuadrante. Este libro está dirigido especialmente a los individuos que actualmente se encuentran en las categorías "E" y "A" y que piensan convertirse en "D" o "I". Es para las personas que están listas para ir más allá de la seguridad laboral y comienzan a lograr la seguridad financiera. No se trata de un camino sencillo en la vida, pero el precio que se encuentra al final del trayecto hace que éste valga la pena. Es el trayecto hacia la libertad financiera.

Mi padre rico me contó una historia sencilla cuando tenía 12 años de edad, que me ha guiado hacia una gran riqueza y libertad financiera. Ésa era la manera en que mi padre rico explicaba la diferencia entre el lado izquierdo del Cuadrante del flujo de dinero (los cuadrantes "E" y "A") y el lado derecho (los cuadrantes "D" e "I"). La historia dice:

"Había una vez una pequeña y pintoresca aldea. Era un gran lugar para vivir, excepto por un problema: la aldea no disponía de agua a menos que lloviera. Para resolver ese problema de una vez por todas, los ancianos de la aldea decidieron someter a licitación el contrato para suministrar agua a la aldea de manera diaria. Dos personas se ofrecieron para llevar a cabo la tarea y los ancianos otorgaron el contrato a ambos. Consideraron que un poco de competencia mantendría los precios bajos y aseguraría un respaldo al suministro de agua.

"El primero de los dos ganadores del contrato, Ed, salió inmediatamente, regresó con dos cubetas de acero galvanizado y comenzó a correr de ida y de regreso a lo largo del camino al lago que se encontraba a una milla de distancia. Ed comenzó a ganar dinero inmediatamente al trabajar desde la mañana hasta la noche acarreando agua del lago en sus dos cubetas. Las vaciaba en un gran tanque de concreto que la aldea había construido. Cada mañana tenía que levantarse antes que los demás habitantes para asegurarse de que habría suficiente agua cuando ellos la desearan. Era un trabajo duro, pero él estaba muy contento porque estaba ganando dinero y porque tenía uno de los dos contratos exclusivos para este negocio.

"El segundo ganador del contrato, Bill, desapareció durante algún tiempo. No se le vio durante varios meses, lo que hizo muy feliz a Ed dado que no tenía competencia. Ed estaba ganando todo el dinero.

"En vez de comprar dos cubetas para competir con Ed, Bill tenía un plan de negocios escrito, creó una corporación, encontró cuatro inversionistas, empleó a un presidente para hacer el trabajo y regresó seis meses después con un grupo de trabajadores de la construcción. Al cabo de un año su equipo había construido una tubería de acero inoxidable de gran volumen que conectaba a la aldea con el lago.

"Durante la gran ceremonia de inauguración, Bill anunció que su agua era más limpia que la de Ed. Bill sabía que se habían presentado quejas de que el agua de Ed estaba sucia. Bill anunció también que podía suministrar agua a la aldea 24 horas al día, siete días a la semana. Ed sólo podía suministrar agua en días laborales: no trabajaba los fines de semana. En seguida, Bill anunció que cobraría 75% menos que Ed por este suministro de agua, más confiable y de mejor calidad. Las habitantes de la aldea lo ovacionaron y corrieron al grifo al final de la tubería de Bill.

"Con el fin de competir, Ed bajó su precio inmediatamente en 75%, consiguió otras dos cubetas, añadió cubiertas a sus cubetas y comenzó inmediatamente a acarrear cuatro cubetas en cada viaje. Para proporcionar mejor servicio, contrató a sus dos hijos para que le ayudaran en el turno de la noche y durante los fines de semana. Cuando sus hijos se marcharon a la universidad, él les dijo que se apuraran a volver porque algún día ese negocio les pertenecería.

"Por alguna razón sus hijos no regresaron después de la universidad. Eventualmente Ed tuvo empleados y problemas sindicales. El sindicato exigía salarios más altos, mejores beneficios y quería que sus miembros acarrearan sólo una cubeta a la vez.

"Por su parte, Bill se dio cuenta de que si esa aldea necesitaba agua, entonces otras aldeas también debían necesitarla. Reescribió su plan de negocios y se marchó a vender su sistema de agua limpia de alta velocidad, gran volumen y bajo costo a las aldeas alrededor del mundo.

"Él sólo ganaba un centavo por cubeta de agua entregada, pero entregaba miles de millones de cubetas de agua diariamente. Sin importar si él trabajaba o no, miles de millones de personas consumían miles de millones de cubetas de agua y todo ese dinero se depositaba en su cuenta bancaria. Bill desarrolló la tubería para llevar dinero para él mismo, así como para llevar agua a las aldeas.

"Bill vivió felizmente para siempre y Ed trabajó muy duro por el resto de su vida y siempre tuvo problemas financieros. Fin."

La historia de Bill y Ed me ha guiado a lo largo de los años. Me ha ayudado a llevar a cabo el proceso de toma de decisiones en mi vida. A menudo me pregunto:

¿Estoy construyendo una tubería o acarreando cubetas?

¿Estoy trabajando duro o estoy trabajando de manera inteligente?

Y las respuestas a esas preguntas me han hecho libre desde el punto de vista financiero.

Y de eso trata este libro. Trata de lo que se necesita para convertirse en un "D" o en un "I". Es para las personas que están cansadas de acarrear cubetas y que están listas para construir tuberías que lleven efectivo al interior de sus bolsillos... y no de sus bolsillos hacia afuera.

Este libro está dividido en tres partes

Primera parte: la primera se ocupa de las diferencias principales entre las personas de los cuatro cuadrantes y sobre las razones por las que ciertas personas gravitan hacia ciertos cuadrantes y a menudo quedan atrapadas en ellos sin darse cuenta. Le ayudará a identificar dónde se encuentra usted actualmente en el Cuadrante y dónde quiere usted estar dentro de cinco años.

Segunda parte: es sobre cambio personal. Trata sobre *quién* debe usted ser, en vez de *qué* debe usted hacer.

Tercera parte: define siete pasos que usted puede tomar en su camino hacia el lado derecho del Cuadrante. Compartiré con usted más secretos de mi padre rico sobre las habilidades necesarias para ser un "D" e "I" exitoso. Esto le ayudará a elegir su propio camino hacia la libertad financiera.

A lo largo de *El Cuadrante del flujo de dinero* enfatizo continuamente la importancia de la inteligencia financiera. Si usted desea operar en el lado derecho del cuadrante, el lado de "D" e "I", necesita ser más inteligente que si usted elige permanecer en el lado izquierdo como un "E" o un "A".

Para ser un "D" o un "I" usted debe ser capaz de controlar la dirección de su flujo de efectivo.

Este libro ha sido escrito para las personas que están listas para hacer cambios en sus vidas. Ha sido escrito para las personas que están listas para ir más allá de la seguridad del empleo y así comenzar a construir sus propios caminos con el fin de lograr su libertad financiera.

Nos encontramos en el amanecer de la era de la información y esta era ofrecerá más oportunidades que nunca para obtener recompensas financieras. Serán los individuos que posean las habilidades de los "D" y los "I" quienes podrán identificar y aprovechar esas oportunidades. Para ser exitoso en la era de la información, una persona necesitará información de los cuatro cuadrantes. Desafortunadamente, nuestras escuelas aún se encuentran en la era industrial y todavía preparan a los estudiantes sólo para ingresar al lado izquierdo del Cuadrante.

Si usted está buscando nuevas respuestas para avanzar en la era de la información, entonces este libro ha sido escrito para usted. Para ayudarle en su trayecto hacia la era de la información. El libro no contiene todas las respuestas... pero yo compartiré con usted las enseñanzas profundamente personales que obtuve cuando viajé del lado de "E" y "A" del Cuadrante del flujo de dinero, hacia el lado de "D" e "I".

Si usted está listo para comenzar su viaje o ya se encuentra en camino de lograr su libertad financiera, esté libro ha sido escrito para usted.

Como una forma de agradecer la lectura de este libro e incrementar su conocimiento sobre dinero y negocios, pongo a su disposición un informe especial de audio titulado:

Lo que me enseñó mi padre rico acerca de la inversión.

Es una cinta educativa que ofrece más ideas sobre lo que me enseñó mi padre rico acerca de la inversión. Se la ofrezco para que amplíe más su educación y para explicar por qué creamos nuestros productos educativos para personas como usted. Con un valor al menudeo de 19.95 dólares, ofrecemos esta cinta como un regalo para usted.

Esta cinta no aborda el tema de lo que llamo "estrategias de inversión de la clase media"... especialmente aquellas que dependen de manera considerable de fondos de inversión. De hecho usted descubrirá por qué muchas personas ricas no compran participación en fondos de inversión. Al igual que con todos nuestros productos, hacemos nuestro mejor esfuerzo para señalar las diferencias en la manera de pensar de los ricos, los pobres y la clase media... y luego permitimos que usted escoja la manera en que usted desea pensar. Después de todo, uno de los beneficios de vivir en una sociedad libre consiste en que todos podemos elegir entre ser ricos, pobres o miembros de la clase media. Esa decisión depende de usted, independientemente de la clase a la que pertenezca hoy.

Todo lo que usted tiene que hacer para obtener este informe en audio es visitar nuestro sitio web en la dirección electrónica www.richdadbook2.com y el informe será suyo de manera gratuita.

Gracias.

niño que hay en su interior respondería: "Pero realmente se me antoja ir de vacaciones. Simplemente cargaré mis vacaciones a la tarjeta de crédito."

¿Cuándo es usted un adulto?

Al pasar del lado izquierdo del Cuadrante al lado derecho, necesitamos ser adultos. Todos necesitamos crecer desde el punto de vista financiero. En vez de ser el padre o el niño, necesitamos considerar el dinero, el trabajo y la inversión como adultos. Y lo que ser adulto significa es conocer lo que usted tiene que hacer y hacerlo, incluso a pesar de que no se le antoje hacerlo.

Las conversaciones en su interior

Para las personas que acarician la idea de transitar de un cuadrante a otro, una parte importante del proceso consiste en estar consciente de su diálogo interno… o de las conversaciones que tienen lugar en su interior. Siempre recuerde la importancia del libro *Think and Grow Rich (Piense y vuélvase rico)*. Una parte importante del proceso consiste en estar atento a sus pensamientos en silencio, su diálogo interno y recordar siempre que aquello que suena lógico en un cuadrante no tiene sentido en otro. El proceso de ir del empleo o la seguridad financiera a la libertad financiera es primordialmente un proceso que consiste en cambiar de manera de pensar. Es un proceso que consiste en hacer su mejor esfuerzo para distinguir qué pensamientos están basados en la emoción y cuáles en la lógica. Si usted puede mantener a raya sus emociones y optar por lo que usted sabe que es lógico, tiene una buena oportunidad de hacer el ránsito. Sin importar lo que alguien le diga a usted desde el exterior, la conversación más importante es la que usted tiene en u interior.

Cuando Kim y yo nos quedamos temporalmente sin hogar y asamos por un período de inestabilidad financiera, nuestras emo-

PRIMERA PARTE

El Cuadrante del flujo de dinero

CAPÍTULO 1

"¿Por qué no consigue un empleo?"

En 1985 mi esposa Kim y yo nos quedamos sin casa. Estábamos desempleados y nos quedaba muy poco dinero de nuestros ahorros; nuestras tarjetas de crédito estaban saturadas y vivíamos en un viejo Toyota café, con asientos reclinables que nos servían como camas. Al cabo de una semana comenzamos a darnos cuenta de la amarga realidad de quiénes éramos, qué hacíamos y hacia dónde nos dirigíamos.

Nuestra miseria duró otras dos semanas. Al darse cuenta de nuestra desesperada situación financiera, una amiga nos ofreció alojarnos en su sótano. Vivimos allí durante nueve meses.

Mantuvimos nuestra situación en secreto. En general, mi esposa y yo parecíamos normales en la superficie. Cuando informamos a amigos y familiares de nuestros apuros, la primera pregunta que nos formularon siempre fue: ¿Por qué no consiguen un empleo?

Al principio tratamos de explicarles, pero en la mayoría de los casos fracasamos al tratar de aclarar nuestras razones. Para alguien que valora su empleo, es difícil explicarle por qué usted no quiere obtener uno.

Ocasionalmente desempeñamos algunos trabajos aislados y ganamos unos cuantos dólares aquí y allá. Sin embargo, lo hicimos sólo para alimentarnos y ponerle gasolina al automóvil. Esos pocos dólares extra eran sólo el combustible que nos permitía seguir adelante hacia nuestra meta singular. Debo admitir que durante algunos momentos de profundas dudas personales, la idea de tener un trabajo seguro y recibir un sueldo parecía atractiva. Sin embargo, dado que la seguridad en el empleo no era lo que estábamos buscando, seguimos esforzándonos, viviendo día a día al borde del abismo financiero.

Ese año, 1985, fue el peor de nuestras vidas, así como el más largo. Aquel que dice que el dinero no es importante obviamente no ha carecido de él por mucho tiempo. Kim y yo peleábamos y discutíamos frecuentemente. El miedo, la incertidumbre y el hambre funden el fusible emocional de los humanos y a menudo peleamos con la persona que más nos ama. Sin embargo, el amor nos mantuvo unidos y nuestro vínculo como pareja se fortaleció debido a la adversidad. Sabíamos hacia dónde nos dirigíamos; simplemente no sabíamos si llegaríamos allí algún día.

Sabíamos que siempre podríamos encontrar un empleo seguro y bien pagado. Ambos éramos graduados universitarios con buena capacidad laboral y sólida ética de trabajo. Pero no nos interesaba la seguridad en el empleo. Nos interesaba la libertad financiera.

Hacia 1989 ya éramos millonarios. Aunque teníamos éxito financiero a la vista de algunas personas, todavía no habíamos alcanzado nuestros sueños. Aún no lográbamos obtener la libertad financiera. Eso ocurrió hasta 1994. Para entonces ya no teníamos que volver a trabajar por el resto de nuestras vidas. Salvo que ocurriera un desastre financiero imprevisto, ambos éramos libres desde el punto de vista financiero. Kim tenía 37 años de edad y yo, 47.

No se necesita dinero para ganar dinero

Comencé a escribir este libro relatando que carecíamos de hogar y no teníamos nada porque a menudo escucho a la gente decir: "Se necesita dinero para ganar dinero."

No estoy de acuerdo. El pasar de desposeído en 1985 a rico en 1989, y luego a ser libre desde el punto de vista financiero en 1994, no requirió de dinero. No teníamos dinero cuando comenzamos; y teníamos deudas.

Tampoco se necesita una buena educación formal. Yo tengo un grado universitario y puedo decir honestamente que lograr la libertad financiera no tuvo nada que ver con lo que aprendí en la universidad. No encontré mucho en qué aplicar mis años de estudiar cálculo, trigonometría esférica, química, física, francés y literatura inglesa.

Muchas personas exitosas han abandonado la escuela sin recibir un grado universitario: personas como Thomas Edison, fundador de General Electric; Henry Ford, fundador de Ford Motor Co.; Bill Gates, fundador de Microsoft; Ted Turner, fundador de CNN; Michael Dell, fundador de Dell Computers; Steve Jobs, fundador de Apple Computer; y Ralph Lauren, fundador de Polo. Una educación universitaria es importante para las profesiones tradicionales, pero no lo fue para la manera en que estas personas se volvieron ricas. Ellos desarrollaron sus propios negocios exitosos y era eso por lo que nos esforzábamos Kim y yo.

¿Entonces qué se necesita?

A menudo me preguntan: "Si no se necesita dinero para ganar dinero y las escuelas no le enseñan a usted cómo obtener la libertad financiera, ¿entonces qué se necesita?"

Mi respuesta es: se requiere un sueño, mucha determinación, disposición para aprender rápidamente y la habilidad para utilizar los activos que Dios le dio de manera adecuada y para saber en qué sector del Cuadrante del flujo de dinero debe usted generar su ingreso.

¿Qué es el Cuadrante del flujo de dinero?

El diagrama que aparece a continuación es el Cuadrante del flujo de dinero.

Las letras en cada cuadrante representan:

E para empleado

A para autoempleado

D para dueño de negocio

I para inversionista

¿En qué cuadrante genera usted su ingreso?

El Cuadrante del flujo de dinero representa los diferentes métodos por los que se genera el ingreso o dinero. Por ejemplo, un empleado gana dinero al conservar su empleo y trabajar para alguien más o para una compañía. Los autoempleados ganan dinero al trabajar para sí mismos. El dueño de un negocio posee una empresa que le genera dinero y los inversionistas ganan dinero de sus distintas inversiones; en otras palabras, dinero que genera dinero.

Los diferentes métodos para generar ingreso requieren distintas estructuras de pensamiento, distintas aptitudes técnicas, distintos caminos educativos y distintos tipos de personas. Diferentes personas son atraídas a distintos cuadrantes.

Aunque el dinero sea el mismo, la manera de ganarlo puede ser muy diferente. Si usted comienza a considerar las cuatro diferentes etiquetas para cada cuadrante, podría preguntarse a sí mismo: ¿En qué cuadrante genero la mayor parte de mi ingreso?

Cada cuadrante es diferente. Para generar ingreso de diferentes cuadrantes se requiere de distintas aptitudes y personalidad, incluso si la persona que se encuentra en cada cuadrante es la misma. Cambiar de un cuadrante a otro es como jugar al golf en la mañana y asistir al ballet por la noche.

Usted puede obtener ingresos de los cuatro cuadrantes

La mayoría de nosotros tiene el potencial para generar ingresos de los cuatro cuadrantes. De qué cuadrante escogemos usted y yo ganar nuestro ingreso principal no depende tanto de lo que aprendimos en la escuela, sino de quiénes somos fundamentalmnte; nuestros valores, fortalezas, debilidades e intereses esenciales. Son esas diferencias esenciales lo que nos hace sentir atraídos por, o rechazar los cuatro cuadrantes.

Sin embargo, sin importar qué *hacemos* profesionalmente, todavía podemos trabajar en los cuatro cuadrantes. Por ejemplo, un médico puede escoger ganar su ingreso como un "E", un empleado, y unirse al equipo de trabajo de un gran hospital, o trabajar para el gobierno en un servicio público de salud, o convertirse en médico militar, o unirse al equipo de una compañía de seguros que requiere contar con un doctor.

Este mismo médico también podría decidir ganar su ingreso como un "A", un autoempleado y abrir un consultorio privado, contratar empleados y crear una lista privada de clientes.

O bien el doctor podría decidir convertirse en un "D" y ser propietario de una clínica o laboratorio y tener a otros doctores en su equipo de trabajo. Este médico probablemente contrataría a un gerente de negocios para dirigir a la organización. En este caso, el doctor sería propietario del negocio pero no tendría que trabajar en él. El doctor también podría decidir ser propietario de un negocio que no tenga relación alguna con el campo de la medicina y al mismo tiempo seguir practicando su profesión en otra parte. En este caso, el doctor ganaría su ingreso como un "E" y como un "D".

Como un "I", el doctor también podría generar ingreso al ser inversionista en el negocio de alguien más, o en los medios como el mercado de valores, el mercado de obligaciones y los bienes raíces.

Las palabras importantes son *generar su ingreso de*. No es tanto lo que hacemos, sino cómo generamos nuestro ingreso.

Diferentes métodos para generar ingreso

Más que otra cosa, son las diferencias internas de nuestros valores, fortalezas, debilidades e intereses fundamentales las que determinan de qué cuadrante decidimos generar nuestro ingreso. A algunas personas les gusta mucho ser empleados, mientras otras lo odian. Algunas personas prefieren ser dueñas de compañías, pero no quieren dirigirlas. A otras les gusta ser dueñas de compañías y también dirigirlas. Existe gente que ama la inversión, mientras que otros sólo ven el riesgo de perder dinero. La mayoría de nosotros tenemos un poco de cada uno de esos personajes. Para ser exitoso en los cuatro cuadrantes a menudo se requiere redirigir algunos valores esenciales internos.

Usted puede ser rico o pobre en los cuatro cuadrantes

También es importante señalar que usted puede ser rico o pobre en los cuatro cuadrantes. Existen personas que ganan millones de dólares y personas que van a la bancarrota en cada uno de esos cuadrantes. El hecho de estar en uno u otro de los cuadrantes no necesariamente garantiza el éxito financiero.

No todos los cuadrantes son iguales

Al conocer las diferentes características de cada cuadrante, usted tendrá una mejor idea sobre qué cuadrante o cuadrantes pueden ser los mejores para usted.

Por ejemplo, una de las principales razones por las que escogí trabajar de manera predominante en los cuadrantes "D" e "I" es debido a las ventajas fiscales. Para las personas que trabajan en la parte izquierda del Cuadrante, existen muy pocas oportunidades de ahorrar en el pago de impuestos. Sin embargo, las oportunidades de ahorrar en el pago de impuestos abundan en la parte derecha del Cuadrante. Al trabajar para generar ingreso en los cuadrantes "D" e "I", yo podía adquirir dinero más rápidamente y hacer que el dinero se mantuviera trabajando para mí durante más tiempo, sin perder grandes cantidades para el pago de impuestos.

Diferentes maneras de ganar dinero

Cuando la gente pregunta por qué Kim y yo vivimos en la miseria, les respondo que se debe a lo que mi padre rico me enseñó sobre el dinero. Para mí, el dinero es importante y sin embargo no deseaba pasar mi vida trabajando para conseguirlo. Ésa es la razón por la que yo no quería un empleo. Si íbamos a ser ciudadanos responsables, Kim y yo deseábamos que nuestro dinero trabajara para nosotros, en vez de pasar nuestras vidas trabajando físicamente por el dinero.

Ésa es la razón por la que el Cuadrante del flujo de dinero es importante. El Cuadrante distingue entre las diferentes maneras en que se genera el dinero. Existen formas de ser responsable y crear dinero, además de trabajar físicamente para conseguirlo.

Diferentes padres y diferentes ideas sobre el dinero

Mi padre educado tenía una idea muy arraigada de que el amor por el dinero era perverso, que obtener una ganancia excesiva era codicia. Se sintió avergonzado cuando los periódicos publicaron cuánto dinero ganaba, porque consideraba que ganaba demasiado en comparación con los maestros de escuela que trabajaban para él. Era un hombre bueno, honesto y trabajador que hizo su mejor esfuerzo para defender su punto de vista de que el dinero no era importante para su vida.

> Mi padre educado, aunque pobre, decía constantemente:
> "No estoy muy interesado en el dinero."
> "Nunca seré rico."
> "No puedo comprarlo."
> "Invertir es riesgoso."
> "El dinero no lo es todo."

El dinero mantiene la vida

Mi padre rico tenía un punto de vista diferente. Consideraba que era tonto pasar la vida entera trabajando para ganar dinero y pretender que el dinero no era importante. Mi padre rico creía que la vida era más importante que el dinero, pero que el dinero era importante para mantener la vida. A menudo decía: "Usted sólo tiene un cierto número de horas en un día y hay un límite a lo duro que puede trabajar. ¿Entonces por qué trabajar duro por el dinero? Aprenda a hacer que el dinero y la gente trabajen para usted y será libre para hacer las cosas que son importantes."

Para mi padre rico, lo importante era:

1. Tener mucho tiempo para criar a sus hijos.
2. Tener dinero para donar a las beneficencias y a los proyectos que apoyaba.

3. Proporcionar empleos y estabilidad financiera a la comunidad.
4. Tener tiempo y dinero para cuidar de su salud.
5. Ser capaz de viajar por el mundo con su familia.

"Se necesita dinero para esas cosas", decía mi padre rico. "Por eso es que el dinero es importante para mí. El dinero es importante, pero no quiero pasar mi vida trabajando para ganarlo."

Escoger los cuadrantes

Una razón por la que mi esposa y yo nos enfocamos en los cuadrantes "D" e "I" mientras vivíamos en la miseria era debido a que yo tenía más educación y capacitación correspondiente a esos cuadrantes. Fue debido a la guía de mi padre rico que yo conocí las diferentes ventajas financieras y profesionales de cada cuadrante. Para mí, los cuadrantes del lado derecho, los cuadrantes "D" e "I", ofrecen la mejor oportunidad para obtener el éxito y la libertad financieros.

Por otra parte, a los 37 años de edad, yo había experimentado éxitos y fracasos en cada uno de los cuatro cuadrantes, lo que me permitía tener cierto nivel de comprensión sobre nuestro propio temperamento personal, nuestros gustos, aversiones, fortalezas y debilidades. Yo sabía en qué cuadrantes me desempeñaba mejor.

Los padres son maestros

Fue mi padre rico quien a menudo se refirió al Cuadrante del flujo de dinero cuando yo era un niño pequeño. Él me explicó la diferencia entre alguien que tenía éxito en el lado izquierdo y alguien que lo tenía en el lado derecho. Sin embargo, debido a mi juventud, yo no presté mucha atención a lo que él decía. Yo no comprendía la diferencia entre la mentalidad de un empleado y la de un dueño de negocio. Yo simplemente estaba tratando de sobrevivir en la escuela.

Pero escuché sus palabras y poco después éstas comenzaron a tener sentido. El hecho de tener dos figuras paternas dinámicas y exitosas a mi alrededor dotó de significado lo que cada uno de ellos decía. Sin embargo, fue lo que ellos hacían lo que me permitió comenzar a notar las diferencias entre el lado de "E" y "A" del Cuadrante *y* el lado de "D" e "I". Al principio esas diferencias eran sutiles, luego se hicieron más notorias.

Por ejemplo, una dolorosa lección que aprendí cuando era un niño fue simplemente cuánto tiempo podía pasar conmigo uno de mis padres, en comparación con el otro. Conforme crecieron el éxito y la importancia de ambos, se hizo evidente que uno de ellos tenía cada vez menos tiempo para su esposa y sus cuatro hijos. Mi verdadero padre estaba siempre de viaje, en reuniones, o a punto de partir hacia el aeropuerto para acudir a más reuniones. Mientras mayor fue su éxito, menos cenas tuvimos juntos como familia. Él pasaba los fines de semana en la pequeña y atiborrada oficinita que tenía en casa, enterrado bajo una montaña de papeles.

Mi padre rico, por otra parte, tenía cada vez más tiempo libre conforme creció su éxito. Una de las razones por las que aprendí tanto sobre dinero, finanzas, negocios y la vida, fue simplemente porque mi padre rico tenía cada vez más tiempo para estar con sus hijos y conmigo.

Otro ejemplo es que ambos padres ganaron cada vez más dinero conforme tuvieron éxito, pero mi verdadero padre, el educado, también se hundió más profundamente en las deudas. De manera que él trabajó cada vez más duro y repentinamente se encontró en un nivel tributario más alto. Su banquero y su contador le dijeron entonces que comprara una casa más grande, para sacar provecho de la "oportunidad fiscal". Mi padre siguió el consejo y compró una casa más grande y pronto debió trabajar más duro para ganar más dinero para pagar la nueva casa... lo que lo alejó aún más de su familia.

Mi padre rico era diferente. Ganó cada vez más dinero, pero pagó menos en impuestos. Él también tenía banqueros y contadores, pero no estaba recibiendo el mismo consejo que recibía mi padre educado.

La razón principal

Por otra parte, el motivo principal que no me permitiría permanecer en el lado izquierdo del Cuadrante fue lo que le ocurrió a mi padre educado y pobre al llegar al clímax de su carrera.

A principios de los años setenta yo ya había dejado la universidad en Pensacola, Florida y recibía mi entrenamiento de piloto en el Cuerpo de Marines, en camino a ser enviado a Vietnam. Mi padre educado era entonces el Superintendente de Educación del estado de Hawai y miembro del equipo de trabajo del gobernador. Una noche mi padre me llamó por teléfono a la base.

"Hijo", me dijo. "Voy a renunciar a mi trabajo y a presentarme como candidato a vicegobernador del estado de Hawai por el Partido Republicano."

Yo tragué saliva y le dije: "¿Vas a competir por el cargo en contra de tu jefe?"

"Así es", me respondió.

"¿Por qué?", le pregunté. "Los republicanos no tienen la menor oportunidad en Hawai. El Partido Demócrata y los sindicatos son demasiado fuertes."

"Lo sé, hijo. También sé que no tenemos oportunidad de ganar. El juez Samuel King será el candidato a gobernador y yo seré su compañero de fórmula."

"¿Por qué?", volví a preguntarle. "¿Por qué competir contra tu propio jefe si sabes que vas a perder?"

"Porque mi conciencia no me permite hacer otra cosa. Los juegos que practican estos políticos me perturban."

"¿Quieres decir que son corruptos?", le pregunté.

"No quiero decir eso", dijo mi padre verdadero. Él era un hombre honesto y moral que rara vez habló mal de nadie. Siempre fue un diplomático. Sin embargo, yo sabía, por el tono de su voz, que estaba enojado y molesto cuando dijo: "Sólo sé que mi conciencia me molesta cuando veo lo que ocurre entre bambalinas. No podría vivir conmigo mismo si fingiera estar ciego y no hiciera nada. Mi trabajo y mi sueldo no son tan importantes como mi conciencia."

Tras un largo silencio me di cuenta de que mi padre había tomado una decisión. "Buena suerte", le dije en voz baja. "Estoy orgulloso de tu valor y estoy orgulloso de ser tu hijo."

Mi padre y la fórmula del Partido Republicano fueron aplastados, como se esperaba. El gobernador reelecto expresó que mi padre nunca volvería a obtener trabajo con el gobierno del estado de Hawai… y nunca lo obtuvo. A los 54 años de edad, mi padre comenzó a buscar un empleo y yo iba camino a Vietnam.

En la edad madura, mi padre estaba buscando un nuevo empleo. Pasó de empleos a empleos con grandes títulos y salarios modestos. Trabajos en los que era el director ejecutivo de Servicios XYZ, una organización no lucrativa, o director administrativo de Servicios ABC, otra organización no lucrativa.

Él era un hombre alto, dinámico y brillante que ya no recibían bien en el único mundo que conocía, el mundo de los empleados gubernamentales. Intentó comenzar varios pequeños negocios. Fue consultor durante algún tiempo, incluso adquirió una franquicia famosa, pero todos esos negocios fracasaron. Conforme envejeció y perdió sus fuerzas, también perdió el impulso para comenzar otra vez; su falta de voluntad se hizo más pronunciada después de cada fracaso en los negocios. Él era un "E" exitoso que trataba de sobrevivir como un "A", un cuadrante en el que no tenía capacitación ni experiencia y para el cual carecía de voluntad. Amaba el mundo de la educación pública, pero no podía encontrar la manera de volver. La prohibición de emplearlo en el gobierno del estado fue colocada de manera discreta. En algunos círculos se le llama a eso "lista negra".

Si no hubiera sido por el Seguro Social y los servicios públicos de salud (Medicare), los últimos años de su vida hubieran sido un desastre completo. Murió frustrado y un poco enojado, aunque murió con la conciencia tranquila.

De manera que lo que me impulsó a seguir adelante en las horas más negras fue el recuerdo doloroso de mi padre educado, sentado en casa, esperando a que sonara el teléfono, tratando de obtener éxito en el mundo de los negocios; un mundo del que no sabía nada.

Eso y el alegre recuerdo de ver a mi padre rico envejecer cada vez más feliz y exitoso conforme pasaron los años, fue lo que me inspiró. En vez de comenzar su decadencia al cumplir 54 años de edad, mi padre rico alcanzó su plenitud. Se había vuelto rico años antes, pero en aquel entonces se estaba convirtiendo en megarico. Se le mencionaba constantemente en los diarios como el hombre que estaba comprando Waikikí y Maui. Sus años de creación metódica de negocios y de inversiones estaban redituándole y él estaba en camino de convertirse en uno de los hombres más ricos de las islas.

Las pequeñas diferencias se convierten en grandes diferencias

Debido a que mi padre rico me explicó el Cuadrante, fui capaz de ver las pequeñas diferencias que se volvieron grandes diferencias al apreciarlas en relación con los años que una persona pasa trabajando. Gracias al Cuadrante yo sabía que era mejor decidir no tanto lo que yo quería hacer, sino en quién quería convertirme conforme pasaran mis años de trabajo. En mis horas más negras, fue este conocimiento profundo y las lecciones que recibí de mis dos padres, lo que me permitió seguir adelante.

Es más que sólo el cuadrante

El Cuadrante del flujo de dinero es más que sólo dos líneas y algunas letras.

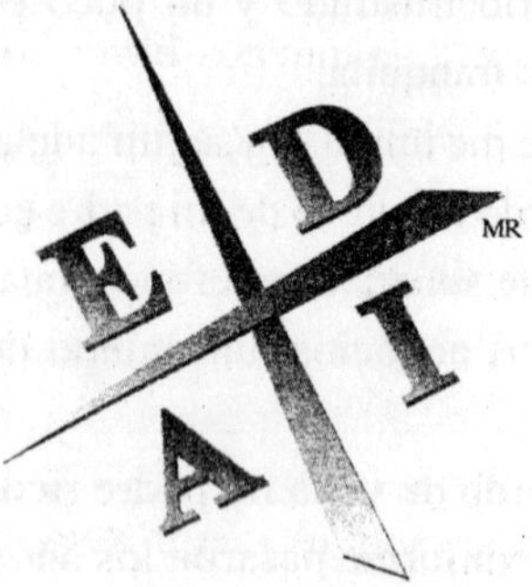

Si usted observa debajo de la superficie de este diagrama sencillo, descubrirá mundos completamente diferentes, así como maneras diferentes de ver al mundo. Dado que soy una persona que ha observado al mundo tanto desde el lado izquierdo del Cuadrante como desde el lado derecho, puedo decir honestamente que se ve de manera muy distinta, dependiendo en qué lado se encuentre usted… y este libro trata sobre esas diferencias.

Ningún cuadrante es mejor que el otro… cada uno tiene fortalezas y cada uno tiene debilidades. Este libro ha sido escrito para permitirle echar un vistazo a los diferentes cuadrantes y al desarrollo personal necesario para ser exitoso desde el punto de vista financiero en cada uno de ellos. Espero que usted obtenga enseñanzas útiles para seleccionar la ruta hacia la vida financiera que mejor le acomode.

Muchas de las habilidades esenciales para tener éxito en el lado derecho del Cuadrante no se enseñan en la escuela, lo que podría explicar por qué personas como Bill Gates, de Microsoft, Ted Turner, de CNN y Thomas Edison abandonaron la escuela prematuramente. Este libro identificará esas habilidades, así como el temperamento fundamental de la persona, que son necesarios para lograr el éxito en el lado de "D" e "I" del Cuadrante.

En primer término ofrezco una visión general de los cuatro cuadrantes y a continuación un enfoque más cercano al lado de "D" e "I". Se han escrito ya muchos libros sobre aquello que es necesario para ser exitoso en el lado de "E" y "A".

Después de leer este libro, algunos de ustedes quizá quieran cambiar la manera en que obtienen su ingreso y algunos estarán satisfechos al permanecer en donde se encuentran. Es posible que usted elija operar en más de un cuadrante y quizá en los cuatro cuadrantes simultáneamente. Todos somos diferentes y un cuadrante no es más importante ni mejor que otro. En cada aldea, pueblo, ciudad y país del mundo se requieren personas que operen en los cuatro cuadrantes para asegurar la estabilidad financiera de la comunidad.

Por otra parte, conforme envejecemos y obtenemos diferentes experiencias, nuestros intereses cambian. Por ejemplo, he notado que muchos jóvenes recién egresados de la escuela a menudo están contentos al obtener un empleo. Sin embargo, al cabo de un par de años, unos cuantos deciden que no están interesados en subir por la escalera corporativa o pierden interés en el campo de negocios en que se encuentran. Esos cambios de edad y experiencia a menudo ocasionan que una persona busque nuevas vías de crecimiento, desafío, recompensa financiera y felicidad personal. Espero que este libro ofrezca algunas ideas frescas para la obtención de esas metas.

En pocas palabras, este libro no trata de personas que se han quedado sin hogar, sino de la manera de encontrar un hogar… un hogar en un cuadrante o cuadrantes.

Capítulo 2

Diferentes cuadrantes... diferentes personas

"No es posible enseñar nuevos trucos a un perro viejo", decía siempre mi padre educado.

Yo me había sentado con él en varias ocasiones y había hecho mi mejor esfuerzo para explicarle el Cuadrante del flujo de dinero, con el fin de mostrarle algunos nuevos derroteros financieros. Cercano a cumplir 60 años de edad, se daba cuenta de que muchos de sus sueños no se cumplirían. Su colocación en la "lista negra" parecía ir ahora más allá de los muros del gobierno estatal. Él se estaba colocando a sí mismo en ella.

"Lo intenté, pero no funcionó", dijo.

Mi padre se refería a sus intentos de lograr el éxito en el cuadrante "A" con su propio negocio como consultor autoempleado, y como "D" cuando gastó gran parte de sus ahorros de toda la vida en una franquicia de helados famosa que fracasó.

Dado que era una persona inteligente, comprendía desde el punto de vista conceptual las diferentes aptitudes técnicas que eran necesarias en cada uno de los cuatro cuadrantes. Él sabía que podía aprenderlas si lo deseaba, sin embargo, había algo más que se lo impedía.

Un día, durante el almuerzo, conversé con mi padre rico sobre mi padre educado.

"Tu padre y yo no somos iguales en lo más íntimo", me dijo mi padre rico. "Aunque los dos somos seres humanos y ambos tenemos miedos, dudas, creencias, fortalezas y debilidades, respondemos o manejamos esas similitudes básicas... de manera diferente."

"¿Puedes decirme cuáles son las diferencias?", le pregunté.

"No durante un solo almuerzo", dijo mi padre rico. "Sin embargo, la manera en que respondemos a esas diferencias es lo que ocasiona que permanezcamos en un cuadrante o en otro. Cuando tu padre trató de cruzar del cuadrante 'E' al cuadrante 'D', él pudo comprender intelectualmente el proceso, pero no pudo manejarlo emocionalmente. Cuando las cosas no salieron como él esperaba y comenzó a perder dinero, no supo qué hacer para resolver los problemas... por lo que regresó al cuadrante en que se sentía más cómodo."

"El cuadrante 'E' y en ocasiones el cuadrante 'A'", dije.

Mi padre rico asintió con la cabeza. Cuando el miedo a perder dinero y fracasar se vuelve demasiado doloroso al interior, un miedo que ambos tenemos, él escoge buscar la seguridad y yo escojo buscar la libertad.

"Y ésa es la diferencia fundamental", dije, mientras le hacía una seña al mesero para que llevara la cuenta.

"A pesar de que todos somos seres humanos", volvió a afirmar mi padre rico, "cuando se refiere al dinero y a las emociones relacionadas con el dinero, todos respondemos de manera distinta. Y es la manera en que respondemos a esas emociones lo que a menudo determina en qué cuadrante escogemos generar nuestro ingreso".

"Diferentes cuadrantes... diferentes personas", dije.

"Así es", dijo mi padre rico cuando nos levantamos y nos dirigimos a la puerta. "Y si vas a tener éxito en cualquier cuadrante, necesitas saber más que las habilidades técnicas. También necesitas conocer las diferencias esenciales que hacen que las personas busquen cuadrantes diferentes. Si sabes eso, la vida será mucho más sencilla."

Estábamos estrechando las manos y despidiéndonos mientras el *valet* traía el automóvil de mi padre rico.

"Una última cosa", dije apresuradamente. "¿Puede cambiar mi padre?"

"Oh, desde luego", dijo mi padre rico. "Cualquiera puede cambiar. Pero cambiar de cuadrantes no es como cambiar de trabajos o cambiar de profesiones. Cambiar de cuadrantes a menudo consiste en cambiar en el fondo de lo que eres, de cómo piensas, de cómo observas al mundo. El cambio es más fácil para algunas personas que para otras simplemente debido a que algunas personas aceptan el cambio y otras lo rechazan. Y cambiar de cuadrantes es frecuentemente una experiencia que cambia la vida. Es un cambio tan profundo como la antigua historia de la oruga que se transforma en una mariposa. No sólo cambiarás tú, sino que también cambiarán tus amigos. A pesar de que seguirás siendo amigo de tus viejos amigos, es más difícil que las orugas hagan las mismas cosas que hacen las mariposas. De manera que los cambios son grandes cambios y no hay muchas personas que elijan realizarlos."

El *valet* cerró la puerta y conforme mi padre rico se alejaba en su automóvil yo me quedé pensando en las diferencias.

¿Cuáles son las diferencias?

¿Cómo puedo saber si las personas son "E, A, D o I" sin saber mucho acerca de ellas? Una de las maneras de hacerlo consiste en escuchar sus palabras.

Una de las habilidades más importantes de mi padre rico consistía en ser capaz de "leer" a las personas, pero él también consideraba que no es posible "juzgar a un libro por su portada". Mi padre rico, al igual que Henry Ford, no tenía una excelente educación, pero ambos hombres sabían cómo contratar a personas y trabajar con personas que sí la tenían. Mi padre rico siempre me explicaba que la capacidad de reunir a personas inteligentes y trabajar con ellas como un equipo era una de sus habilidades más grandes.

Desde la edad de nueve años, mi padre rico comenzó a enseñarme las habilidades necesarias para tener éxito en los cuadrantes "D" e "I". Una de esas habilidades consiste en ser capaz de ir más allá de la superficie de una persona y comenzar a observar en su interior. Mi padre rico solía decir: "Si escucho las palabras de una persona, comienzo a ver y sentir su alma."

De manera que a la edad de nueve años comencé a sentarme en la oficina de mi padre rico cuando él contrataba gente. De esas entrevistas aprendí a escuchar no tanto las palabras, sino los valores fundamentales, valores que, según mi padre rico, provenían de sus almas.

Palabras del cuadrante "E"

Una persona que proviene del cuadrante "E", o empleado, podría decir:

"Estoy buscando un trabajo seguro, con buen sueldo y excelentes beneficios."

Palabras del cuadrante "A"

Una persona que proviene del cuadrante "A", o autoempleado, podría decir:

"Mi tarifa es de 35 dólares por hora."

O "mi tasa de comisión normal es de 6 % del precio total".

O "no puedo encontrar personas que quieran trabajar y hacer las cosas bien".

O "he trabajado más de 20 horas en este proyecto".

Palabras del cuadrante "D"

Una persona que opera en el cuadrante "D", o dueño de negocio, podría decir:

"Estoy buscando a un nuevo presidente para dirigir mi compañía."

Palabras del cuadrante "I"

Alguien que opera en el cuadrante "I", o inversionista, podría decir:

"¿Está basado mi flujo de efectivo en una tasa de retorno interna o en una tasa de retorno neta?"

Las palabras son herramientas

Una vez que mi padre rico sabía quién era en su esencia la persona a quien estaba entrevistando, al menos por ese momento, él sabía qué era lo que realmente estaba buscando, qué podía ofrecer y qué palabras debía utilizar cuando hablaba con ellos. Mi padre rico siempre decía: "Las palabras son herramientas poderosas."

Mi padre rico nos recordaba constantemente eso, a su hijo y a mí. "Si deseas ser un líder, necesitas ser el amo de las palabras."

Así que una de las habilidades necesarias para ser un gran "D" consiste en ser el amo de las palabras y saber qué palabras funcionan con determinados tipos de personas. Él nos entrenó para primero escuchar cuidadosamente las palabras que utilizaba una persona y a continuación sabríamos qué palabras deberíamos usar y cuándo usarlas con el fin de responder de la manera más efectiva.

Mi padre rico explicó: "Una palabra puede entusiasmar a cierto tipo de persona, mientras que esa misma palabra podría dejar impasible a otra persona."

Por ejemplo, la palabra "riesgo" puede resultar excitante para una persona del cuadrante "I", al mismo tiempo que provoca un miedo total a alguien que se encuentra en el cuadrante "E".

Mi padre rico hacía énfasis en que para ser grandes líderes debemos antes ser muy buenos para escuchar. Si usted no escucha las palabras que una persona utiliza, no podrá ser capaz de sentir su alma. Si usted no puede escuchar su alma, no sabrá nunca con quién estaba usted hablando.

Diferencias esenciales

La razón por la que decía "escuchar sus palabras, sentir sus almas" es porque detrás de las palabras que una persona elige se encuentran valores esenciales y diferencias esenciales del individuo. Las siguientes son algunas de las generalidades que separan a las personas en un cuadrante de aquellas que se encuentran en otro.

1. El "E" (empleado). Cuando escucho la palabra "seguro" o "beneficios", me doy cuenta de quiénes pueden ser en lo más íntimo. La palabra "seguro" se utiliza a menudo como respuesta a la emoción del miedo. Si una persona siente miedo, entonces la necesidad de tener seguridad es frecuentemente una frase utilizada de manera común por alguien que proviene predominantemente del cuadrante "E". En lo que se refiere al dinero y los empleos, existen muchas personas que simplemente odian el sentimiento de miedo que acompaña a la incertidumbre económica… y de allí su deseo de tener seguridad.

La palabra "beneficio" significa que la gente también desearía alguna clase de recompensa adicional que queda expresada; una compensación extra, definida y asegurada, como un plan de jubilación o de cuidado a la salud. La clave es que quieren sentirse seguros y desean verlo por escrito. La incertidumbre no les hace felices; la certidumbre sí. En el interior de su mente piensan: "Yo te daré esto… y tú me prometes que me darás a cambio aquello".

Ellos desean combatir su miedo con algún nivel de certidumbre, por lo que buscan la seguridad y los acuerdos sólidos en lo que se refiere al empleo. Son precisos cuando señalan: "No estoy tan interesado en el dinero".

Para ellos, la idea de la seguridad es a menudo más importante que el dinero.

Los empleados pueden ser presidentes de compañías o encargados de limpieza. No se trata tanto de lo que hacen, sino del acuerdo contractual que tengan con la persona u organización que los contrata.

2. El "A" (autoempleado). Se trata de personas que desean "ser su propio jefe". O a quienes les gusta "hacer sus propias cosas".

Yo denomino a este grupo como los seguidores de "hágalo usted mismo".

A menudo, en lo que se refiere al tema del dinero, a las personas del cuadrante "A" no les gusta que su ingreso dependa de otras personas. De acuerdo con sus propias palabras, si los "A" trabajan duro, esperan que se les pague por su trabajo. Aquellos que son "A" no les gusta que la cantidad de dinero que ganan sea determinada por alguien más o por un grupo de personas que pudieran no trabajar tan duro como lo hacen ellos. Si trabajan duro, págueles bien. Ellos también comprenden que si no lo hacen, entonces no merecen que se les pague mucho. En lo que se refiere al dinero, los "A" tienen almas ferozmente independientes.

La emoción del miedo

Mientras el "E", o empleado, a menudo responderá al miedo de no tener dinero mediante la búsqueda de "seguridad", el "A" responderá de manera diferente. Las personas en este cuadrante responderán ante el miedo no mediante la búsqueda de seguridad, sino al asumir el control de la situación y enfrentarla por sí mismos. Es por eso que los llamo "el grupo de 'hágalo usted mismo'". En lo que se refiere al miedo y al riesgo financiero, ellos desean "tomar al toro por los cuernos".

En este grupo usted encontrará "profesionales" bien educados, que pasaron años en la escuela, como doctores, abogados y dentistas.

También en el grupo "A" están personas que siguieron caminos educativos distintos o adicionales a la escuela tradicional. En este grupo están los vendedores con comisión directa —los agentes de bienes raíces, por ejemplo—, así como pequeños dueños de negocios como propietarios de tiendas y tintorerías, restauranteros, consultores, terapeutas, agentes de viajes, mecánicos automotrices, plomeros, carpinteros, predicadores, electricistas, peluqueros y artistas.

La canción favorita de este grupo sería "Nobody Does It Better" ("Nadie lo hace mejor") o "I Did It My Way" ("Lo hice a mi manera").

Los autoempleados son comúnmente "perfeccionistas" arraigados. A menudo desean hacer algo excepcionalmente bien. En su mente consideran que nadie lo hace mejor de lo que ellos pueden hacerlo, de manera que realmente no confían en que nadie más pueda hacerlo como a ellos les gusta... de la manera que ellos consideran "es la correcta". En muchos sentidos, son verdaderos artistas que tienen su propio estilo y método para hacer las cosas.

Y es por esa razón que los contratamos. Si usted contrata a un neurocirujano, usted desea que ese neurocirujano tenga años de capacitación y experiencia, pero más importante aún, desea que ese neurocirujano sea un perfeccionista. Lo mismo ocurre con un dentista, un peluquero, un consultor de mercadotecnia, un plomero, un electricista, un lector de tarot, un abogado o una persona dedicada a la capacitación corporativa. Usted, como cliente que contrata a esa persona, desea a alguien que sea el mejor.

Para este grupo, el dinero no es el elemento más importante acerca de su trabajo. Su independencia, la libertad para hacer las cosas a su manera y el respeto de los expertos en su campo, son mucho más importantes que sólo el dinero. Cuando los contrate, es mejor que usted les diga qué quiere que hagan y los deje que lo hagan solos. Ellos no necesitan ni desean supervisión. Si usted se entromete demasiado ellos simplemente abandonarán el trabajo y le dirán que contrate a alguien más. El dinero realmente no es lo más importante; su independencia lo es.

Este grupo tiene frecuentemente dificultades para contratar a otras personas que hagan lo que ellos hacen, simplemente porque en su mente nadie es capaz de realizar la tarea. Eso ocasiona que los miembros de este grupo digan a menudo: "Es difícil encontrar buenos ayudantes en estos días."

Por otra parte, si este grupo entrena a una persona para que haga lo que ellos hacen, la persona recién entrenada frecuentemente se marcha "para hacer sus propias cosas" y "ser su propio jefe" y "hacer las cosas a su manera" y "tener una oportunidad para expresar su individualidad".

Muchas personas del tipo "A" dudan en contratar y entrenar a otras personas debido a que una vez capacitados a menudo terminan como sus competidores. Este factor, a su vez, los mantiene trabajando más duro y haciendo las cosas por cuenta propia.

3. El "D" (dueño de negocio). Este grupo de personas podría ser casi lo opuesto a los "A". Aquellos que son verdaderos "D" gustan de rodearse de personas inteligentes de las cuatro categorías, "E, A, D e I". A diferencia de los "A", a quienes no les gusta delegar tareas (porque nadie puede hacerlas mejor), al verdadero "D" le gusta delegar. El verdadero lema de un "D" es "¿por qué hacerlo usted mismo cuando puede contratar a alguien que lo haga por usted y ellos pueden hacerlo mejor?"

Henry Ford se ajustaba a este molde. Como cuenta una historia popular, un grupo de así llamados "intelectuales" criticaron a Ford por ser "ignorante". Señalaron que él no sabía mucho en realidad. Así que Ford los invitó a su oficina y los desafió a que le preguntaran cualquier pregunta y él la respondería. Entonces este grupo se reunió con el industrial más poderoso de los Estados Unidos y comenzó a hacerle preguntas. Ford escuchó sus preguntas y cuando terminaron, simplemente levantó varios teléfonos en su escritorio, llamó a algunos de sus asistentes más brillantes y les pidió que proporcionaran al panel las respuestas que buscaban. Terminó señalando al grupo que él prefería contratar a personas inteligentes que habían ido a la escuela para que le proporcionaran las respuestas, de manera que le dejara la mente en claro para realizar tareas más importantes. Tareas como *pensar*.

Una de las citas atribuidas a Ford dice: "Pensar es el trabajo más duro que existe. Es por eso que muy pocas personas lo realizan."

El liderazgo consiste en sacar lo mejor de la gente

El ídolo de mi padre rico era Henry Ford. Me hizo leer libros sobre personas como Ford y como John D. Rockefeller, el fundador de la Standard Oil. Mi padre rico constantemente nos alentaba a su hijo y a mí a que aprendiéramos la esencia del liderazgo y las habilidades técnicas de los negocios. Visto en retrospectiva, ahora comprendo que muchas personas pueden tener una cosa o la otra, pero para ser un "D" exitoso usted realmente necesita tener ambas cosas. También me doy cuenta ahora que ambas habilidades pueden ser aprendidas. Existe una ciencia de los negocios y el liderazgo, así como un arte de los negocios y el liderazgo. Para mí, ambos son disciplinas de estudio de toda la vida.

Cuando yo era niño, mi padre rico me dio un libro titulado *Stone Soup* (*Sopa de piedras)*, escrito en 1947 por Marcia Brown y que aún está disponible actualmente en las principales librerías. Me hizo leer ese libro para comenzar mi capacitación como líder en los negocios.

El liderazgo, decía mi padre rico, es "la habilidad de sacar lo mejor de las personas". Así que entrenó a su hijo y a mí en las habilidades técnicas necesarias para ser exitoso en los negocios, tales como leer estados financieros, mercadotecnia, ventas, contabilidad, administración, producción y negociaciones, e hizo énfasis en que aprendiéramos a trabajar con, y liderar a, la gente. Mi padre rico siempre decía: "Las habilidades técnicas de los negocios son sencillas... la parte difícil es trabajar con la gente."

Como recordatorio, todavía leo *Stone Soup* hoy en día, debido a que personalmente tengo la tendencia a convertirme en tirano, en vez de líder, cuando las cosas no salen como deseo.

Desarrollo empresarial

He escuchado a menudo las palabras "Voy a comenzar mi propio negocio".

Muchas personas tienden a creer que el camino a la seguridad financiera y a la felicidad consiste en "hacer sus propias cosas" o en "desarrollar un nuevo producto que nadie más tiene".

Así que se apresuran a comenzar sus propios negocios. En muchos casos, éste es el camino que siguen.

Muchos terminan por crear un negocio del tipo "A" y no del tipo "D". Nuevamente, no se trata de que uno sea necesariamente mejor que el otro. Ambos tienen distintas fortalezas y debilidades, riesgos y recompensas. Pero muchas personas que desean comenzar un negocio del tipo "D" terminan creando un negocio del tipo "A" y quedan atrapados en su intento de pasar al lado derecho del Cuadrante.

Muchos nuevos empresarios desean hacer esto:

Pero en vez de ello terminan haciendo esto y quedan atrapados:

Entonces muchos intentan hacer esto:

Pero sólo unos cuantos de quienes lo intentan realmente lo logran. ¿Por qué? Porque las habilidades técnicas y humanas para ser exitoso en cada cuadrante son a menudo diferentes. Usted debe aprender las habilidades y la mentalidad requerida por un cuadrante para lograr el éxito en él.

La diferencia entre un tipo de negocios "A" y un tipo de negocios "D"

Aquellos que son verdaderos "D" pueden abandonar sus negocios por un año o más y a su regreso encontrar que su negocio es más redituable y está mejor dirigido que cuando se marcharon. En un verdadero tipo de negocios "A", si el "A" se marcha por un año o más, existen muchas probabilidades de que no existirá un negocio al cual regresar.

Entonces, ¿Cuál es la diferencia? Para decirlo de manera sencilla, un "A" es dueño de un empleo. Un "D" es dueño de un sistema y luego contrata personas competentes para que operen el sistema. O para decirlo de otra forma: en muchos casos, el "A" es el sistema. Ésa es la razón por la que no pueden marcharse.

Tomemos por ejemplo el caso de un dentista. Un dentista pasa varios años en la escuela, aprendiendo a convertirse en un sistema autocontenido. Usted, como cliente, tiene un dolor de muelas. Usted acude a ver al dentista. Él arregla su diente. Usted paga y se marcha a casa. Usted está contento y a continuación les cuenta a sus amigos acerca de su gran dentista. En la mayoría de los casos, el dentista puede hacer todo el trabajo por sí mismo. El problema es que si el dentista se va de vacaciones, también lo hace su ingreso.

Los dueños de negocio "D" pueden irse de vacaciones para siempre debido a que poseen un sistema, no un empleo. Si el "D" está de vacaciones, el dinero sigue ingresando.

Para ser un "D" exitoso se requiere:

A. La propiedad o control de sistemas y

B. La habilidad para liderar a la gente.

Para que los "A" evolucionen en "D", necesitan convertir lo que ellos son y lo que ellos saben en un sistema... y la mayoría puede no ser capaz de hacerlo... o frecuentemente se encuentran demasiado arraigados al sistema.

¿Puede usted hacer una mejor hamburguesa que McDonald's?

Mucha gente acude a mí para pedir consejo sobre cómo comenzar una compañía o para preguntarme cómo conseguir dinero para desarrollar un nuevo producto o idea.

Yo los escucho, generalmente por cerca de 10 minutos y en ese lapso puedo decir en dónde está su enfoque. ¿Está en el producto o en el sistema de negocio? En esos 10 minutos frecuentemente escucho palabras como éstas (recuerde la importancia de saber escuchar y de permitir que las palabras le dirijan hacia los valores fundamentales del alma de una persona):

"Éste es un producto mucho mejor que el fabricado por la compañía XYZ."

"He buscado en todas partes y nadie tiene este producto."

"Yo le daré la idea sobre este producto; todo lo que quiero es el 25 % de las utilidades."

"He estado trabajando en esto (producto, libro, música, invención) durante años."

Éstas son las palabras de una persona que generalmente opera en el lado izquierdo del Cuadrante, el lado de "E" o "A".

Es importante que seamos amables en ese momento, debido a que estamos tratando con valores fundamentales que han estado arraigados durante años... quizá transmitidos durante generaciones. Si no soy amable o paciente, puedo dañar el lanzamiento frágil y sensible de una idea y más importante aún, a un ser humano que está listo para pasar a otro cuadrante.

La hamburguesa y el negocio

Dado que necesito ser amable, en este punto de la conversación a menudo utilizo el ejemplo de "la hamburguesa de McDonald's" para aclarar. Después de escuchar sus palabras, pregunto lentamente: "¿Puede usted personalmente hacer una mejor hamburguesa que McDonald's?"

Hasta ahora el 100 % de las personas con quienes he hablado sobre sus nuevas ideas o productos han dicho "sí". Todos ellos pueden preparar, cocinar y servir una hamburguesa de mejor calidad que McDonald's.

En ese momento les formulo la siguiente pregunta: "¿Puede usted personalmente construir un mejor sistema de negocios que McDonald's?"

Algunas personas ven la diferencia inmediatamente, otras no. Y yo diría que la diferencia consiste en si la persona está fija en el lado izquierdo del Cuadrante, que se enfoca en la idea de una mejor hamburguesa, o en el lado derecho del Cuadrante, que se enfoca en el sistema de negocios.

Hago mi mejor esfuerzo para explicar que existen muchos empresarios que ofrecen productos o servicios muy superiores a los ofrecidos por las corporaciones multinacionales mega ricas, de la misma forma en que hay miles de millones de personas que pueden hacer una mejor hamburguesa que McDonald's, pero sólo McDonald's tiene el sistema que ha servido miles de millones de hamburguesas.

Vea el otro lado

Si las personas comienzan a ver el otro lado, entonces les sugiero que vayan a McDonald's, compren una hamburguesa, se sienten y observen el sistema que entregó esa hamburguesa. Tomen nota de los camiones que entregaron la carne cruda, el granjero que crió el ganado, el comprador que adquirió la res y los anuncios de televisión de Ronald McDonald. Adviertan la capacitación de personas jóvenes y sin experiencia con el fin de que digan las mismas palabras ("hola, bienvenido a McDonald's"), así como la decoración de la franquicia, las oficinas regionales, las panaderías que hornean el pan y los millones de kilogramos de papas fritas que tienen exactamente el mismo sabor en todo el mundo. A continuación incluyan a los corredores de bolsa que obtienen dinero para McDonald's en Wall Street. Si ellos pueden comenzar a comprender "la imagen global", entonces tendrán una oportunidad de avanzar al lado de "D" e "I" del Cuadrante.

La realidad es que existe un número ilimitado de ideas nuevas, miles de millones de personas con servicios o productos que ofrecer, millones de productos y sólo unas cuantas personas que saben cómo crear excelentes sistemas de negocios.

Bill Gates, de Microsoft, no construyó un gran producto. Él adquirió el producto de alguien más y construyó un poderoso sistema global a su alrededor.

4. El "I" (inversionista). Los inversionistas ganan dinero con el dinero. No tienen que trabajar porque su dinero está trabajando para ellos.

El cuadrante "I" es el campo de juego de los ricos. Sin importar en qué cuadrante hayan ganado su dinero las personas, si desean algún día ser ricas deben acudir en última instancia a este cuadrante. Es en el cuadrante "I" en el que el dinero se convierte en riqueza.

El Cuadrante del flujo de dinero

Éste es el Cuadrante del flujo de dinero. El Cuadrante establece las diferencias en la manera en que se genera el ingreso ya sea como "E" (empleado), "A" (autoempleado), "D" (dueño de negocio) o "I" (inversionista). Las diferencias se resumen adelante.

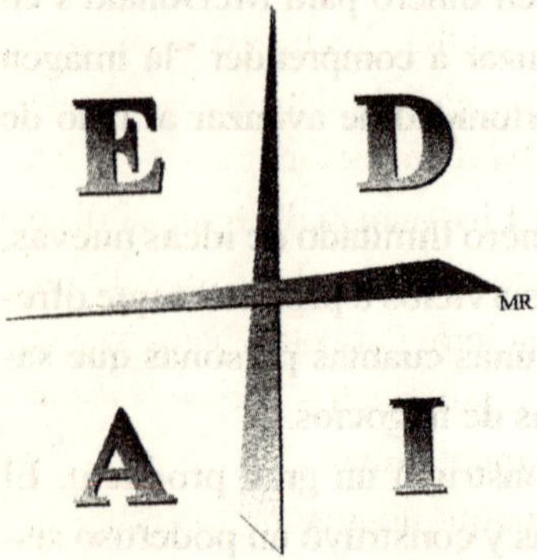

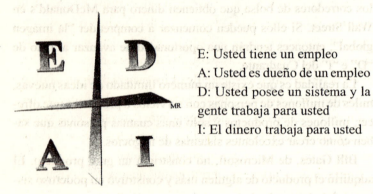

E: Usted tiene un empleo

A: Usted es dueño de un empleo

D: Usted posee un sistema y la gente trabaja para usted

I: El dinero trabaja para usted

Tog y Dog

La mayoría de nosotros ha escuchado que los secretos para obtener grandes riquezas son:

1. Tog: el Tiempo de Otra Gente.
2. Dog: el Dinero de Otra Gente.

El Tog y el Dog se encuentran en el lado derecho del Cuadrante. En su mayoría, las personas que trabajan en el lado izquierdo del cuadrante son la og (Otra Gente), cuyo tiempo y dinero es utilizado.

Una importante razón por la que Kim y yo destinamos tiempo para crear un negocio del tipo "D" en vez de un negocio del tipo

"A", fue porque reconocimos el beneficio a largo plazo de utilizar "el tiempo de otra gente". Uno de los inconvenientes de ser un "A" exitoso es que el éxito simplemente significa más trabajo duro. En otras palabras, el buen trabajo tiene como resultado más trabajo duro y durante más horas.

Al diseñar un negocio del tipo "D", el éxito simplemente significa incrementar el sistema y contratar más personas. En otras palabras, usted trabaja menos, gana más y disfruta de más tiempo libre.

El resto de este libro trata de las habilidades y disposición mental necesaria para operar en el lado derecho del Cuadrante. De acuerdo con mi experiencia, tener éxito en el lado derecho demanda diferentes aptitudes técnicas y distinta disposición mental. Si las personas son lo suficientemente flexibles para realizar un cambio de mentalidad, considero que les será sencillo el proceso de lograr mayor libertad o seguridad financiera. Para otras personas, el proceso puede ser difícil… debido a que muchas personas están congeladas en un cuadrante, en una mentalidad.

Como mínimo, usted descubrirá por qué algunas personas trabajan menos, ganan más, pagan menos impuestos y se sienten más seguros desde el punto de vista financiero que otros. Es simplemente cuestión de saber en qué cuadrante adiestrarse y cuándo.

Una guía para la libertad

El Cuadrante del flujo de dinero no es un grupo de reglas. Es solamente una guía para aquellos que deseen utilizarla. Nos guió a Kim y a mí desde las dificultades financieras hasta la seguridad financiera y de allí a la libertad financiera. No queríamos pasar cada día de nuestras vidas levantándonos para ir a trabajar por dinero.

La diferencia entre los ricos y todos los demás

Hace unos años leí un artículo que decía que la mayoría de las personas ricas recibían 70% de su ingreso de sus inversiones, o del cuadrante "I", y menos del 30% de sus salarios, o del cuadrante "E". Y si eran un "E", existían muchas posibilidades de que fueran empleados de su propia corporación.

Su ingreso se veía de la siguiente forma:

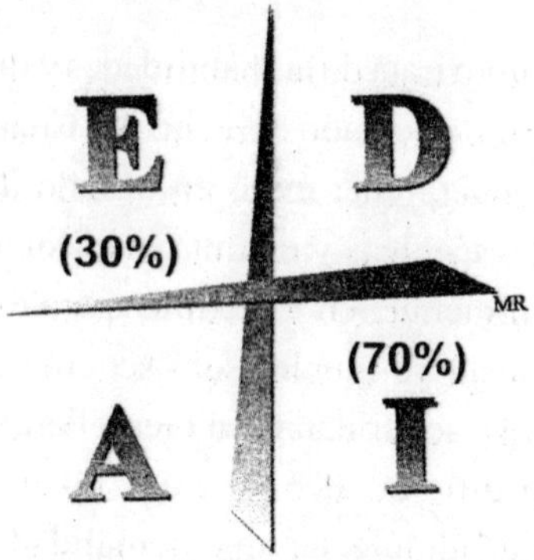

Para la mayoría de los demás, los pobres y la clase media, al menos el 80% de su ingreso proviene de los salarios en los cuadrantes "E" y "A" y menos del 20% de sus inversiones, o del cuadrante "I":

La diferencia entre ser rico y vivir en la opulencia

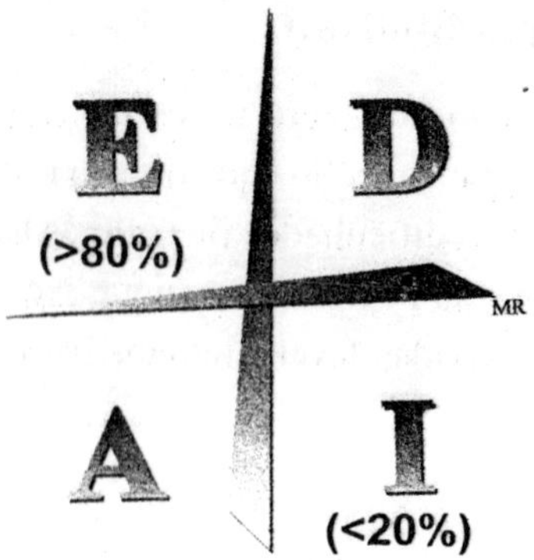

En el capítulo 1 escribí que mi esposa y yo éramos millonarios para 1989, pero que no fuimos libres desde el punto de vista financiero hasta 1994. Existe una diferencia entre ser rico y vivir en la opulencia. Hacia 1989 nuestro negocio nos daba mucho dinero. Estábamos ganando más y trabajando menos debido a que el sistema de negocios estaba creciendo sin más esfuerzo físico de nuestra parte. Habíamos logrado lo que la mayoría de la gente consideraría como éxito financiero.

Todavía necesitábamos convertir el flujo de dinero que provenía de nuestro negocio en activos más tangibles que producirían un flujo de efectivo adicional. Habíamos hecho crecer nuestro negocio hasta tener éxito y ahora era tiempo de enfocarnos en hacer crecer nuestros activos hasta el punto donde el flujo de dinero de todos nuestros activos fuera más grande que nuestros gastos de vida.

Nuestro diagrama tenía el siguiente aspecto:

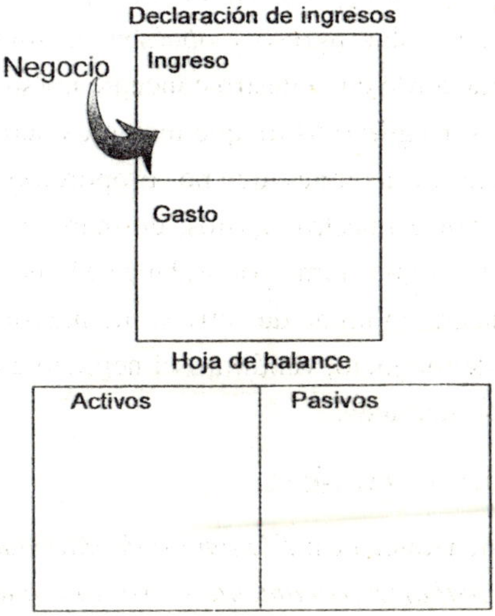

Hacia 1994, el ingreso pasivo proveniente de todos nuestros activos fue mayor que nuestros gastos. Entonces comenzamos a vivir en la opulencia:

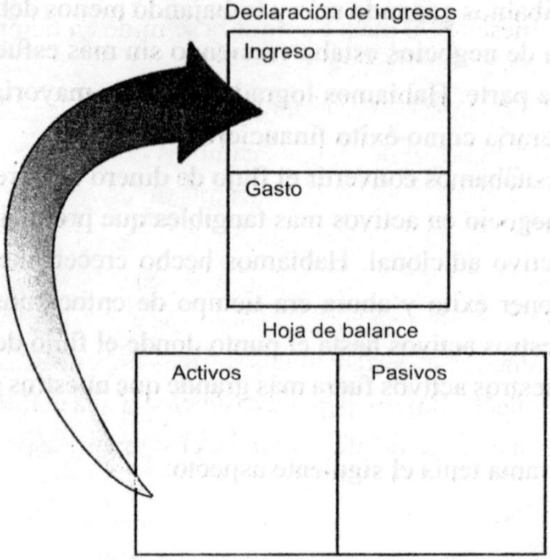

En realidad nuestro negocio también debe ser considerado un activo porque generaba ingreso y operaba sin mucha participación física. De acuerdo con nuestro concepto personal de opulencia, deseábamos asegurarnos de que teníamos activos tangibles, como bienes raíces y acciones, que nos proporcionaban un ingreso pasivo superior a nuestros gastos, de manera que realmente pudiéramos afirmar que éramos ricos. Una vez que el ingreso proveniente de nuestra columna de activos fue mayor que el dinero que ingresaba del negocio, vendimos el negocio a nuestro socio. Entonces ya éramos ricos.

La definición de riqueza

La definición de riqueza es: *El número de días que usted puede sobrevivir sin trabajar físicamente (o sin que nadie más en su hogar trabaje físicamente) mientras mantiene su estándar de vida.*

Por ejemplo: Si sus gastos mensuales son de mil dólares y usted tiene ahorros por 3 000 dólares, su riqueza equivale aproximadamente a tres meses o 90 días. La riqueza se mide en tiempo, no en dólares.

Hacia 1994 mi esposa y yo éramos ricos de manera indefinida (a menos que ocurrieran grandes cambios económicos), debido a que el ingreso procedente de nuestras inversiones era más grande que nuestros gastos mensuales.

En última instancia, lo que importa no es cuánto dinero gane usted, sino cuánto dinero pueda usted conservar y por cuánto tiempo trabaja ese dinero para usted. Todos los días me entrevisto con gente que gana mucho dinero, pero cuyo dinero va a la columna de gastos. Su patrón de flujo de efectivo tiene el siguiente aspecto:

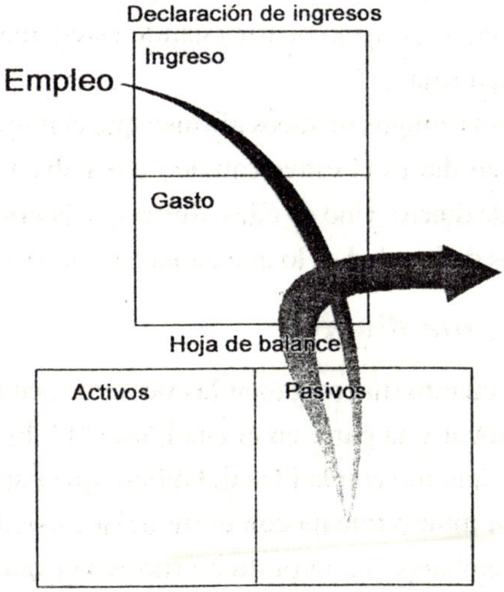

Cada vez que esas personas ganan un poco de dinero, van de compras. A menudo compran una casa más grande o un automóvil nuevo, lo que tiene como resultado una deuda de largo plazo y más trabajo duro y no queda nada que agregar a la columna de activos. El dinero desaparece tan rápidamente que usted podría pensar que ellos han tomado alguna clase de laxante financiero.

Las finanzas de la "línea roja"

En el mundo del automovilismo existe una expresión sobre "mantener la máquina en la línea roja". La "línea roja" se refiere a que el acelerador eleva las revoluciones por minuto del motor tan cerca de la "línea roja", o la máxima velocidad, que el motor del vehículo puede mantener sin reventarse.

En lo que se refiere a las finanzas personales, existen muchas personas, ricas y pobres, que operan constantemente en la "línea roja" financiera. No importa cuánto dinero ganen, lo gastan tan pronto como lo reciben. El problema de operar el motor de su vehículo en "la línea roja" es que la esperanza de vida de la máquina se reduce. Lo mismo ocurre cuando usted maneja sus finanzas "en la línea roja".

Varios de mis amigos médicos afirman que el principal problema que ven hoy en día es el estrés causado por trabajar duro y nunca tener suficiente dinero. Uno de ellos afirma que la principal causa de padecimientos de la salud es lo que llama "el cáncer de la cartera".

El dinero gana dinero

Sin importar cuánto dinero ganen las personas, en última instancia deben colocar una parte en el cuadrante "I". El cuadrante "I" trata específicamente con la idea del dinero que gana dinero. O la idea de que su dinero trabaja con el fin de que usted no tenga que trabajar. Sin embargo, es importante reconocer que existen otras formas de invertir.

Otras formas de invertir

Las personas invierten en su educación. La educación tradicional es importante porque mientras mejor sea su educación, mejores serán sus oportunidades de ganar dinero. Usted puede pasar cuatro años en la universidad y lograr que su ingreso potencial sea de entre 24 000 y 50 000 dólares o más al año. Dado que la persona promedio pasa 40 años o más trabajando activamente, cuatro años de educación universitaria o de algún tipo de educación superior es una excelente inversión.

La lealtad y el trabajo duro constituyen otra forma de inversión, como ser un empleado de toda la vida de una compañía o del gobierno. Como retribución, por medio de un contrato, ese individuo es recompensado con una pensión vitalicia. Ésa es una forma de inversión popular en la era industrial, pero es obsoleta en la era de la información.

Otras personas invierten en grandes familias y a cambio de ello logran que sus hijos cuiden de ellos al llegar a su vejez. Esa forma de inversión era común en el pasado; sin embargo, debido a las limitaciones económicas del presente, se está haciendo más difícil que las familias asuman los gastos médicos y de vida de sus padres.

Los programas de retiro del gobierno, como la Seguridad Social y el Servicio Médico Público (Medicare) en Estados Unidos, que a menudo son pagados mediante la deducción en nómina, constituyen otra forma de inversión requerida por la ley. Sin embargo, debido a los grandes cambios demográficos y de costos, esta forma de inversión pudiera no ser capaz de cumplir con las promesas que ha hecho.

Y existen medios independientes de inversión para el retiro, que son llamados "planes de retiro individual". Frecuentemente, el gobierno federal estadounidense ofrece incentivos fiscales tanto al empleador como al empleado para que participen en dichos planes. Un plan de retiro popular en Estados Unidos es el denominado plan “401(k)”; en otros países, como en Australia, existen los llamados planes “súper anuales”.

Ingreso recibido de las inversiones

A pesar de que todas las mencionadas son formas de inversión, el cuadrante “I” se enfoca en las inversiones que generan ingreso de manera constante durante sus años laborales. Por esa razón, para ser considerado como una persona que opera como un “I”, use los mismos criterios utilizados en todos los demás cuadrantes. ¿Recibe usted actualmente su ingreso del cuadrante “I”? En otras palabras: ¿Está su dinero trabajando para usted y generando más ingreso para usted?

Consideremos a una persona que adquiere una casa como una inversión y la renta a otras personas. Si la renta recibida es mayor que los gastos de operación de la propiedad, ese ingreso proviene del cuadrante “I”. Lo mismo ocurre con personas que reciben sus ingresos como intereses por sus ahorros, o dividendos de acciones y obligaciones. De manera que el criterio para calificar en el cuadrante “I” es cuánto dinero genera usted del cuadrante sin trabajar en él.

¿Es mi cuenta para el retiro una forma de inversión?

La colocación regular de dinero en una cuenta para el retiro es una forma de inversión y una acción inteligente. La mayoría de nosotros esperamos que se nos considere como inversionistas cuando terminen nuestros años de trabajo… pero para efectos de este libro, el cuadrante “I” representa a una persona cuyo ingreso proviene de sus inversiones durante sus años laborales. En la realidad, la mayoría de la gente no invierte en una cuenta para el retiro. La mayoría está ahorrando dinero en su cuenta para el retiro con la esperanza de que, al retirarse, podrá sacar de ella más dinero del que depositó.

Existe una diferencia entre las personas que ahorran en sus cuentas para el retiro y las personas que, por medio de la inversión, utilizan activamente su dinero para ganar más dinero como forma de ingreso.

¿Son inversionistas los corredores de bolsa?

Muchas personas que trabajan como asesores en el mundo de las inversiones no son, por definición, personas que generan su ingreso del cuadrante "I".

Por ejemplo, muchos corredores de bolsa, agentes de bienes raíces, asesores financieros, banqueros y contadores son predominantemente "E" o "A". En otras palabras, sus ingresos provienen de su trabajo profesional y no necesariamente de los activos que poseen.

Yo también tengo amigos que compran y venden acciones bursátiles. Ellos adquieren las acciones a precio bajo y esperan vender cuando el precio sube. En realidad, su profesión es el comercio de acciones, de la misma forma en que una persona puede ser dueña de una tienda detallista y adquiere artículos al por mayor y los vende al menudeo. En su caso, todavía existe una actividad física que deben realizar para generar dinero, por lo que se ajustan mejor al cuadrante "A" que al cuadrante "I".

¿Pueden todas estas personas ser inversionistas? La respuesta es "sí", pero es importante conocer la diferencia entre alguien que gana dinero de sus comisiones, o que vende su consejo por hora, o que proporciona asesoría a cambio de un salario, o que trata de comprar a bajo precio y vender cuando el precio sube, a alguien que gana dinero al descubrir o crear buenas inversiones.

Existe una manera de averiguar qué tan buenos son sus asesores: pregúnteles qué porcentaje de su ingreso proviene de sus comisiones u honorarios por su consejo, en comparación con el ingreso que proviene del ingreso pasivo, ingreso por sus inversiones u otros negocios que posean.

Yo tengo varios amigos contadores que me dicen, sin violar la confidencialidad que deben tener con sus clientes, que muchos consejeros profesionales en inversión tienen pocos ingresos provenientes de inversiones. En otras palabras, no ponen en práctica lo que predican.

Ventajas del ingreso del cuadrante "I"

La principal diferencia de la gente que gana su dinero en el cuadrante "I" es que se enfocan en lograr que su dinero gane dinero. Si son buenos en eso, pueden tener a ese dinero trabajando para ellos y para sus familias por cientos de años.

Además de las obvias ventajas de saber cómo hacer dinero con el dinero y no tener que levantarse para ir a trabajar, existen también muchas ventajas fiscales que no se encuentran a la disposición de la gente que tiene que trabajar para ganar dinero.

Una de las razones por las que los ricos se hacen más ricos es que en ocasiones pueden ganar millones y legalmente no pagan impuestos sobre ese dinero. Eso ocurre porque ellos ganan dinero en la "columna de activos" y no en la "columna de ingresos". O bien ganan dinero como inversionistas, no como trabajadores.

Las personas que trabajan para ganar dinero no sólo son frecuentemente gravadas con tasas de impuesto más altas, sino que además sus impuestos son retenidos de sus salarios, de manera que nunca ven siquiera esa porción de su ingreso.

¿Por qué no hay más inversionistas?

El cuadrante "I" es el cuadrante que permite trabajar menos, ganar más y pagar menos en impuestos. Entonces: ¿Por qué no hay más inversionistas? Por la misma razón por la que muchas personas no inician sus propios negocios. Puede resumirse en una palabra: "riesgo".

A muchas personas no les agrada la idea de entregar el dinero que han ganado con tanto esfuerzo y no volver a recibirlo. Muchas personas tienen tanto miedo de perder que deciden no invertir o arriesgar su dinero del todo... sin importar cuánto dinero puedan ganar a cambio.

Una celebridad de Hollywood dijo una vez: "No es el retorno sobre la inversión lo que me preocupa. Es el retorno de la inversión."

El miedo de perder dinero parece dividir a los inversionistas en cuatro grandes categorías:

1. Personas que son enemigas del riesgo y no hacen nada excepto jugar a lo seguro y mantienen su dinero en el banco.
2. Personas que encargan la tarea de invertir a alguien más, como un asesor financiero o un gerente de fondos de inversión.
3. Apostadores.
4. Inversionistas.

La diferencia entre un apostador y un inversionista es la siguiente. Para un apostador, la inversión es un juego de azar. Para un inversionista, la inversión es un juego de habilidad. Y para las personas que entregan su dinero a alguien más para invertir, la inversión es a menudo un juego que ellos no quieren aprender. Lo importante para estos individuos es seleccionar cuidadosamente un asesor financiero.

En un capítulo posterior este libro abordará los siete niveles de los inversionistas, lo que arrojará más luz sobre el tema.

El riesgo puede ser virtualmente eliminado

La buena noticia acerca de la inversión es que el riesgo puede ser minimizado de manera significativa o incluso eliminado y usted puede recibir aún grandes réditos por su dinero, si usted conoce el juego.

Un verdadero inversionista puede decir estas palabras: "¿Qué tan pronto obtengo la devolución de mi dinero y cuánto ingreso recibiré por el resto de mi vida después de que reciba la devolución de la inversión inicial?"

Un verdadero inversionista desea saber qué tan pronto obtendrá la devolución de su dinero. Las personas que tienen una cuenta para el retiro tienen que esperar años para descubrir si alguna vez recibirán la devolución de su dinero. Ésta es la diferencia más grande entre un inversionista profesional y alguien que aparta dinero para su retiro.

Es el miedo a perder dinero lo que ocasiona que la mayoría de la gente busque la seguridad. Sin embargo, el cuadrante "I" no es tan traicionero como mucha gente piensa. El cuadrante "I" es como cualquier otro cuadrante. Requiere sus propias habilidades y disposición mental. Las habilidades necesarias para ser exitoso en el cuadrante "I" pueden ser aprendidas si usted está dispuesto a destinar tiempo para aprenderlas.

Comienza una nueva era

En 1989 se derrumbó el Muro de Berlín. Ése fue uno de los acontecimientos más importantes de la historia mundial. En mi opinión, más que representar el fracaso del comunismo, el acontecimiento marcó el final oficial de la era industrial y el comienzo de la era de la información.

La diferencia entre los planes de pensión de la Era Industrial y los planes de pensión de la Era de la Información

El viaje de Cristóbal Colón en 1492 coincide aproximadamente con el inicio de la era industrial. La caída del Muro de Berlín es el acontecimiento que señaló el final de esa era. Por esa razón, parece que cada 500 años en la historia moderna ocurren grandes cambios cataclísmicos. Actualmente, nos encontramos en uno de esos períodos.

Ese cambio ha amenazado ya la seguridad financiera de cientos de millones de personas, la mayoría de las cuales no están conscientes todavía del impacto financiero de ese cambio; muchos no pueden hacerle frente. El cambio se encuentra en la diferencia entre el plan de pensión de la era industrial y el plan de pensión de la era de la información.

Cuando yo era niño, mi padre rico me alentó a correr riesgos con mi dinero y a aprender a invertir. Él siempre decía: "Si quieres enriquecerte, necesitas aprender cómo correr riesgos. Aprender a ser un inversionista."

En casa, le comenté a mi padre educado acerca de la sugerencia de mi padre rico, de que aprendiéramos a invertir y a manejar el riesgo. Mi padre educado respondió: "Yo no necesito aprender cómo invertir. Yo tengo un plan de pensión del gobierno, una pensión del Sindicato de Maestros y beneficios del Seguro Social garantizados. ¿Por qué correr riesgos con mi dinero?"

Mi padre educado creía en los planes de pensión de la era industrial, como las pensiones gobierno-empleado y el Seguro Social. Él se alegró cuando me alisté en el Cuerpo de Marines de Estados Unidos. En vez de preocuparse porque yo podría perder la vida en Vietnam, simplemente dijo: "Quédate allí durante 20 años y recibirás una pensión y beneficios médicos de por vida."

Aunque aún se utilizan, dichos planes de pensión oficialmente se han vuelto obsoletos. La idea de una compañía que sería responsable desde el punto de vista financiero de su retiro y de que el gobierno se haría cargo de satisfacer sus necesidades de retiro por medio de los esquemas de pensión es una idea vieja que ya no es válida.

Las personas necesitan convertirse en inversionistas

Conforme avanzamos donde los planes de pensión de Beneficios Definidos, o lo que yo llamo planes de retiro de la era industrial, hacia los planes de pensión de Contribución Definida, o planes de pensión de la era de la información, el resultado es que usted como individuo debe ser responsable de sí mismo desde el punto de vista financiero. Pocas personas han notado el cambio.

El plan de pensión de la Era Industrial

En la era industrial, un plan de pensión de Beneficios Definidos implicaba que la compañía le garantizaba a usted, el trabajador, una cantidad definida de dinero (generalmente pagadera cada mes) en tanto usted viviera. La gente se sentía segura porque esos planes aseguraban un ingreso estable.

El plan de pensión de la Era de la Información

Alguien cambió el trato y repentinamente las compañías ya no garantizaron la seguridad financiera al final de la vida laboral de sus empleados. En vez de ello, las compañías comenzaron a ofrecer planes de retiro de Contribución Definida. *Contribución Definida* significa que usted sólo obtendrá la devolución de lo que usted y la compañía contribuyan mientras usted trabaje. En otras palabras, su pensión es definida únicamente por aquello con lo que usted contribuyó. Si usted y su compañía no depositan dinero, usted no recibirá dinero.

La buena noticia es que en la era de la información la esperanza de vida se elevará. La mala noticia es que usted podría vivir más tiempo que la duración de su pensión.

Planes de pensión riesgosos

Y peor que eso, lo que usted y su empleador depositaron en el plan ya no tiene garantías de existir cuando usted decida retirar el dinero. Esto se debe a que los planes como los llamados "401(k)" y los planes "súper anuales" son sujetos a las fuerzas del mercado. En otras palabras, un día usted podría tener millones de dólares en la cuenta y si hay un *crack* bursátil, cosa que ocurre ocasionalmente en todos los mercados, sus millones de dólares podrían reducirse a la mitad o incluso desaparecer. La garantía del ingreso vitalicio ya no existe... y yo me pregunto cuántas personas que tienen estos planes se han dado cuenta de lo que eso significa.

Eso podría significar que las personas que se retiran a los 65 años y comienzan a vivir con su plan de Contribución Definida, podrían quedarse sin dinero al llegar, digamos, a la edad de 75 años. ¿Qué harán entonces? Sacudir el *currículum vitae.*

¿Y qué hay acerca del plan de pensión de Beneficios Definidos del gobierno? Bien, en Estados Unidos se espera que el Seguro Social esté en bancarrota para el año 2032 y que el servicio médico público (Medicare) se declare en bancarrota hacia 2005, justo cuando la generación nacida después de la Segunda Guerra Mundial comience a necesitarlo. Incluso hoy en día el Seguro Social no proporciona mucho dinero como ingreso. ¿Qué ocurrirá cuando 77 millones de personas de esa generación quieran recibir el dinero que aportaron... pero que no está allí?

En 1998 el grito de alerta del presidente de Estados Unidos, William Clinton, de: "Salvemos al Seguro Social", fue bien recibido. Sin embargo, como señaló el senador del Partido Demócrata Ernest Hollines: "Obviamente la primera forma de salvar al Seguro Social consiste en dejar de saquearlo." Durante décadas el gobierno federal ha sido responsable de pedir prestado el dinero para el retiro, con el fin de sufragar sus gastos.

Muchos políticos parecen pensar que el Seguro Social es un ingreso que puede ser gastado, en vez de un activo que debe ser administrado en fideicomiso.

Demasiadas personas dependen del gobierno

Yo escribo mis libros y creo mis productos, como el juego de mesa educativo *CASHFLOW*, porque estamos al final de la era industrial y comenzando la era de la información.

Mi preocupación como ciudadano es que a partir de mi generación, no estamos adecuadamente preparados para manejar las diferencias entre la era industrial y la era de la información… y una de esas diferencias estriba en la manera como nos preparamos financieramente para nuestros años de retiro. La idea de "ir a la escuela y obtener un trabajo seguro" era una buena idea para las personas nacidas antes de 1930. Hoy en día todos necesitamos ir a la escuela para aprender, con el fin de obtener un buen empleo, pero también necesitamos conocer cómo invertir y la inversión no es una materia que se enseñe en la escuela.

Uno de los elementos de "resaca" de la era industrial es que demasiadas personas se han vuelto dependientes del gobierno para resolver sus problemas individuales. Actualmente enfrentamos problemas más grandes debido a que hemos delegado en el gobierno nuestra responsabilidad financiera personal.

Se estima que para el año 2020 habrá 275 millones de estadounidenses y que cien millones de ellos esperarán tener alguna clase de apoyo gubernamental. Esto incluirá empleados federales, militares retirados, empleados postales, maestros de escuela y otros empleados gubernamentales, así como retirados que esperan recibir pagos del Seguro Social y del servicio médico público (Medicare). Y desde el punto de vista contractual, ellos tienen razón al esperarlo, porque de una manera u otra la mayoría ha estado invirtiendo en esa promesa. Desafortunadamente se han hecho demasiadas promesas durante años y ahora es tiempo de pagar la cuenta.

Y no crea usted que es posible cumplir con esas promesas financieras. Si nuestro gobierno comienza a elevar los impuestos para pagar por esas promesas, aquellos que puedan escapar lo harán a otros países que tengan tasas de impuestos más bajas. En la era de la información el término "paraíso fiscal" no significará que otro país sirva como refugio fiscal... "paraíso fiscal" podría significar "ciberespacio".

Se avecina un gran cambio

Recuerdo la advertencia del presidente John F. Kennedy: "Se avecina un gran cambio."

Bien, el cambio ha llegado.

Invertir sin ser inversionistas

El cambio de los planes de pensión de Beneficios Definidos a los de Contribución Definida está obligando a millones de personas alrededor del mundo a convertirse en inversionistas, con muy poca educación relacionada con la inversión. Muchas personas que han pasado sus vidas evitando los riesgos financieros están siendo obligadas ahora a asumirlos... los mismos pueden afectar su futuro, su vejez, el final de sus años laborales. La mayoría descubrirá si eran inversionistas inteligentes o apostadores descuidados sólo cuando sea tiempo de retirarse.

Actualmente el mercado de valores está en boca de todos. Está siendo impulsado por muchos factores, uno de las cuales consiste en los no inversionistas que tratan de convertirse en inversionistas. Su camino financiero tiene el siguiente aspecto:

La gran mayoría de esas personas, los "E" y "A", están orientadas hacia la seguridad por su propia naturaleza. Ésa es la razón por la que buscan trabajos seguros o carreras seguras, o crean pequeños negocios que pueden controlar. Están mudándose al cuadrante "I" debido a los planes de retiro de Contribución Definida, donde esperan encontrar "seguridad" para cuando terminen sus años laborales. El cuadrante "I" es el cuadrante del riesgo.

Debido a que mucha gente en el lado izquierdo del Cuadrante del flujo de dinero está buscando la seguridad, el mercado de valores responde de la misma forma. Ésa es la razón por la que usted escucha frecuentemente las siguientes palabras:

1. *Diversificación.* Las personas que buscan la seguridad utilizan mucho la palabra "diversificación". ¿Por qué? Porque la estrategia de diversificación es una estrategia para *no perder*. No se trata de una estrategia de inversión para ganar. Los inversionistas exitosos o ricos no diversifican. Enfocan sus esfuerzos.

Warren Buffet, posiblemente el inversionista más importante del mundo, dice acerca de la diversificación: "La estrategia que hemos adoptado va en contra de nuestro dogma estandarizado de buscar la diversificación. Muchas lumbreras dirían en consecuencia que la estrategia debe ser más arriesgada que la empleada por inversionistas más convencionales. No estamos de acuerdo. Creemos que la política de concentración de portafolio puede reducir el riesgo si incrementa, como debe hacerlo, tanto la intensidad con que el inversionista considera un negocio como el nivel de comodidad que debe sentir con sus características económicas antes de adquirirlo."

En otras palabras, Warren Buffet está diciendo que la concentración de portafolio o el enfoque en pocas inversiones, en vez de la diversificación, es una mejor estrategia. En su mente, la concentración y no la diversificación demanda que usted sea más inteligente, más intenso en sus pensamientos y acciones. Su artículo continúa diciendo que los inversionistas promedio evitan la volatilidad porque piensan que la volatilidad es riesgosa. Warren Buffet dice: "De hecho, al verdadero inversionista le gusta la volatilidad."

Para salir de nuestras dificultades financieras y lograr nuestra libertad financiera, mi esposa y yo no diversificamos. Concentramos nuestras inversiones.

2. *Acciones de grandes compañías.* Los inversionistas que privilegian la seguridad generalmente adquieren acciones de las compañías "grandes" (conocidas como *Blue Chips* en inglés). Aunque la compañía puede ser más segura el mercado de valores no lo es.

3. *Fondos de inversión.* Las personas que saben poco sobre inversión se sienten más seguras cuando entregan su dinero al gerente de un fondo de inversión, esperando que haga un mejor trabajo del que ellos son capaces. Y ésta es una estrategia inteligente para las personas que no tienen intenciones de convertirse en inversionistas profesionales. El problema es que, aunque se trata de una estrategia inteligente, no significa que los fondos de inversión sean menos riesgosos. De hecho, si se produce un *crack* en el mercado de valores, podríamos ver lo que yo llamo "la crisis

de los fondos de inversión", una catástrofe financiera tan devastadora como la crisis especulativa de la "manía de los tulipanes" de 1610, la "burbuja de los mares del sur" de 1620 y el estallido de los "bonos chatarra" de 1990.

Actualmente, el mercado está lleno de personas que, por su naturaleza, están orientados hacia la seguridad, pero que debido a los cambios en la economía han sido obligados a cruzar del lado izquierdo del Cuadrante del flujo de dinero al lado derecho, donde su clase de seguridad no existe en realidad. Este hecho me preocupa. Muchas personas piensan que sus planes de pensión son seguros, cuando en realidad no lo son. Si se produjera una crisis o una depresión importante, sus planes podrían ser destruidos. Sus planes de retiro no son tan seguros como los planes de retiro que tenían nuestros padres.

Se aproximan grandes crisis económicas

El escenario está listo para que tengan lugar grandes crisis económicas. Dichas crisis siempre han señalado el final de una era antigua y el nacimiento de una nueva era. Al final de cada etapa existen personas que avanzan y otras que se aferran a las ideas del pasado. Temo que las personas que aún tienen la expectativa de que su seguridad financiera es responsabilidad de una gran compañía o de un gran gobierno, quedarán desilusionadas en los próximos años. Ésas son ideas de la era industrial, pero no de la era de la información.

Nadie tiene una bola de cristal. Yo estoy suscrito a muchos servicios noticiosos sobre inversión. Cada uno dice una cosa diferente. Algunos señalan que el futuro es brillante. Algunos dicen que es inminente una gran crisis en el mercado y una depresión importante. Para permanecer en la objetividad, yo escucho ambas partes, porque las dos tienen argumentos que vale la pena escuchar. El camino que tomo no consiste en tratar de adivinar el futuro, sino que trato de mantenerme educado en lo relacionado con los cuadrantes "D" e "I", y estar preparado para cualquier cosa que ocurra. Una persona que está preparada prosperará sin importar en qué dirección marche la economía, ni cuando cambie.

Si la historia puede ser un indicador, una persona que vive hasta la edad de 75 años debe tener la expectativa de vivir una depresión y dos grandes recesiones. Bien, mis padres atravesaron por su depresión, pero la generación nacida después de la Segunda Guerra Mundial no lo ha hecho… aún. Y han pasado aproximadamente 60 años desde que tuvo lugar la última depresión.

Actualmente todos debemos estar preocupados por más cosas que la seguridad en el trabajo. Pienso que también debemos estar preocupados por nuestra propia seguridad financiera en el largo plazo… y no dejar esa responsabilidad a una compañía o al gobierno. La época cambió oficialmente cuando las compañías afirmaron que ya no eran responsables por los años de retiro de sus empleados. Una vez que cambiaron al plan de retiro de Contribución Definida, el mensaje fue que usted era ahora el responsable de invertir en su propio futuro. Hoy en día todos necesitamos convertirnos en inversionistas inteligentes, siempre atentos a los cambios en las subidas y descensos de los mercados financieros. Yo le recomiendo que aprenda a ser un inversionista en vez de entregar su dinero a otra persona para que ésta lo invierta por usted. Si usted simplemente entrega su dinero a un fondo de inversión o a un asesor financiero, es posible que tenga que esperar hasta los 65 años de edad para descubrir si esa persona hizo bien su trabajo. Si no lo hizo bien, es posible que usted tenga que trabajar por el resto de su vida. Millones de personas tendrán que hacer precisamente eso porque será demasiado tarde para que ellos inviertan o aprendan sobre inversión.

Aprenda a manejar el riesgo

Es posible invertir y obtener grandes utilidades con bajo riesgo. Todo lo que tiene que hacer es aprender cómo se hace. No es difícil. De hecho, se parece mucho a aprender a andar en bicicleta. En las primeras etapas usted puede caerse, pero después de algún tiempo dejará de caerse y la inversión se convertirá en una segunda naturaleza, de la misma forma en que andar en bicicleta lo es para la mayoría de nosotros.

El problema con el lado izquierdo del Cuadrante del flujo de dinero es que mucha gente va a él para evitar el riesgo financiero. En vez de evitar el riesgo, le recomiendo que aprenda cómo manejar el riesgo financiero.

Corra riesgos

Las personas que corren riesgos cambian al mundo. Pocas personas se vuelven ricas sin asumir riesgos. Demasiada gente se ha vuelto dependiente del gobierno para eliminar los riesgos de la vida. El comienzo de la era de la información es el final del gobierno grande, tal y como lo conocimos antes. El gobierno grande se ha vuelto demasiado caro. Desafortunadamente, los millones de personas en todo el mundo que se han vuelto dependientes de la idea de "derechos" y pensiones de por vida se quedarán atrás desde el punto de vista financiero. La era de la información implica que todos necesitamos convertirnos en autosuficientes y que comencemos a crecer.

La idea de "estudia duro y encuentra un trabajo seguro" nació en la era industrial. Ya no nos encontramos en ella. Los tiempos están cambiando. El problema es que las ideas de muchas personas no han cambiado. Ellos todavía piensan que tienen derecho a algo. Muchos todavía piensan que el cuadrante "I" no es su responsabilidad. Siguen pensando que el gobierno, o una gran compañía, o el sindicato, o el fondo de inversión, o su familia, se harán cargo de ellos cuando termine su etapa laboral. Por su bien, espero que estén en lo correcto. Estos individuos no necesitan leer más.

Lo que me impulsó a escribir *El Cuadrante del flujo del dinero* es mi preocupación por aquellas personas que reconocen la necesidad de convertirse en inversionistas. El libro fue escrito para ayudar a los individuos que deseen avanzar del lado izquierdo del Cuadrante al lado derecho, pero que no saben en dónde comenzar. Cualquiera puede hacer ese movimiento, si tiene las aptitudes correctas y la determinación.

Si usted ya ha encontrado su propia libertad financiera, lo felicito. Por favor, enseñe a otras personas el camino que siguió y guíelos si ellos desean ser guiados. Guíelos, pero déjelos encontrar su propio camino, dado que existen muchas vías hacia la libertad financiera.

Sin importar lo que usted decida, por favor recuerde lo siguiente: La libertad financiera puede ser libre, pero no es barata. La libertad tiene un precio… y yo considero que vale ese precio. El gran secreto es: no se necesita dinero ni una buena educación formal para ser libre desde el punto de vista financiero. Tampoco tiene que ser necesariamente riesgoso. En vez de lo anterior, el precio de la libertad se mide en sueños, deseos y la habilidad para superar la desilusión que todos sentimos a lo largo del camino. ¿Está usted dispuesto a pagar ese precio?

Uno de mis padres pagó el precio, el otro no. Él pagó un tipo diferente de precio.

La pregunta del cuadrante "D"

¿Es usted un verdadero dueño de negocio? Lo es si puede responder "Sí" a la siguiente pregunta:

¿Puede usted dejar su negocio por un año o más y encontrarlo a su regreso más redituable y mejor administrado que cuando se marchó?

Sí ☐ **No** ☐

Capítulo 3

Por qué la gente prefiere la seguridad a la libertad

Mis dos padres me recomendaron asistir a la universidad y obtener un grado universitario. Sin embargo, después de recibir mi título cambió el consejo que me dieron.

Mi padre educado me recomendaba constantemente: "Ve a la escuela, obtén buenas calificaciones y luego obtén un trabajo bueno y seguro."

Él me estaba recomendando un camino en la vida enfocado en el lado izquierdo del Cuadrante, que tenía un aspecto parecido al siguiente:

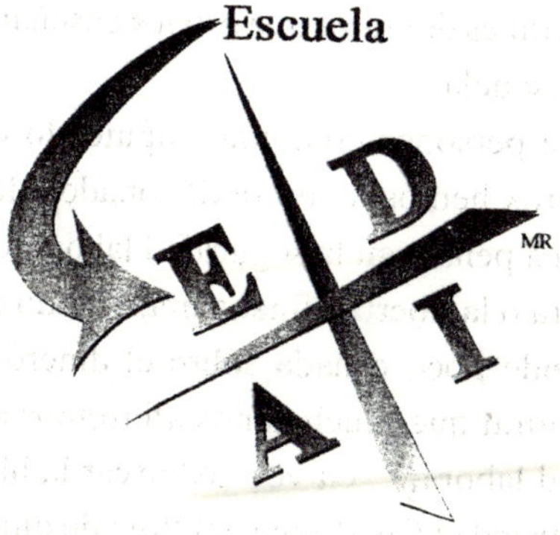

Mi otro padre, que no tenía preparación escolar pero era rico, me recomendaba enfocarme en el lado derecho del Cuadrante: "Ve a la escuela, obtén buenas calificaciones y luego comienza tu propia compañía."

Su consejo era diferente porque uno de mis padres estaba preocupado por la seguridad laboral y el otro estaba más preocupado por la libertad financiera.

Por qué la gente busca la seguridad laboral

La razón más importante por la que muchas personas buscan la seguridad laboral es debido a que eso les enseñaron a buscar, en el hogar y en la escuela.

Millones de personas continúan siguiendo ese consejo. Muchos de nosotros hemos sido condicionados desde nuestra más tierna infancia a pensar en la seguridad laboral en vez de la seguridad financiera o la libertad financiera. Y dado que la mayoría de nosotros aprende poco o nada sobre el dinero en el hogar o la escuela, es natural que muchos nos aferremos aún más a la idea de la seguridad laboral... en vez de buscar la libertad.

Si observa usted el Cuadrante del flujo de dinero, advertirá que el lado izquierdo está motivado por la seguridad y el lado derecho está motivado por la libertad.

Atrapado por la deuda

La principal razón por la que el 90% de la población trabaja en el lado izquierdo se debe simplemente a que ése es el lado que aprenden en la escuela. Ellos dejan la escuela y se encuentran pronto atrapados por la deuda; tan atrapados que deben aferrarse aún más a un trabajo, o seguridad profesional, tan sólo para pagar sus cuentas.

Frecuentemente conozco a personas jóvenes que recibieron su diploma universitario con la cuenta por sus préstamos escolares. Varios de ellos me han dicho que se han encontrado muy deprimidos cuando han advertido que deben entre 50 000 y 150 000 dólares por su educación universitaria. Si los padres pagaron por su educación, entonces son los padres quienes se encuentran en problemas financieros durante años.

Recientemente he leído que la mayoría de los estadounidenses reciben actualmente una tarjeta de crédito cuando todavía están en la escuela y que vivirán con deudas por el resto de sus vidas. Eso se debe a que están siguiendo un guión que se hizo popular en la era industrial.

Siguiendo el guión

Si seguimos la vida de las personas con educación promedio, el guión financiero a menudo es como el siguiente:

El hijo va a la escuela, se gradúa, encuentra un trabajo y pronto tiene algún dinero para gastar. El joven adulto puede pagar ahora la renta de un departamento, comprar un televisor, ropa nueva, algunos muebles y, desde luego, un automóvil. Y las cuentas comienzan a llegar. Un día, el adulto conoce a alguien especial, vuelan las chispas, se enamoran y se casan. Durante algún tiempo la vida es maravillosa porque dos pueden vivir con los gastos de uno. Ahora tienen dos ingresos, una sola renta que pagar y pueden apartar unos cuantos dólares para comprar el sueño de todas las parejas jóvenes, su propia casa. Encuentran la casa que sueñan, retiran el dinero de la cuenta de ahorros y lo utilizan para dar el pago inicial de la casa y ahora tienen una hipoteca. Debido a que ellos tienen una nueva casa, necesitan nuevos muebles, así que encuentran una tienda de muebles que anuncia sus productos con las palabras mágicas: "Sin pago inicial, fáciles pagos mensuales."

La vida es maravillosa y ellos ofrecen una fiesta para que todos sus amigos conozcan su nueva casa, su nuevo automóvil, sus nuevos muebles y sus nuevos juguetes. Ahora se encuentran endeudados para el resto de sus vidas. Y entonces llega el primer hijo.

La pareja promedio, bien educada y trabajadora, tras dejar al hijo en la guardería, deberán ahora trabajar con ahínco. Han quedado atrapados por la necesidad de tener un trabajo seguro simplemente porque, en promedio, se encuentran a sólo tres meses de la bancarrota financiera. Usted puede escuchar a esas personas que a menudo dicen: "No puedo renunciar. Tengo cuentas que pagar", o una variante de la canción de Blanca Nieves y los Siete Enanos: "Debo, debo, así que al trabajo me marcho."

La trampa del éxito

Una de las razones por las que aprendí tanto de mi padre rico fue porque él tenía tiempo libre para enseñarme. Conforme se hizo más exitoso, tuvo más tiempo y dinero libres. Si los negocios mejoraban, él no tenía que trabajar más duro. Simplemente hacía que el presidente de su compañía expandiera el sistema y contratara más gente para hacer el trabajo. Si sus inversiones marchaban bien, él reinvertía el dinero y ganaba más dinero. Debido a su éxito, tenía más tiempo libre. Él pasó horas con su hijo y conmigo explicándonos todo lo que estaba haciendo en los negocios y la inversión. Yo estaba aprendiendo más de él que en la escuela. Eso es lo que ocurre cuando usted trabaja duro en el lado derecho del Cuadrante, el lado de "D" e "I".

Mi padre educado también trabajaba duro, pero trabajaba duro en el lado izquierdo del Cuadrante. Al trabajar duro, obtener ascensos y asumir mayores responsabilidades, él dispuso cada vez de menos tiempo libre para sus hijos. Se marchaba a trabajar a las 7:00 a.m. y muchas veces no lo veíamos más porque teníamos que irnos a la cama antes de que regresara a casa. Eso es lo que ocurre cuando trabaja usted duro en el lado izquierdo del Cuadrante. El éxito le deja menos tiempo libre... incluso cuando trae consigo más dinero.

La trampa del dinero

El éxito en el lado derecho del Cuadrante requiere de conocimiento sobre el dinero, denominado "inteligencia financiera". Mi padre rico la definía de la siguiente forma: "La inteligencia financiera no se refiere tanto a cuánto dinero gane usted, sino cuánto dinero puede usted conservar, qué tan duro trabaja ese dinero para usted y para cuántas generaciones lo ha conservado."

El éxito en el lado derecho del Cuadrante requiere de la inteligencia financiera. Si las personas carecen de la inteligencia financiera básica, en muchos casos no sobrevivirán en el lado derecho del Cuadrante.

Mi padre rico era bueno con el dinero y con los trabajadores. Tenía que serlo. Él era responsable de crear dinero, manejar tan poca gente como fuera posible, mantener los costos bajos y las utilidades altas. Ésas son las habilidades necesarias para el éxito en el lado derecho del Cuadrante.

Fue mi padre rico quien me insistió que su hogar no es un activo, sino un pasivo. Él podía demostrarlo porque nos enseñó a ser educados desde el punto de vista financiero, de manera que fuéramos capaces de leer los números. Él tuvo tiempo libre para enseñarle a su hijo y a mí, porque era bueno para manejar a la gente. Sus habilidades en el trabajo fueron transmitidas también a su vida doméstica.

Mi padre educado no manejaba dinero ni personal en el trabajo, aunque pensaba que lo hacía. Como superintendente estatal de educación, él era un funcionario gubernamental con un presupuesto multimillonario y miles de empleados. Pero no se trataba de dinero que él creara. Era el dinero de los contribuyentes y su trabajo consistía en gastarlo todo. Si no lo gastaba, el gobierno le daría menos dinero al año siguiente. De manera que al final de cada año fiscal él buscaba la manera de gastarlo todo, lo que significaba que a menudo contrataba más gente para justificar el presupuesto del año siguiente. Lo curioso es que mientras más personas contrataba, más problemas tenía.

Al observar a mis dos padres cuando yo era niño, comencé a tomar nota mentalmente de qué clase de vida quería yo llevar.

Mi padre educado era un lector voraz de libros, de manera que tenía una cultura vasta, pero no desde el punto de vista financiero. Dado que no podía leer los números, tenía que aceptar el consejo de su banquero y contador, y ambos le dijeron que su casa era un activo y que debía ser su inversión más grande.

Debido a ese consejo financiero, mi padre educado no sólo trabajó más duro, sino que se endeudó más. Cada vez que recibía un ascenso por su trabajo, también obtenía un aumento de sueldo y con cada aumento de sueldo se ubicó en un nivel impositivo más alto. Dado que se encontraba en un nivel impositivo más alto y que los impuestos para los trabajadores de altos ingresos en los años sesenta y setenta eran extremadamente altos, su contador y su banquero le recomendaron que comprara una casa más grande, de manera que pudiera deducir los pagos por intereses. Él ganaba más dinero, pero todo lo que ocurrió fue que sus impuestos y su deuda se incrementaron. Mientras más exitoso se volvió, más duro tuvo que trabajar y dispuso de menos tiempo para pasarlo con las personas que amaba. Poco después, todos los hijos se habían marchado de casa y él seguía trabajando duro tan sólo para pagar sus cuentas.

Él siempre pensó que el siguiente ascenso y aumento de salario resolverían el problema. Pero a pesar de que ganaba más dinero ocurrían las mismas cosas. Él se endeudó más y pagó más impuestos.

Mientras más agotado estaba, tanto en casa como en el trabajo, más parecía depender de la seguridad en el empleo. Conforme creció el vínculo emocional con su empleo y con el salario para pagar sus cuentas, más alentó a sus hijos a "obtener un trabajo seguro".

Mientras más inseguro se sentía, más buscaba la seguridad.

Sus dos gastos más grandes

Dado que mi padre no podía leer estados financieros, no podía ver la trampa de dinero en que se estaba metiendo conforme se hizo más exitoso. Se trata de la misma trampa de dinero en que he visto caer a millones de personas trabajadoras y exitosas.

La razón por la que tanta gente pasa por dificultades financieras es que cada vez que ganan más dinero, también incrementan sus dos gastos más grandes:

1. Impuestos
2. Intereses por la deuda.

Para colmo de males, el gobierno frecuentemente le ofrece incentivos fiscales para que usted contraiga más deuda. ¿No le parece a usted sospechoso?

Insisto, como definía mi padre rico la inteligencia financiera: "No se trata de cuánto gane usted, sino de cuánto conserve, qué tan duro trabaja el dinero para usted y para cuántas generaciones lo conserva."

Al final de la vida de mi padre educado, el poco dinero que tenía al morir… fue recolectado por el gobierno por concepto de impuestos sucesorios.

La búsqueda de la libertad

Yo sé que muchas personas buscan la libertad y la felicidad. El problema es que muchas personas no han sido entrenadas para trabajar en los cuadrantes "D" e "I". Debido a esa falta de capacitación, su condicionamiento para buscar la seguridad en el empleo y su creciente deuda, la mayoría de las personas limitan la búsqueda de la libertad financiera al lado izquierdo del Cuadrante del flujo de dinero. Desafortunadamente, la seguridad o libertad financieras rara vez se encuentran en los cuadrantes "E" o "A". La verdadera seguridad y libertad se encuentran en el lado derecho.

Ir de un trabajo a otro en busca de la libertad

Una cosa para la que el Cuadrante del flujo de dinero es útil es para seguir u observar el patrón de vida de una persona. Muchas personas pasan su vida en busca de la seguridad o libertad, pero terminan pasando de un trabajo a otro. Por ejemplo:

Yo tengo un amigo de la preparatoria. Me llegan noticias de él cada cinco años aproximadamente y siempre está emocionado porque ha encontrado el trabajo perfecto. Está muy contento porque ha encontrado la compañía de sus sueños. Ama la compañía. Está haciendo cosas emocionantes. Ama su trabajo, tiene un puesto importante, el sueldo es bueno, la gente es buena, los beneficios son buenos y las oportunidades de ascender son buenas. Cerca de cuatro años y medio más tarde vuelvo a escuchar de él y para entonces está insatisfecho. La compañía para la que trabaja es ahora corrupta y deshonesta, en su opinión; no trata a sus trabajadores con respeto; él odia a su jefe; no lo tomaron en cuenta para un ascenso y no le pagan suficiente. Seis meses más tarde él está muy contento nuevamente. Está emocionado porque ha encontrado el trabajo perfecto… nuevamente.

Su camino por la vida se parece a un perro que persigue su propia cola. Tiene el siguiente aspecto:

Su patrón de vida consiste en ir de un trabajo a otro. Hasta el momento vive bien porque es inteligente, atractivo y con buena presencia. Sin embargo, se está volviendo viejo y otras personas más jóvenes están obteniendo los empleos que él solía obtener. Tiene algunos miles de dólares ahorrados, nada apartado para su retiro, una casa de la que nunca será dueño, pagos para la manutención de los hijos y están pendientes los gastos para enviarlos a la universidad. El más chico de sus hijos, de ocho años, vive con su exesposa; y el más grande, de 14 años de edad, vive con él.

Hacer sus propias cosas

Los "E" se convierten en "A"

Otro patrón común es el de alguien que pasa de "E" a "A". Durante el período actual de redimensionamiento masivo, muchas personas están comprendiendo el mensaje y abandonando sus trabajos con grandes compañías para comenzar sus propios negocios. Hay una gran proliferación de los llamados "negocios con base en casa". Muchas personas han tomado la decisión de "comenzar su propio negocio", "hacer sus propias cosas" y "ser sus propios jefes".

La trayectoria de su carrera tiene el siguiente aspecto:

De todos los caminos en la vida, éste es el que más pena me produce. En mi opinión, ser un "A" puede ser lo más redituable y también lo más riesgoso. Considero que el cuadrante "A" es el cuadrante más duro que existe. Las tasas de fracaso son altas. Y si usted tiene éxito, ese éxito puede ser peor que el fracaso. Eso se debe a que si usted tiene éxito como "A" trabajará más duro que si fuera exitoso en cualquier otro cuadrante… y lo hará por mucho tiempo. Por tanto tiempo como dure su éxito.

La razón por la que los "A" trabajan más duro que los demás es debido a que son lo que proverbialmente se conoce como "jefe de cocina y lavador de trastes". Tienen que hacer o son responsables de todos los trabajos que en una compañía más grande son desempeñados por muchos gerentes y empleados. Un "A" que comienza tiene que responder el teléfono, pagar las cuentas, realizar las visitas de ventas; trata de hacerse publicidad con un presupuesto pequeño, maneja a los clientes, contrata a los empleados, despide a los empleados, ocupa el puesto de los empleados cuando éstos no se presentan a trabajar, habla con el encargado de los impuestos, forcejea con los inspectores del gobierno, etcétera.

Personalmente me estremezco cuando escucho que alguien dice que va a comenzar su propio negocio. Les deseo lo mejor y sin embargo me preocupan mucho. He visto a muchos "E" que toman sus ahorros de toda la vida o piden prestado dinero de sus amigos y familia para comenzar su propio negocio. Después de tres o más años de dificultades y de trabajar duro, el negocio quiebra y en vez de contar con sus ahorros, ellos tienen deudas que pagar.

A nivel nacional, nueve de cada 10 negocios de ese tipo fracasan en cinco años. De los negocios que tienen éxito, nueve de cada 10 fracasan en los siguientes cinco años. En otras palabras, 99 de cada 100 negocios pequeños desaparecerán en el curso de 10 años.

Pienso que la razón por la que la mayoría fracasa en los primeros cinco años es debido a su falta de experiencia y falta de capital. La razón por la que los sobrevivientes fracasan en los siguientes cinco años no es falta de capital, sino falta de energía. La persona finalmente se cansa de esas horas de trabajo duro y prolongado. Muchos "A" simplemente se consumen. Ésa es la razón por la que muchos profesionistas educados cambian de compañías o tratan de comenzar algo nuevo, o mueren. Quizá sea ésa la razón por la que la expectativa de vida promedio de los médicos y abogados es más baja que la de la mayoría de los demás. Su expectativa promedio de vida es de 58 años. Para todos los demás es superior a 70 años.

Quienes sobreviven, parecen hacerse a la idea de levantarse, ir a trabajar y trabajar duro por siempre. Eso parece ser todo lo que saben.

Los padres de un amigo me recordaron lo siguiente. Por 45 años han pasado muchas horas trabajando en su tienda de licores, en una esquina. Conforme se incrementó el crimen en el vecindario, tuvieron que poner barras de acero en las puertas y en las ventanas. Hoy en día el dinero es entregado por una ventanilla parecida a la de un banco. Yo voy ocasionalmente a verlos. Son personas maravillosas y dulces y me entristece verlos como prisioneros virtuales de su propio negocio, de las 10 de la mañana hasta las dos de la mañana del siguiente día, mirando desde atrás de las barras.

Muchos "A" inteligentes venden sus negocios en su momento más alto, antes de quedar agotados, a alguien con la energía y el dinero. Toman algún tiempo para descansar y luego comienzan algo nuevo. Siguen haciendo sus propias cosas y lo aman. Pero tienen que saber cuándo salir.

El peor consejo que usted puede dar a sus hijos

Si usted nació antes de 1930, el consejo: "Ve a la escuela, obtén buenas calificaciones y encuentra un trabajo seguro" era bueno. Pero si usted nació después de 1930, es un mal consejo.

¿Por qué?

La respuesta se encuentra en: 1. Impuestos, y 2. Deuda.

Para las personas que ganaron sus ingresos en el cuadrante "E", prácticamente no quedan incentivos fiscales. Actualmente, en Estados Unidos, ser un empleado quiere decir que usted es un socio al 50% con el gobierno. Eso significa que en última instancia el gobierno recibirá 50% o más de las ganancias de un empleado y gran parte de eso incluso antes de que el empleado vea el cheque con su sueldo.

Cuando usted considera que el gobierno le ofrece incentivos fiscales por incurrir en mayor deuda, el camino hacia la libertad financiera es virtualmente imposible para la mayoría de las personas que se encuentran en el cuadrante "E" y para la mayoría de los que están en el cuadrante "A". A menudo escucho a los contadores que les dicen a sus clientes que comienzan a ganar más ingreso del cuadrante "E" que deben comprar una casa más grande con el fin de recibir un mayor incentivo fiscal. Aunque eso puede tener sentido para algunos que se encuentran en el lado izquierdo del Cuadrante del flujo de dinero, carece de todo sentido para alguien en el lado derecho del Cuadrante.

¿Quién paga más impuestos?

Los ricos pagan menos impuestos al ingreso. ¿Por qué? Simplemente porque no ganan su dinero como empleados. Los ultra ricos saben que la mejor manera de evitar legalmente el pago de impuestos consiste en generar sus ingresos de los cuadrantes "D" e "I".

Si las personas ganan su dinero en el cuadrante "E", el único incentivo fiscal que se les ofrece consiste en adquirir una casa más grande e incurrir en mayor deuda. Desde el lado derecho del Cuadrante del flujo de dinero, eso no es muy inteligente desde el punto de vista financiero. Para las personas en el lado derecho eso equivale a decir: "Dame un dólar y te devolveré cincuenta centavos."

Los impuestos son injustos

A menudo escucho a gente que dice: "Es antipatriótico no pagar impuestos."

Los estadounidenses que afirman eso parecen haber olvidado su propia historia. Estados Unidos fue fundado a partir de una protesta relacionada con impuestos. ¿Han olvidado la infame "fiesta del té" en Boston, en 1773? La rebelión que condujo a la Guerra de Independencia que separó a las colonias norteamericanas de los impuestos represivos de Inglaterra.

Esa rebelión fue seguida de la rebelión de Shay, la rebelión del whisky, la rebelión de Fries, las guerras de tarifas y muchas otras a lo largo de la historia de Estados Unidos.

Existen otras dos famosas revueltas por impuestos que no ocurrieron en Estados Unidos, pero que también demuestran la pasión con que la gente se opone a pagar impuestos:

La historia de Guillermo Tell es la historia de una protesta por impuestos. Es por eso que disparó la flecha hacia la cabeza de su hijo. Estaba molesto por los impuestos y arriesgó la vida de su hijo como una forma de protesta.

Y también está la historia de Lady Godiva. Ella pidió que se redujeran los impuestos en su pueblo. Los encargados del gobierno señalaron que bajarían los impuestos si cabalgaba desnuda por el pueblo. Ella hizo precisamente lo que ellos sugirieron.

Ventajas fiscales

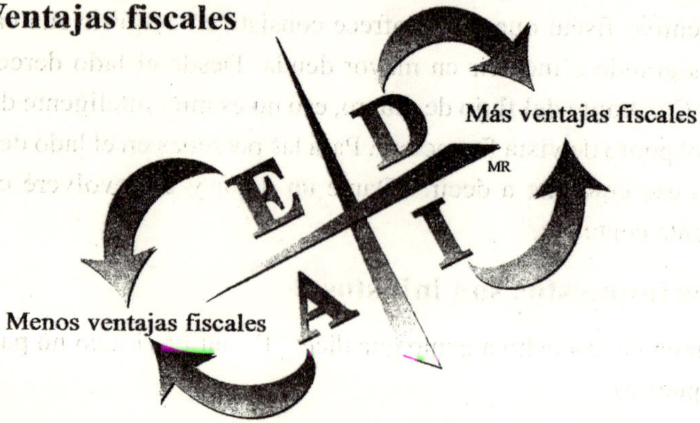

Los impuestos son una necesidad de la civilización moderna. Los problemas surgen cuando los impuestos son abusivos y mal manejados. En los próximos años millones de personas nacidas después de la Segunda Guerra Mundial comenzarán a retirarse. Dejarán de desempeñar el papel de contribuyentes de impuestos y se convertirán en receptores del seguro social y del retiro. Será necesario cobrar más impuestos para hacer frente a este cambio. Estados Unidos y otras grandes naciones tendrán problemas financieros. Los individuos con dinero se marcharán en busca de países que le den la bienvenida a su dinero, en vez de castigarlos por tenerlo.

Un gran error

A principios de este año fui entrevistado por el reportero de un periódico. Durante la entrevista me preguntó cuánto dinero gané durante el año anterior. Le respondí: "Aproximadamente un millón de dólares."

"¿Y cuánto pagó en impuestos?" me preguntó.

"Nada", le dije. "Ese dinero proviene de ganancias de capital y fui capaz de diferir indefinidamente el pago de esos impuestos. Vendí tres propiedades de bienes raíces y las coloqué en un intercambio de acuerdo con el artículo 1031 del Código Fiscal (de Estados Unidos). Nunca he tocado ese dinero. Simplemente lo he reinvertido en una propiedad más grande." Unos días después, el periódico publicó esta historia:

"Hombre rico gana un millón de dólares y admite no haber pagado nada en impuestos."

Sí dije algo parecido, pero faltan algunas palabras y eso ocasiona la distorsión del mensaje. No sé si el reportero estaba siendo malicioso o simplemente no comprendió qué cosa era un intercambio de acuerdo con el artículo 1031. Cualquiera que sea la razón, es un ejemplo perfecto de puntos de vista diferentes que provienen de cuadrantes diferentes. Como dije antes, no todo ingreso es igual. Ciertos ingresos reciben menos gravamen que otros.

El reportero obtiene su ingreso en esta columna:

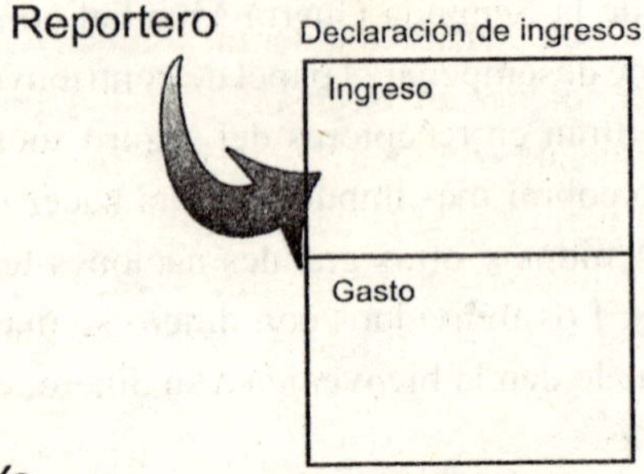

Yo obtengo mi ingreso en esta columna:

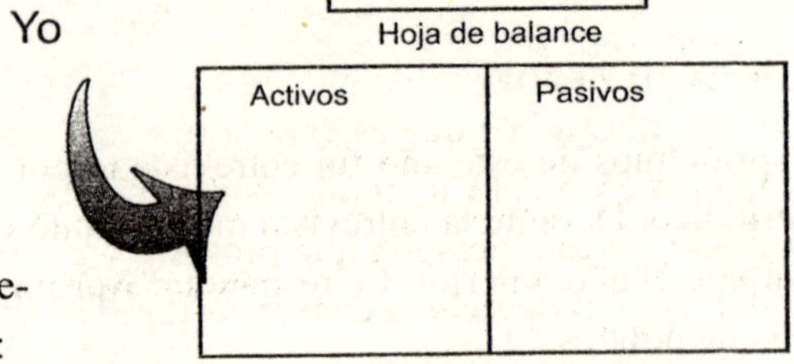

Yo gané mi millón en este cuadrante:

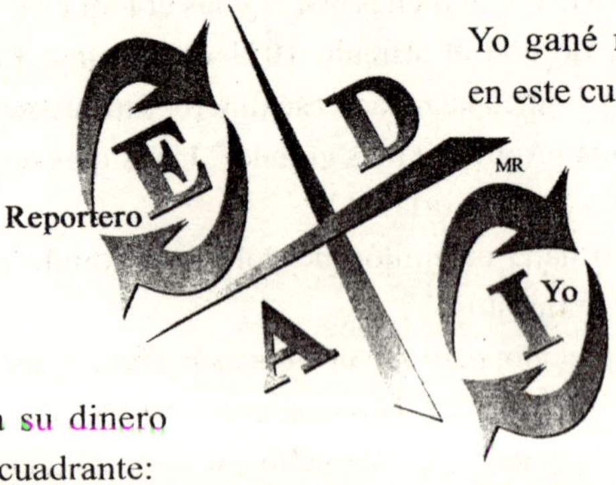

Él gana su dinero en este cuadrante:

La mayoría de la gente se enfoca en el ingreso y no en las inversiones

Y actualmente todavía escucho a personas que dicen: "Voy a regresar a la escuela para obtener un aumento", o "estoy trabajando duro para obtener un ascenso."

Ésas son palabras o ideas de una persona que se enfoca en la columna de ingresos de la declaración financiera o el cuadrante "E" del Cuadrante del flujo de dinero. Ésas son las palabras de una persona que dará la mitad de ese aumento al gobierno y que trabajará más duro y por más tiempo para lograrlo.

En un capítulo posterior explicaré cómo las personas en el lado derecho del Cuadrante utilizan los impuestos como un activo, en vez del pasivo que es para la mayoría de las personas en el lado izquierdo del Cuadrante. No se trata de ser anti patriota; se trata de ser una persona que protesta y combate legalmente para defender el derecho a conservar tanto dinero como sea posible. Las personas y países que no protestan sus impuestos son a menudo personas o países con economías deprimidas.

Vuélvase rico rápidamente

Para mi esposa y para mí, pasar de no tener un hogar a lograr la libertad financiera rápidamente implicó obtener nuestros ingresos de los cuadrantes "D" e "I". En los cuadrantes del lado derecho usted puede volverse rico rápidamente porque usted puede evitar legalmente el pago de impuestos. Y al ser capaces de conservar más dinero y de hacer que ese dinero trabajara para nosotros, encontramos rápidamente la libertad.

Cómo obtener la libertad

Los impuestos y la deuda son las dos principales razones por las que la mayoría de la gente jamás se sentirá segura desde el punto de vista financiero, ni obtendrá su libertad financiera. El camino a la seguridad o libertad se encuentra en el lado derecho del Cuadrante del flujo de dinero. Usted necesita ir más allá de la seguridad laboral. Es tiempo de que conozca la diferencia entre la seguridad financiera y la libertad financiera.

¿Cuál es la diferencia entre
1. Seguridad en el empleo;
2. Seguridad financiera; y
3. Libertad financiera?

Como usted sabe, mi padre educado estaba obsesionado con la seguridad en el empleo, como lo están muchas personas de su generación. Él consideraba que la seguridad en el empleo significaba seguridad financiera... eso fue hasta que perdió su trabajo y no pudo obtener otro empleo. Mi padre rico nunca habló sobre seguridad en el empleo, sino que hablaba de libertad financiera.

La respuesta para determinar la clase de seguridad o libertad que usted desea se encuentra al observar los patrones del Cuadrante del flujo de dinero.

1. Patrón para la seguridad en el empleo

La gente que sigue este patrón es a menudo buena al desempeñar su trabajo. Muchos de ellos pasan años en la escuela y años en el trabajo, obteniendo experiencia. El problema es que conocen muy poco sobre los cuadrantes "D" e "I", incluso si cuentan con un plan de retiro. Se sienten inseguros desde el punto de vista financiero debido a que han sido entrenados sólo para la seguridad profesional o seguridad en el empleo.

Dos piernas son mejor que una

Para lograr mayor seguridad financiera sugiero, además de desempeñar sus trabajos en los cuadrantes "E" y "A", que los individuos se eduquen en lo referente a los cuadrantes "D" o "I". Al tener confianza en sus habilidades en ambos lados del *Cuadrante*, se sentirán naturalmente más seguros, incluso si sólo tienen poco dinero. El conocimiento es poder… todo lo que tienen que hacer es esperar una oportunidad para utilizar su conocimiento y entonces tendrán el dinero.

Ésa es la razón por la que nuestro Creador nos dio dos piernas. Si sólo tuviéramos una, siempre nos sentiríamos tambaleantes e inseguros. Al tener conocimientos de dos cuadrantes, uno en el lado izquierdo y otro en el derecho, tendemos a sentirnos más seguros. Las personas que conocen sobre su trabajo o profesión sólo tienen una pierna. Cada vez que sopla un ventarrón económico tienden a tambalearse más que las personas con dos piernas.

2. Patrón para la seguridad financiera

El siguiente es el aspecto de la seguridad financiera para un "E":

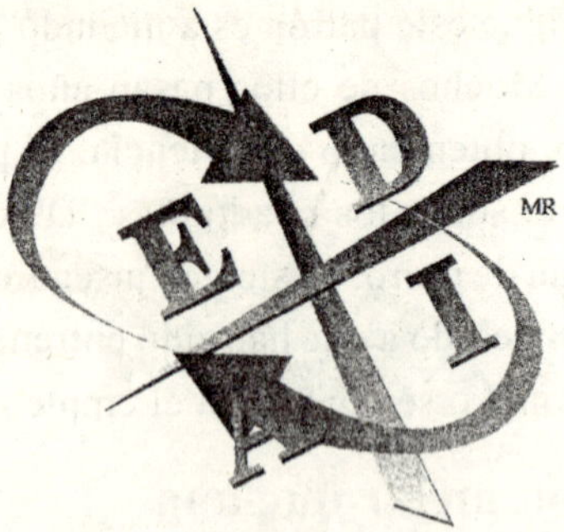

En vez de sólo colocar dinero en una cuenta para el retiro y esperar que ocurra lo mejor, esa curva en la ilustración significa que la gente tiene confianza en su educación, tanto como inversionista como empleado. De la misma forma en que estudiamos en la escuela para aprender a desempeñar un trabajo, le sugiero que estudie para aprender a ser un inversionista profesional.

El reportero que estaba molesto por el hecho de que yo ganaba un millón de dólares en mi columna de activos y no pagaba impuestos nunca me preguntó: "¿Cómo ganó usted ese millón de dólares?"

Para mí, ésa es la verdadera pregunta. Evitar legalmente el pago de impuestos es fácil. Ganar el millón de dólares no fue tan sencillo.

Un segundo camino hacia la seguridad financiera podría ser:

Y la seguridad financiera tiene un aspecto como el siguiente para un "A":

Éste es el patrón descrito en el libro *The Millionaire Next Door (El millonario de la casa contigua)*, escrito por Thomas Stanley. Es un libro excelente. El millonario estadounidense promedio es autoempleado, vive frugalmente e invierte a largo plazo. El patrón de la ilustración anterior refleja ese camino en la vida financiera.

El siguiente camino, de "A" a "D", es frecuentemente el que siguen muchos grandes empresarios, como Bill Gates. No es el más sencillo, pero considero que es uno de los mejores.

Dos es mejor que uno

De manera que conocer más de un cuadrante, especialmente uno del lado izquierdo y uno del lado derecho, es mucho mejor que ser bueno en uno de ellos. En el capítulo dos me referí al hecho de que la persona rica en promedio obtiene el 70% de su ingreso del lado derecho y el 30% del lado izquierdo del Cuadrante del flujo de dinero. He descubierto que, sin importar cuánto dinero gane la gente, se sentirán más seguros si operan en más de un cuadrante. La seguridad financiera consiste en tener los pies firmemente plantados en ambos lados del Cuadrante del flujo de dinero.

Bomberos millonarios

Tengo dos amigos que son ejemplos de éxito en ambos lados del Cuadrante del flujo de dinero. Ellos gozan de una gran seguridad laboral con beneficios y también han logrado una gran riqueza financiera en el lado derecho del Cuadrante. Ambos son bomberos que trabajan para el gobierno de la ciudad. Tienen sueldos buenos y estables, excelentes beneficios y planes de retiro y trabajan sólo dos días a la semana. Tres días a la semana trabajan como inversionistas profesionales. Pasan los dos días restantes descansando con sus familias.

Uno adquiere casas viejas, las arregla y cobra la renta. Al escribir estas líneas él es dueño de 45 casas que le proporcionan un ingreso neto de 10 000 dólares, después de pagar deudas, impuestos, mantenimiento, administración y seguro. Él gana 3 500 dólares como bombero, lo que hace que su ingreso mensual total sea de más de 13 000 dólares y tenga un ingreso anual de 150 000 dólares, que sigue creciendo. Le quedan cinco años antes de pasar al retiro y su meta es lograr un ingreso anual de 200 000 dólares a la edad de 56 años. Eso no está mal para un empleado gubernamental con cuatro hijos.

El otro amigo pasa su tiempo analizando compañías y adoptando posiciones a largo plazo en acciones y opciones. Su portafolios asciende ahora a más de tres millones de dólares. Si vendiera sus acciones y obtuviera un interés anual de 10%, tendría un ingreso de 300 000 dólares al año de por vida, de no ocurrir un cambio de importancia en el mercado. Nuevamente, no está mal para un empleado gubernamental con dos hijos.

Ambos amigos tienen suficiente ingreso pasivo de sus 20 años de inversión, para haberse retirado a la edad de 40 años… pero ambos disfrutan su trabajo y desean retirarse con todos los beneficios otorgados por el gobierno local. Ellos serán libres entonces porque disfrutarán de los beneficios del éxito en ambos lados del Cuadrante.

El dinero no proporciona la seguridad por sí solo

He conocido a muchas personas que tienen millones de dólares en sus cuentas para el retiro y aún se sienten inseguras. ¿Por qué? Porque se trata de dinero generado de su empleo o negocio. A menudo tienen el dinero invertido en una cuenta para el retiro, pero saben poco o nada sobre el tema de las inversiones. Si ese dinero desaparece y termina su vida laboral, ¿qué harán a continuación?

En épocas de grandes cambios económicos siempre se producen grandes transferencias de riqueza. Incluso si usted no tiene mucho dinero, es importante invertir en su educación… de esa manera, cuando lleguen los cambios, usted estará mejor preparado para enfrentarlos. No se deje sorprender distraído y temeroso. Como dije antes, nadie puede predecir lo que ocurrirá; sin embargo, es mejor estar preparado para cualquier cosa que ocurra. Y eso significa educarse ahora.

3. Patrón para la libertad financiera

Este es el patrón de estudio que mi padre rico recomendó. Es el sendero hacia la libertad financiera, y es la verdadera libertad financiera; porque en el cuadrantre "D" la gente trabaja para tí y en el cuadrante "I", el dinero trabaja para tí.

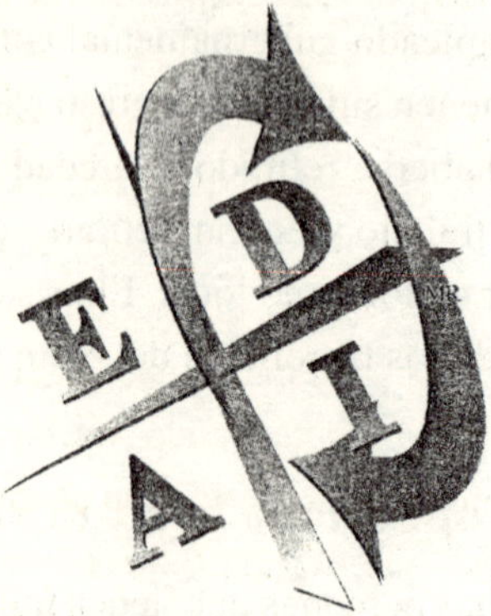

Si usted observa a los ultra ricos, este es su patrón en el Cuadrante. Las flechas alrededor de la "D" y la "I" representan el patrón de ingreso de Bill Gates, de Microsoft; de Rupert Murdoch, de News Corp.; de Warren Buffet, de Berkshire Hathaway y de Ross Perot.

Una breve nota precautoria. El cuadrante "D" es muy diferente al cuadrante "I". He visto a muchos "D" exitosos que venden sus negocios por millones y su nueva riqueza se les sube a la cabeza. Suelen pensar que sus dólares son una medida de su coeficiente intelectual, de manera que se internan en el cuadrante "I" y lo pierden todo. El juego y las reglas son diferentes en todos los cuadrantes… razón por la que recomiendo privilegiar la educación sobre el ego.

Al igual que en el caso de la seguridad financiera, contar con dos cuadrantes le proporciona mayor estabilidad en el mundo de la libertad financiera.

Una elección de caminos

Ésos son los diferentes caminos financieros que la gente puede escoger. Desafortunadamente, la mayor parte de la gente elige el camino de la seguridad en el empleo. Cuando la economía comienza a tambalearse, esas personas se aferran desesperadamente a la seguridad de sus empleos. Terminan pasando sus vidas allí.

Como mínimo, recomiendo que usted se eduque en lo referente a la seguridad financiera, lo que implica sentir confianza en su empleo y sentir confianza en su capacidad para invertir en los buenos tiempos y en los malos. Un gran secreto es que los verdaderos inversionistas ganan más dinero cuando los mercados están a la baja. Esos inversionistas ganan dinero porque los que no son inversionistas sienten pánico y venden cuando deberían estar comprando. Es por eso que no tengo miedo de los posibles cambios económicos en el futuro... porque el cambio significa que la riqueza está siendo transferida.

Su jefe no puede convertirlo en rico

Los cambios económicos que tienen lugar actualmente se deben en parte a las ventas y fusiones de las compañías. Recientemente un amigo mío vendió su compañía. Depositó más de 15 millones de dólares en su cuenta bancaria el día de la venta. Sus empleados tuvieron que buscar nuevos trabajos.

En la fiesta de despedida, que estuvo llena de lágrimas, también hubo sentimientos de molestia extrema y resentimiento. A pesar de que les había pagado bien durante años, la mayoría de los trabajadores no se encontraban en mejor situación financiera en su último día de trabajo que cuando habían comenzado a trabajar. Muchas personas se daban cuenta de que el dueño de la compañía se había enriquecido mientras ellos habían pasado todos esos años recibiendo sus sueldos y pagando sus cuentas.

La realidad es que el trabajo de su jefe no consiste en hacer que usted se vuelva rico. Su función es asegurarse de que usted recibirá su sueldo. El trabajo de volverse rico le corresponde a usted, si lo desea. Y ese trabajo comienza en el momento en que recibe su salario. Si usted tiene malas aptitudes para el manejo de dinero, entonces ni siquiera todo el dinero del mundo podrá salvarlo. Si usted hace su presupuesto de manera prudente y aprende acerca de los cuadrantes "D" e "I", entonces se encontrará en camino de lograr una gran fortuna personal y lo que es más importante, su libertad.

Mi padre rico solía decirle a su hijo y a mí: "La única diferencia entre una persona rica y una persona pobre es lo que hacen en su tiempo libre."

Yo estoy de acuerdo con esa afirmación. Me doy cuenta de que la gente está más ocupada que antes y que el tiempo libre es cada vez más precioso. Sin embargo, me gustaría sugerirle que, si usted va a estar ocupado de cualquier manera, lo esté en ambos lados del Cuadrante. Si usted hace eso, tendrá una mejor oportunidad de encontrar eventualmente más tiempo libre y más libertad financiera. Cuando esté trabajando, trabaje duro. Por favor no lea *The Wall Street Journal* durante sus horas de trabajo. Su jefe le apreciará y respetará más. Lo que usted haga después del trabajo con su salario y su tiempo libre determinará su futuro. Si usted trabaja en el lado izquierdo del Cuadrante, trabajará duro para siempre. Si usted trabaja duro en el lado derecho del Cuadrante, usted tendrá una oportunidad de encontrar la libertad.

El camino que yo recomiendo

A menudo me pregunta la gente que está en el lado izquierdo del Cuadrante: "¿Qué recomienda usted?" Yo recomiendo el mismo camino que mi padre rico me recomendó. El mismo camino que siguieron personas como Ross Perot, Bill Gates y otros. Ese camino tiene el siguiente aspecto:

Ocasionalmente escucho esta queja: "Entonces yo preferiría ser un inversionista."

A lo que respondo: "Entonces vaya al cuadrante 'I'. Si usted tiene mucho dinero y mucho tiempo libre, vaya directamente al cuadrante 'I'. Pero si usted no tiene tiempo y dinero en abundancia, el camino que recomiendo es más seguro."

En la mayoría de los casos la gente no tiene tiempo o dinero en abundancia, de manera que formulan otra pregunta: "¿Por qué recomienda usted primero el cuadrante 'D'?"

La respuesta generalmente toma cerca de una hora, así que no abordaré el tema, pero resumiré mis razones en unas cuantas líneas.

1. Experiencia y educación. Si usted tiene éxito primero en el cuadrante "D", tendrá mejor oportunidad de desarrollarse como un poderoso "I".

"Los 'I' invierten en 'D'."

Si usted desarrolla primero un sólido sentido de negocio, puede convertirse en un mejor inversionista. Será más capaz de identificar otros "D" buenos. Los verdaderos inversionistas invierten en "D" exitosos con sistemas de negocio estables. Es riesgoso invertir en un "E" o un "A" que no conoce la diferencia entre un sistema y un producto... o que carece de excelentes aptitudes de liderazgo.

2. Flujo de efectivo. Si usted tiene un negocio en funcionamiento, entonces debe tener el tiempo libre y el flujo de efectivo que le permitan enfrentar los altibajos del cuadrante "I".

En muchas ocasiones he conocido a personas de los cuadrantes "E" y "A" que tienen tantos problemas de dinero que no pueden asumir ninguna clase de pérdida financiera. Un vaivén del mercado los elimina financieramente porque operan en la "línea roja".

La realidad es que la inversión demanda mucho capital y conocimiento. En ocasiones se necesita mucho capital y tiempo para obtener ese conocimiento. Muchos inversionistas exitosos han perdido muchas veces antes de ganar. Las personas exitosas saben que el éxito es un mal maestro. El aprendizaje se logra al cometer errores y en el cuadrante "I" los errores cuestan dinero. Si usted carece tanto del conocimiento como del capital, es un suicidio financiero tratar de convertirse en inversionista.

Al desarrollar primero las habilidades para convertirse en un buen "D", usted también estará logrando el flujo de efectivo necesario para convertirse en un buen inversionista. El negocio que usted desarrolle como "D" le proporcionará el efectivo que le servirá de apoyo mientras usted obtiene los conocimientos necesarios para convertirse en un buen inversionista. Una vez que ha obtenido los conocimientos necesarios para convertirse en un inversionista exitoso, usted comprenderá cómo decir: "No siempre se necesita dinero para ganar dinero."

Buenas noticias

La buena noticia es que ahora es más fácil que nunca tener éxito en el cuadrante "D". De la misma forma en que los avances tecnológicos han hecho que muchas cosas sean más sencillas, la tecnología también ha hecho que sea más fácil obtener el éxito en el cuadrante "D". A pesar de que no es tan fácil como obtener un empleo con salario mínimo, ya existen sistemas que permiten que cada vez más personas encuentren el éxito financiero en "D".

Capítulo 4

Los tres tipos de sistemas de negocio

Al avanzar al cuadrante "D", recuerde que su meta es poseer un sistema y tener a la gente que haga que el sistema funcione para usted. Usted mismo puede desarrollar el sistema de negocio o puede buscar un sistema qué adquirir. Piense en el sistema como si fuera el puente que le permitirá cruzar de manera segura del lado izquierdo del Cuadrante del flujo de dinero al lado derecho... su puente hacia la libertad financiera.

Existen tres tipos principales de sistemas de negocios utilizados con frecuencia hoy en día. Son:

1. Corporaciones tradicionales del tipo "C": donde usted desarrolla su propio sistema.
2. Franquicias: donde usted adquiere un sistema existente.
3. Mercadeo en red: donde usted adquiere y se convierte en parte de un sistema existente.

Cada uno tiene sus fortalezas y debilidades, pero todos ellos hacen lo mismo en última instancia. Si es operado de manera adecuada, cada sistema proporcionará un flujo estable de ingreso sin mucho esfuerzo físico por parte del propietario... una vez que está en marcha y funcionando. El problema es ponerlo en marcha y hacer que funcione.

En 1985, cuando la gente preguntaba ¿por qué no teníamos casa?, Kim y yo simplemente respondíamos: "Estamos creando un sistema de negocio."

Se trataba de un sistema de negocio que era un híbrido de una corporación tradicional del tipo "C" y una franquicia. Como afirmé anteriormente, el cuadrante "D" requiere de conocimiento tanto de sistemas como de la gente.

Nuestra decisión de desarrollar nuestro propio sistema implicó mucho trabajo duro. Yo había seguido esa ruta antes y mi compañía había fracasado. Aunque fue exitosa durante varios años, repentinamente quebró en su quinto año. Cuando obtuvimos el éxito, no estábamos preparados con un sistema adecuado. El sistema comenzó a venirse abajo a pesar de que teníamos gente que trabajaba duro. Sentíamos como si estuviéramos en un yate de buen tamaño que tenía un boquete por el que entraba agua, pero no pudimos encontrar el boquete. Todos estábamos tratando de averiguar dónde estaba, pero no pudimos sacar el agua lo suficientemente rápido para encontrarlo y arreglarlo. Incluso si lo hubiéramos encontrado, no estábamos seguros de que podríamos taparlo.

“Puedes perder dos o tres compañías”

Cuando estaba en la preparatoria mi padre rico le dijo a su hijo y a mí que él había perdido una compañía cuando tenía menos de 30 años. “Ésa fue la mejor y la peor experiencia de mi vida”, dijo. “Sin importar cuánto la odiaba, aprendí más al repararla y eventualmente convertirla en un enorme éxito.”

Como sabía que yo estaba planificando la creación de mi propia compañía, mi padre me dijo: “Es posible que pierdas dos o tres compañías, pero crearás una compañía exitosa que perdurará.”

Él estaba capacitando a Mike, su hijo, para que se hiciera cargo de su imperio. Dado que mi padre natural era un empleado gubernamental, yo no iba a heredar un imperio. Tenía que crear mi propio imperio.

El éxito es un mal maestro

“El éxito es un mal maestro”, decía siempre mi padre rico. “Aprendemos mucho acerca de nosotros mismos cuando fracasamos… así que no tengas miedo de fracasar. El fracaso es parte del proceso del éxito. No puedes tener éxito sin fracaso. Las personas que no han tenido éxito son personas que nunca han fracasado.”

Es posible que sea una profecía que se haya cumplido sola, pero en 1984 la compañía que fracasó era mi tercera compañía. Yo había ganado millones y perdido millones y estaba comenzando de nuevo cuando conocí a Kim. La razón por la que sé que no se casó conmigo por dinero es porque yo no tenía dinero. Cuando le dije lo que iba a hacer, crear la cuarta compañía, ella no dio marcha atrás.

“La crearé contigo”, fue su respuesta y fue fiel a su palabra. Junto con otro socio, creamos un sistema de negocio con once oficinas a nivel mundial que generaron ingresos sin importar si trabajábamos. Tardamos cinco años de sangre, sudor y lágrimas para crear la compañía de la nada hasta tener 11 oficinas… pero funcionó. Mis dos padres estaban muy contentos y me felicitaron (ambos habían perdido dinero en mis experimentos previos al comenzar compañías).

La parte difícil

Mike, el hijo de mi padre rico, me ha dicho a menudo: "Yo nunca sabré si soy capaz de hacer lo que tú o mi padre hicieron. El sistema me fue entregado y todo lo que tuve que hacer fue aprender cómo dirigirlo."

Estoy seguro de que él hubiera desarrollado su propio sistema exitoso porque aprendió bien de su padre. Sin embargo, comprendo lo que quiso decir. La parte difícil de construir una compañía de la nada es que usted tiene que enfrentar dos variables: el sistema y la gente que crea el sistema. Si tanto la gente como el sistema tienen fallas, existen muchas probabilidades de fracasar. En ocasiones es difícil saber si el problema está en la persona o el sistema que está fracasando.

Antes de las franquicias

Cuando mi padre rico comenzó a enseñarme la manera de convertirme en un "D", sólo existía un tipo de negocio. Se trataba del gran negocio… una gran corporación que generalmente dominaba al pueblo. En nuestro pueblo de Hawai era una plantación de azúcar que controlaba virtualmente todo… incluyendo los otros grandes negocios. De manera que existían grandes negocios y negocios del tipo "A" —atendidos por mamá y papá—, con poco entre ellos.

Trabajar en los niveles más altos de esas grandes compañías azucareras no era una meta adecuada para las personas como mi padre rico y como yo. Las minorías, como los japoneses, los chinos y los hawaianos, trabajaban en los campos, pero no se les permitía el acceso a las salas de juntas. Así que mi padre rico aprendió todo lo que sabía simplemente mediante el sistema de prueba y error.

Cuando comencé la preparatoria comenzamos a escuchar de algo llamado "franquicias", pero ninguna había llegado a nuestro pequeño pueblo. No habíamos oído de McDonald's o Kentucky Fried Chicken, o Taco Bell. Esos nombres no eran parte de nuestro vocabulario cuando estaba estudiando con mi padre rico. Cuando comenzamos a escuchar rumores sobre las franquicias, escuchamos que eran "estafas ilegales, fraudulentas y peligrosas". Naturalmente, tras escuchar esos rumores, mi padre rico voló a California y comenzó a revisar las franquicias, en vez de creer en los chismes. Cuando regresó, todo lo que dijo fue: "Las franquicias son la ola del futuro", y adquirió los derechos de dos de ellas. Su riqueza se disparó conforme la idea de las franquicias se consolidó y comenzó a vender sus derechos a otras personas de manera que tuvieran oportunidad de crear sus propios negocios.

Cuando le pregunté si yo debía adquirir una de ellas, él simplemente dijo: "No. Has llegado hasta aquí en tu aprendizaje sobre cómo construir tu propio sistema de negocios; no te detengas ahora. Las franquicias son para personas que no desean crear o no saben cómo crear sus propios sistemas. Además, no tienes los 250 000 dólares que se necesitan para comprarme una franquicia."

Es difícil imaginar actualmente una ciudad sin un McDonald's, Burger King o Pizza Hut en cada esquina. Sin embargo hubo un tiempo, no hace mucho, cuando no existían. Y yo soy lo suficientemente viejo para recordar esos días.

Cómo aprender a convertirse en un "D"

La manera en que yo aprendí a convertirme en un "D" fue siendo aprendiz de mi padre rico. Su hijo y yo fuimos ambos "E", que aprendían a ser "D". Y ésa es la manera en que mucha gente aprende. Se le llama "aprendizaje en el trabajo". Es la manera en que muchos imperios familiares han pasado de una generación a la siguiente.

El problema es que no muchas personas son tan privilegiadas o afortunadas como para aprender esos aspectos "tras bambalinas" sobre cómo convertirse en un "D". La mayoría de los "programas de capacitación gerencial" son sólo eso: la compañía le capacita para convertirse en gerente. Muy pocos enseñan lo que se necesita para ser un "D".

A menudo la gente queda atrapada en el cuadrante "A" en su camino hacia el cuadrante "D". Esto ocurre principalmente debido a que no desarrollan un sistema lo suficientemente fuerte, así que terminan por convertirse en una parte integral del sistema. Los "D" exitosos desarrollan un sistema que puede funcionar sin su participación.

Existen tres formas en que usted puede llegar al lado "D" rápidamente.

1. **Encuentre un mentor.** Mi padre rico fue mi mentor. Un mentor es alguien que ya ha hecho antes lo que usted quiere hacer.... Y tiene éxito al hacerlo. No busque un consejero. Un consejero es alguien que le dice cómo hacer las cosas, pero que no las ha hecho personalmente. La mayoría de los consejeros se encuentran en el cuadrante "A". El mundo está lleno de "A" que tratan de decirle a usted cómo convertirse en "D" o "I". Mi padre rico fue un mentor, no un consejero. Uno de los consejos más importantes que mi padre rico me dio fue el siguiente:

"Ten cuidado con el consejo que aceptas. Aunque siempre debes mantener la mente abierta, toma siempre en cuenta primero de qué cuadrante proviene el consejo."

Mi padre rico me enseñó sobre sistemas y cómo ser un líder para las personas y no un gerente de personal. Los gerentes a menudo ven a sus subordinados como inferiores. Los líderes deben dirigir a personas que a menudo son más inteligentes.

Si a usted le gustaría leer un excelente libro sobre los fundamentos para comenzar su propio sistema de negocios, lea *E-Myth (El mito electrónico)*, de Michael Gerber. Se trata de un libro invaluable para las personas que quieren aprender a desarrollar su propio sistema.

Una manera tradicional de aprender sobre sistemas consiste en obtener su maestría en administración de empresas de una escuela prestigiada y obtener un empleo de ascenso rápido en la escala corporativa. Una maestría en administración de empresas es importante porque usted aprende los fundamentos de contabilidad y la manera en que los números de las finanzas se relacionan con el sistema de un negocio. Sin embargo, sólo por el hecho de tener una maestría en administración de empresas no significa automáticamente que usted será capaz de dirigir todos los sistemas que conforman en última instancia un sistema de negocios completo.

Para aprender acerca de todos los sistemas necesarios en una gran compañía, usted tendría que pasar 10 ó 15 años allí, aprendiendo todos los diferentes aspectos del negocio. A continuación debe usted estar preparado para abandonarla y crear su propia compañía. Trabajar para una gran corporación exitosa es como recibir pago de su mentor.

Incluso con un mentor y/o con años de experiencia, el primer método necesita de mucho trabajo. Para crear su propio sistema usted requiere de muchas pruebas y errores, costos legales por adelantado y papeleo. Todo esto tiene lugar al mismo tiempo que usted trata de desarrollar a su personal.

2. **Franquicias.** Otra forma de aprender sobre sistemas consiste en adquirir una franquicia. Cuando usted compra una franquicia, está comprando un sistema operacional "probado y demostrado". Existen muchas franquicias excelentes.

Al comprar un sistema de franquicia en vez de tratar de crear su propio sistema, usted puede enfocarse en desarrollar a su personal. La adquisición del sistema elimina una gran variable cuando usted está aprendiendo a ser un "D". La razón por la que muchos bancos prestarían dinero a una franquicia y no a un pequeño negocio que comienza por sí mismo es debido a que los bancos reconocen la importancia de los sistemas y el hecho de que comenzar con un buen sistema reducirá su riesgo.

Una advertencia si usted adquiere una franquicia. Por favor no sea usted un "A" que quiere "hacer sus propias cosas". Si usted compra un sistema de franquicia, sea un "E". Haga las cosas exactamente de la manera en que le digan que las haga. Nada es más trágico que los pleitos legales entre franquiciantes y franquiciatarios. El pleito generalmente tiene lugar debido a que la persona que compró el sistema en realidad quiere hacer las cosas a su manera y no en la forma en que la persona que creó el sistema desea que funcione. Si usted quiere hacer sus propias cosas, entonces hágalas después de que haya dominado tanto los sistemas como el personal.

Mi padre educado fracasó incluso a pesar de que compró una franquicia de helados cara y famosa. Aunque el sistema era excelente, el negocio fracasó. En mi opinión, la franquicia fracasó porque la gente que se asoció con él eran en realidad "E" y "A" que no supieron qué hacer cuando las cosas comenzaron a marchar mal y no pidieron apoyo de la compañía franquiciante. Olvidaron que un verdadero "D" es más que un sistema. También es algo que depende de contar con buen personal para operar el sistema.

Los bancos no le prestan dinero a las personas sin sistemas

Si un banco no le presta dinero a los pequeños negocios que no tienen un sistema, ¿por qué hacerlo usted? Casi diariamente se presentan conmigo personas con planes de negocio que tienen la esperanza de reunir dinero para lanzar su idea o su proyecto.

La mayoría de las veces los rechazo por una razón principal. Las personas que tratan de obtener dinero no conocen la diferencia entre un producto y un sistema. He tenido amigos (cantantes en una banda) que me han pedido que invierta dinero para desarrollar un nuevo disco compacto de música y otros que quieren que les ayude con una nueva organización no lucrativa para cambiar al mundo. Sin importar qué tanto pueda gustarme el proyecto, el producto o la persona, los rechazaré si han tenido poca o ninguna experiencia en lo que se refiere a crear y dirigir sistemas de negocio.

El solo hecho de que usted pueda cantar no significa que usted comprende el sistema de mercadotecnia, o el sistema de finanzas y contabilidad, el sistema de ventas, el sistema de contratación y despido de personal, el sistema legal y los muchos otros sistemas que se requieren para mantener un negocio funcionando y hacer que tenga éxito.

Para que un negocio sobreviva y florezca, el 100% de todos los sistemas deben ser responsables y estar funcionando. Por ejemplo:

Un avión es un sistema de sistemas. Si un avión despega y, digamos, falla el sistema de combustible, el avión se estrellará. Lo mismo ocurre con un negocio. No son los sistemas que usted conoce los que constituyen el problema, son los sistemas de los que usted no está consciente, los que ocasionarán que usted se estrelle.

El cuerpo humano es un sistema de sistemas. La mayoría de nosotros ha perdido a un ser amado debido a que uno de los sistemas de su cuerpo ha fallado, como el sistema sanguíneo, que ocasiona que la enfermedad se difunda a todos los demás sistemas.

Ésa es la razón por la que no es sencillo crear un sistema de negocios a prueba de error. Son los sistemas que usted olvida o aquéllos a los que usted no presta atención, los que ocasionan que usted se estrelle y se queme. Ésa es la razón por la que rara vez invierto en un "E" o un "A" que tienen un nuevo producto o idea. Los inversionistas profesionales tienden a invertir en sistemas probados con personas que saben cómo dirigir esos sistemas.

De manera que si los bancos le prestan dinero únicamente con base en sistemas probados previamente y toman en cuenta a la persona que los está dirigiendo, usted debe hacer lo mismo, si desea ser un inversionista inteligente.

3. **Mercadeo en red.** También llamado "mercadeo de multinivel o sistemas de distribución directa". Al igual que las franquicias, el sistema legal trató inicialmente de declarar ilegal el mercadeo en red y sé de algunos países que han tenido éxito al declararlo ilegal o restringirlo severamente. Cualquier idea o sistema nuevo pasa por este período en que se le clasifica como "extraño y sospechoso". Al principio yo también pensé que el mercadeo en red era un fraude. Sin embargo, con el paso de los años he estudiado diversos sistemas disponibles por medio del mercadeo en red y he observado a varios amigos que han tenido éxito en esta forma de "D". He cambiado de opinión.

Después de que me despojé de mis prejuicios y comencé a investigar el mercadeo en red, descubrí que existían muchas personas que estaban creando de manera sincera y diligente, exitosos negocios de mercadeo en red. Cuando conocí a esas personas valoré el impacto que sus negocios tenían en las vidas y el futuro financiero de otras personas. Comencé a apreciar verdaderamente el valor del sistema de mercadeo en red. A cambio de una cuota de entrada razonable (a menudo de alrededor de 200 dólares), las personas pueden adquirir una parte del sistema existente y comenzar a crear inmediatamente su negocio. Debido a los avances tecnológicos en la industria de las computadoras, estas organizaciones están totalmente automatizadas y los dolores de cabeza del papeleo, el procesamiento de pedidos, la distribución, la contabilidad y el seguimiento son manejados casi por completo por sistemas de programas de computadoras de mercadeo en red. Los nuevos distribuidores pueden enfocar todos sus esfuerzos en la creación de sus negocios al compartir esta oportunidad de negocio automatizado en vez de preocuparse por las molestias normales de comenzar un negocio pequeño.

Uno de mis amigos más antiguos que ganó más de mil millones de dólares en bienes raíces en 1997 firmó recientemente como distribuidor de mercadeo en red y comenzó a crear su negocio. Me sorprendió encontrarlo tan ocupado en la creación de una red de mercadeo en red, porque él definitivamente no necesitaba el dinero. Cuando le pregunté por qué, me lo explicó de la siguiente manera:

"Fui a la escuela para convertirme en contador público y tengo una maestría en administración de empresas con especialización en finanzas. Cuando la gente me pregunta cómo me volví rico, les cuento de las transacciones multimillonarias en bienes raíces que realizo y de los cientos de miles de dólares de ingreso pasivo que recibo cada año de mis propiedades inmobiliarias. Entonces me doy cuenta de que algunos se retiran. Ambos sabemos que sus oportunidades de realizar inversiones multimillonarias en bienes raíces son pocas o nulas. Además de carecer de la preparación necesaria, no tienen el capital extra para invertir. Así que comienzo a buscar la manera de ayudarlos a que logren el mismo nivel de ingreso pasivo que yo he desarrollado en el sector inmobiliario... sin tener que volver a la escuela por seis años y pasar 12 años invirtiendo en bienes raíces. Creo que el mercadeo en red le proporciona a la gente la oportunidad de crear el ingreso pasivo que necesitan como apoyo mientras aprenden a convertirse en inversionistas profesionales. Esa es la razón por la que les recomiendo el mercadeo en red. Incluso si tienen poco dinero, pueden realizar una pequeña inversión por cinco años y comenzar a generar suficiente ingreso pasivo para comenzar a invertir. Al desarrollar sus propios negocios tienen tiempo libre para aprender y capital para invertir conmigo en mis transacciones más importantes."

Mi amigo se unió a una compañía de mercadeo en red como distribuidor después de investigar varias de ellas y comenzó un negocio de mercadeo en red con personas que algún día querrían invertir con él. Le va bien con su negocio de mercadeo en red, así como en sus negocios de inversión. Me dijo: "Lo hice inicialmente porque quería ayudar a la gente a encontrar el dinero para invertir y ahora me estoy volviendo rico en un negocio totalmente nuevo."

Dos veces al mes ofrece clases sabatinas. Durante la primera reunión le enseña a la gente acerca del sistema de negocios y del personal, o cómo convertirse en un "D" exitoso. En la segunda reunión del mes les enseña sobre educación financiera e inteligencia financiera. Les está enseñando a ser "I" conocedores. El número de asistentes a sus clases crece rápidamente.

El patrón que él recomienda es el mismo que yo recomiendo.

Una franquicia personal

Y ésa es la razón por la que recomiendo a la gente que considere la idea del mercadeo en red. Muchas franquicias famosas cuestan un millón de dólares o más. El mercadeo en red es como adquirir una franquicia personal, pero a menudo por menos de 200 dólares.

Yo sé que gran parte del mercadeo en red es trabajo duro, pero el éxito en cualquier cuadrante requiere de trabajar duro. Yo personalmente no genero ingreso como distribuidor de mercadeo en red. He investigado varias compañías de mercadeo en red y sus planes de compensación. Mientras realizaba mi investigación me uní a varias compañías, tan sólo porque sus productos eran buenos y yo los utilizaba como consumidor.

Sí, si yo pudiera hacerle una recomendación en lo referente a encontrar una buena organización que le ayude a pasar al lado derecho del Cuadrante, la clave no está tanto en el producto sino en la educación que la organización ofrece. Existen organizaciones de mercadeo en red que sólo tienen interés en que usted venda su sistema a sus amigos. Y existen organizaciones cuyo interés principal consiste en educarle y ayudarle a tener éxito.

De mi investigación sobre el mercadeo en red, he descubierto dos cosas importantes que usted puede aprender por medio de sus programas y que son esenciales para convertirse en un "D" exitoso:

1. Para ser exitoso, usted necesita aprender a superar su miedo a ser rechazado y dejar de preocuparse por lo que otras personas dirán sobre usted. En muchas ocasiones he conocido personas que se abstienen de hacer algo simplemente por lo que sus amigos podrían decir si hicieran algo diferente. Lo sé porque yo era de la misma forma. Como provenía de un pequeño pueblo, todos sabían lo que todos estaban haciendo. Si a alguien no le gustaba lo que usted estaba haciendo, todo el pueblo lo comentaba y se entrometía en sus asuntos.

Una de las mejores frases que me he repetido una y otra vez es: No me interesa lo que ustedes piensen de mí. Lo más importante es lo que yo pienso de mí mismo.

Una de las razones por las que mi padre rico me alentó a trabajar en ventas para Xerox Corporation durante cuatro años no fue porque le gustaran las máquinas copiadoras, sino porque quería que yo venciera mi timidez y mi miedo al rechazo.

2. Aprender a liderar a la gente. Trabajar con distintos tipos de personas es lo más difícil en un negocio. Las personas que he conocido que son exitosas en cualquier negocio son los líderes naturales. La capacidad de llevarse bien con la gente e inspirarle a hacer algo es una aptitud invaluable. Una aptitud que puede ser aprendida.

Como dije antes, la transición entre el cuadrante izquierdo y el derecho no depende tanto de lo que usted haga, sino de aquello en que usted se convierta. Aprenda cómo manejar el rechazo, cómo no ser afectado por aquello que la gente piensa de usted y aprenda a liderar a las personas y encontrará la prosperidad. Yo respaldo cualquier organización de mercadeo en red que tiene como su primer compromiso el desarrollo de usted como ser humano, más que su desarrollo como vendedor. Yo buscaría organizaciones que:

1. Sean probadas con un récord exitoso y un sistema de distribución y un plan de compensación que ha tenido éxito durante varios años.
2. Tengan una oportunidad de negocio en que usted puede tener éxito, en que usted cree y que comparte con otras personas su confianza.
3. Tengan un sólido programa de enseñanza. Usted desea aprender de los líderes, no de los consejeros; personas que ya son líderes en el lado derecho del Cuadrante y que desean que usted tenga éxito.

4. Tengan personas que usted respete y con quien usted disfrute trabajar.

Si la organización cumple con esos cinco criterios, entonces —y sólo entonces— observe el producto. Muchas personas observan primero el producto y no el sistema de negocios y la organización que se encuentra detrás del producto. En algunas de las organizaciones que he observado, una de las frases para atraer gente es: "El producto se vende sólo. Es fácil." Si usted está tratando de convertirse en un vendedor, en un "A", entonces el producto es la cosa más importante. Pero si usted está desarrollándose para convertirse a largo plazo en un "D", entonces es el sistema, la educación duradera y las personas lo que resulta más importante.

Un amigo y colega mío, conocedor de esta industria, me recordó acerca del valor del tiempo, uno de nuestros activos más valiosos. Una verdadera historia de éxito en una compañía de mercadeo en red tiene lugar cuando el tiempo que usted compromete y el trabajo duro en el corto plazo tienen como resultado un ingreso pasivo importante a largo plazo. Una vez que usted ha construido una sólida organización, puede usted detenerse y su flujo de ganancias continuará gracias al trabajo de la organización que ha construido. La clave más importante para el éxito con una compañía de mercadeo en red es un compromiso a largo plazo de su parte, así como por parte de la organización, para moldearle en el líder de negocios en que usted quiere convertirse.

Un sistema es un puente a la libertad

Carecer de hogar fue una experiencia que yo no quiero repetir. Sin embargo, para Kim y para mí se trató de una experiencia invaluable. Hoy en día la libertad y la seguridad no se encuentran tanto en lo que tenemos, sino en lo que podemos crear mediante la confianza.

Desde entonces hemos creado o ayudado a desarrollar una compañía de bienes raíces, una compañía petrolera, una compañía minera y dos compañías dedicadas a la educación. El proceso de aprender a crear un sistema exitoso fue benéfico para nosotros. Sin embargo, yo no recomendaría el proceso a nadie, a menos que verdaderamente quieran pasar por él.

Hasta hace unos años, la posibilidad de que una persona se volviera exitosa en el cuadrante "D" sólo estaba disponible para aquellos que eran valientes o ricos. Kim y yo debemos haber sido valientes, porque ciertamente no éramos ricos. La razón por la que muchas personas se quedan atrapadas en el lado izquierdo del Cuadrante es que sienten que los riesgos que implica desarrollar sus propios sistemas son demasiado grandes. Para ellos es más inteligente permanecer seguro en un empleo.

Hoy en día, principalmente debido a los cambios en la tecnología, el riesgo de convertirse en un exitoso propietario de negocios se ha reducido considerablemente... y la oportunidad de poseer su propio sistema de negocio ha quedado a disposición de virtualmente todos.

Las franquicias y el mercadeo en red eliminaron la parte más difícil del desarrollo de su propio sistema. Usted adquiere los derechos de un sistema probado y su único trabajo consiste en desarrollar a su personal.

Piense en estos sistemas de negocios como puentes. Puentes que pueden proporcionarle un camino por el cual cruzar de manera segura del lado izquierdo al lado derecho del Cuadrante del flujo de dinero... su puente a la libertad financiera.

En el siguiente capítulo cubro la segunda parte del lado derecho del Cuadrante, la "I" de inversionista.

Capítulo 5

Los siete niveles de inversionistas

Mi padre rico me preguntó una vez cuál es la diferencia entre una persona que apuesta a los caballos y una persona que selecciona acciones en la bolsa.

"No lo sé", fue mi respuesta.

"No es muy grande", me respondió. "Nunca seas la persona que compra las acciones en la bolsa. Lo que debes querer ser cuando seas grande es la persona que crea las acciones que los corredores de bolsa venden y que otros compran."

Durante mucho tiempo no comprendí lo que mi padre rico realmente quería decir. No fue sino hasta que comencé a enseñar a otras personas cómo invertir que realmente comprendí los diferentes tipos de inversionistas.

Quiero agradecer de manera especial a John Burley por este capítulo. John está considerado como una de las mentes más brillantes en el mundo de las inversiones en bienes raíces. Entre los 25 y los 35 años de edad adquirió más de 130 casas sin utilizar un centavo de su dinero. Para la época en que tenía 32 años ya era libre desde el punto de vista financiero y nunca tuvo que trabajar otra vez. Al igual que yo, John prefiere enseñar. Pero su conocimiento va más allá de sólo los bienes raíces. Él comenzó su carrera como planificador financiero, de manera que tiene una comprensión profunda del mundo de las finanzas y los impuestos. Pero también tiene una capacidad singular para explicar esos temas con claridad. Por medio de su enseñanza ha desarrollado una manera de identificar a los inversionistas en seis categorías de acuerdo con su grado de sofisticación en la inversión, así como las diferencias en sus características personales. He revisado y ampliado sus categorías para incluir una séptima categoría.

La utilización de este método de identificación con el Cuadrante del flujo de dinero me ha ayudado a enseñar a otros acerca del mundo de los inversionistas. Conforme lea sobre los diferentes niveles, probablemente reconocerá a personas que usted conoce en cada nivel.

Ejercicio opcional de aprendizaje

Al final de cada nivel he dejado un espacio en blanco que puede llenar con el nombre de la persona o personas que, a su juicio, se ajustan a ese nivel. Cuando encuentre el nivel en que usted se encuentra, es posible que quiera escribir su nombre en ese espacio.

Como dije anteriormente, éste es sólo un ejercicio opcional con el propósito de incrementar su comprensión de los diferentes niveles. No tiene en forma alguna la intención de degradar o criticar a sus amigos. El tema del dinero es tan polémico como la política, la religión y el sexo. Es por eso que le recomiendo que conserve sus ideas personales en privado. El espacio en blanco al final de cada nivel simplemente sirve para consolidar su aprendizaje, si usted elige utilizarlo.

Utilizo esta lista a menudo al comenzar mis clases sobre inversión. Eso ha hecho que el aprendizaje sea más sólido y ha ayudado a muchos estudiantes a entender en qué nivel se encuentran y a qué nivel quieren ir.

Con el paso de los años he modificado el contenido, con autorización de John, para ajustarlo a mis propias experiencias. Por favor lea cuidadosamente los siete niveles.

Los siete niveles de inversionistas

Nivel 0: aquellos que no tienen nada para invertir

Estas personas no tienen dinero que invertir. Ellos gastan todo lo que ganan o gastan más de lo que ganan. Existen muchas personas "ricas" que están en esta categoría porque gastan tanto o más de lo que ganan. Desafortunadamente este nivel cero es la categoría en que se encuentra cerca del 50% de la población adulta.

¿Conoce usted algún inversionista del nivel 0? (Opcional)

____

____

Nivel 1: deudores

Estas personas resuelven sus problemas financieros pidiendo dinero prestado. A menudo incluso invierten con dinero prestado. Su idea de planificación financiera consiste en asaltar a Peter para pagarle a Paul. Viven sus vidas financieras con la cabeza en la arena como un avestruz, esperando y rezando para que todo salga bien. Aunque es posible que tengan unos cuantos activos, la realidad es que su nivel de deuda es simplemente demasiado alto. En su mayor parte no están conscientes del dinero y de sus hábitos de gasto.

Cualquier cosa valiosa que posean tiene una deuda correspondiente. Utilizan sus tarjetas de crédito de manera impulsiva y luego transfieren esa deuda y contraen una hipoteca a largo plazo, con el fin de limpiar sus tarjetas de crédito, que vuelven a utilizar. Si el valor de su casa se incrementa, vuelven a hipotecarla, o adquieren una casa más grande y más cara. Estas personas creen que el valor de los bienes raíces se incrementa por sí solo.

Las palabras "pago inicial bajo, pagos mensuales fáciles" siempre les llama la atención. Con esas frases en mente, a menudo compran juguetes que se deprecian, como yates, albercas, vacaciones y automóviles. Enlistan esos juguetes que se deprecian como activos y luego acuden nuevamente al banco para obtener otro préstamo y se preguntan por qué los han rechazado.

Ir de compras es su forma favorita de ejercicio. Adquieren cosas que no necesitan y se repiten estas palabras: "Oh, vamos. Tú lo mereces", "lo vales", "si no lo compro ahora, es posible que no vuelva a encontrarlo a un precio tan bueno", "está en rebaja", "quiero que mis hijos tengan lo que yo nunca tuve".

Ellos creen que diferir la deuda durante un período prolongado es inteligente y se engañan a sí mismos con la idea de que trabajarán más duro y pagarán sus deudas algún día. Gastan todo lo que ganan y algo más. Se les conoce como consumidores. Los dueños de las tiendas y los vendedores de automóviles adoran a esta clase de gente. Si tienen dinero, lo gastan. Si no tienen dinero, lo piden prestado.

Cuando se les pregunta cuál es su problema, responden que simplemente no ganan suficiente dinero. Piensan que al ganar más dinero resolverían su problema. Sin importar cuánto dinero ganen, sólo se endeudan más. Muy pocos de ellos se dan cuenta de que el dinero que ganan hoy en día les parecía una fortuna o un sueño apenas ayer. Pero hoy en día, a pesar de que han logrado el ingreso que soñaban, todavía no es suficiente.

No se dan cuenta de que el problema no es necesariamente su ingreso (o falta de ingreso) sino sus hábitos con el dinero. Algunos eventualmente llegan a creer que su situación no tiene salida y se rinden. Al hacerlo, entierran la cabeza más profundamente y siguen haciendo las mismas cosas. Sus hábitos de pedir prestado, comprar y gastar están fuera de control. De la misma forma en que el comedor compulsivo come cuando está deprimido, estas personas gastan cuando están deprimidas. Gastan, se deprimen y gastan más.

A menudo discuten con sus seres queridos acerca del dinero y defienden airadamente su necesidad de comprar esto o aquello. Viven en la negación financiera absoluta y pretenden que sus problemas de dinero desaparecerán algún día de manera milagrosa, o hacen como si tuvieran siempre suficiente dinero para gastar en todo aquello que desean.

Este nivel de inversionista frecuentemente parece ser rico. Ellos pueden tener grandes casas y automóviles deslumbrantes... pero si usted revisa, los han adquirido con dinero prestado. También es posible que ganen mucho dinero, pero se encuentran a sólo un accidente profesional de la ruina.

Yo tuve a un ex propietario de negocios en mis clases. Era bien conocido en la categoría de "gana mucho dinero, gasta mucho dinero". Durante varios años tuvo una floreciente cadena de joyerías. Sin embargo, su negocio desapareció tras una mala época en la economía. Pero sus deudas no desaparecieron con él. Esas deudas se lo comieron vivo en menos de seis meses. Estaba en mi clase, buscando por nuevas respuestas y se rehusó siquiera a considerar la idea de que él y su esposa eran inversionistas de Nivel 1.

Él provenía del cuadrante "D" y esperaba volverse rico en el cuadrante "I". Se aferró a la idea de que alguna vez fue un hombre de negocios exitoso y que podía utilizar las mismas fórmulas para invertir y lograr su libertad financiera. Era un caso clásico de un hombre de negocios que pensaba que podía convertirse automáticamente en un inversionista exitoso. Las reglas de los negocios no son siempre las mismas reglas que en la inversión.

A menos que estos inversionistas estén dispuestos a cambiar, el futuro financiero es ominoso... a menos que se casen con alguien rico que pueda solventar esos hábitos.

¿Conoce usted a algún inversionista del Nivel 1? (Opcional)

____

____

Nivel 2: ahorradores

Estas personas apartan una "pequeña" cantidad de dinero (generalmente) de manera regular. El dinero está en un medio de inversión de bajo riesgo y baja tasa de retorno, como la cuenta de mercado de dinero, la cuenta de ahorros o el certificado de depósito.

Si tienen una Cuenta Individual de Retiro (IRA, por sus siglas en inglés), la tienen en un banco o en una cuenta de fondos de inversión.

A menudo ahorran para consumir, en vez de para invertir (por ejemplo, ahorran para comprar una televisión nueva, un automóvil nuevo, para irse de vacaciones, etcétera.) Ellos prefieren pagar en efectivo. Tienen miedo del crédito y las deudas. En vez de ello, prefieren la "seguridad" de tener el dinero en el banco.

Incluso cuando se les demuestra que en el ambiente económico actual los ahorros proporcionan una retribución negativa (después de la inflación y los impuestos), tienen poca disposición para correr muchos riesgos. No saben que el dólar estadounidense ha perdido el 90% de su valor desde 1950 y continúa perdiendo valor anualmente a una tasa más grande que el interés que les paga el banco. A menudo tienen pólizas de seguro de vida porque les gusta sentirse seguros.

Las personas en este grupo frecuentemente gastan su activo más valioso, que es el tiempo, cuando tratan de ahorrar centavos. Pasan horas recortando cupones en los periódicos y al ir al supermercado hacen que todos los demás esperen en línea mientras tratan de encontrar esos grandes ahorros.

En vez de tratar de ahorrar centavos, podrían dedicar ese tiempo a aprender cómo invertir. Si hubieran colocado 10 000 dólares en el fondo de John Templeton en 1954 y se hubieran olvidado de ese dinero, tendrían 2.4 millones de dólares en 1994. O si hubieran colocado 10 000 dólares en el fondo Quantum Fund de

George Soros en 1969, ese dinero valdría 22.1 millones de dólares en 1994. En vez de ello, su profunda necesidad de sentirse seguros, que se basa en el miedo, hace que ahorren en instrumentos de bajo rendimiento, como los certificados de depósito del banco.

A menudo escucha usted que estas personas dicen: "Un centavo ahorrado es un centavo ganado", o bien: "Estoy ahorrando para mis hijos." La verdad es que existe una profunda inseguridad que los domina y domina sus vidas. En realidad están "ahorrando centavos" para sí mismos y para las personas que aman. Son casi el opuesto exacto al inversionista del Nivel 1.

Ahorrar dinero era una buena idea durante la era agrícola, pero una vez que entramos a la era industrial, los ahorros no fueron la elección inteligente. Ahorrar dinero se convirtió en una opción aún peor una vez que Estados Unidos abandonó el patrón oro y que entramos a una época de inflación en que el gobierno imprimía dinero velozmente. Las personas que ahorraron dinero durante las épocas de inflación terminaron como perdedores. Desde luego, si entramos a un período de deflación, serán los ganadores... pero sólo si el dinero impreso tiene todavía valor.

Es bueno tener algunos ahorros. Se recomienda que usted tenga en efectivo el equivalente de sus gastos de vida de seis meses a un año. Pero pasando ese límite, existen medios de inversión mucho mejores y más seguros que tener el dinero en el banco. Mantener el dinero en el banco ganando 5% mientras los demás obtienen 15% o más no es una estrategia de inversión inteligente.

Sí, si usted no está dispuesto a estudiar sobre inversiones y vive bajo el miedo constante del riesgo financiero, entonces ahorrar es una mejor opción que invertir. Usted no necesita pensar mucho si se limita a mantener el dinero en el banco... y sus banqueros lo amarán. ¿Por qué no habrían de amarle? El banco presta entre 10 y 20 dólares por cada dólar que usted tiene ahorrado y cobra hasta el

19 por ciento de interés; por otro lado le paga a usted menos del 5 por ciento. Todos deberíamos ser banqueros.

¿Conoce usted a un inversionista del Nivel 2? (Opcional)

____

____

Nivel 3: inversionistas "inteligentes"

Existen tres diferentes tipos de inversionistas en este grupo. Los inversionistas de este nivel están conscientes de la necesidad de invertir. Es posible que incluso participen en los planes de retiro de la compañía del tipo 401(k), la pensión, los planes "súper-anuales", etcétera. En ocasiones, incluso, tienen inversiones externas en fondos de inversión, acciones, obligaciones o sociedades limitadas.

Generalmente son personas inteligentes que tienen una sólida educación. Componen las dos terceras partes del país que conocemos como "la clase media". Sin embargo, en lo que se refiere a invertir, a menudo no tienen educación... o carecen de aquello que la industria de la inversión llama "sofisticación". Rara vez leen el informe anual de una compañía o los folletos informativos. ¿Cómo podrían hacerlo? No han sido capacitados para leer informes financieros. Carecen de educación financiera. Tienen grados académicos avanzados, pueden ser doctores, incluso contadores, pero muy pocos han sido capacitados formalmente y educados en el mundo de "ganar o perder" de la inversión.

Éstas son las tres principales categorías de este nivel. Se trata a menudo de personas inteligentes que están bien educadas y frecuentemente tienen ingresos sustanciales, que invierten. Sin embargo, existen diferencias entre ellos.

Nivel 3-A. Las personas en este nivel componen el grupo del "No me molesten." Se han convencido a sí mismos de que no comprenden sobre el dinero y nunca comprenderán. Dicen cosas como:

"No soy muy bueno con los números."

"Nunca comprenderé cómo funciona la inversión."

"Estoy demasiado ocupado."

"Hay mucho papeleo."

"Es demasiado complicado."

"Invertir es demasiado riesgoso."

"Prefiero dejar las decisiones de dinero a los profesionales."

"Es demasiada molestia."

"Mi esposo(a) maneja las inversiones para nuestra familia."

Estas personas sólo dejan el dinero fijo y hacen poco en su plan de retiro o lo entregan a un planificador financiero que les recomienda la "diversificación". Ellos bloquean en sus mentes su futuro financiero, trabajan duro día tras día y se dicen a sí mismos: "Al menos tengo un plan de retiro."

¿Conoce usted a un inversionista del Nivel 3-A? (Opcional)

____

____

Nivel 3-B. La segunda categoría es el "cínico". Estas personas conocen todas las razones por las que una inversión no funcionará. Es peligroso tenerlas cerca. A menudo parecen inteligentes, hablan con conocimiento, tienen éxito en el campo que han elegido, pero en realidad son cobardes bajo su aspecto exterior intelectual. Pueden decirle exactamente cómo y por qué le estafarán en cualquier inversión conocida por el hombre. Cuando les pide usted su opinión sobre una acción bursátil o alguna otra inversión, usted se marcha con un terrible sentimiento, a menudo asustado o dudoso. Las palabras que repiten frecuentemente son: "Bien, me han engañado antes. No van a hacerme eso otra vez."

A menudo mencionan nombres y dicen cosas como: "Mi corredor en Merrill Lynch, o Dean Witter..." La mención de esos nombres ayuda a ocultar su profunda inseguridad.

Sin embargo, esos mismos cínicos a menudo siguen al mercado como ovejas. En el trabajo siempre están leyendo las páginas financieras o el *Wall Street Journal.* Leen el periódico y luego les dicen a todos los demás lo que saben, durante el descanso para tomar café. Su lenguaje está lleno de la jerga de inversión más reciente y de términos técnicos. Hablan de grandes negocios, pero nunca participan de ellos. Buscan acciones que aparecen en la primera plana y si el informe es favorable las compran. El problema es que las compran tarde porque si usted obtiene sus noticias del periódico... es demasiado tarde. Los inversionistas verdaderamente inteligentes han comprado esas acciones mucho antes de que sean noticia. El cínico no sabe eso.

Cuando hay malas noticias, los cínicos critican y dicen cosas como: "Lo sabía." Creen que están en el juego, pero en realidad son sólo un espectador que está parado a un lado del campo. A menudo quieren entrar al juego, pero muy adentro tienen miedo de ser lastimados. La seguridad es más importante que la diversión.

Los psiquiatras informan que el cinismo es la combinación del miedo y la ignorancia, que a su vez causa arrogancia. Estas personas a menudo participan tarde en los grandes movimientos del mercado y esperan una prueba que demuestre que su decisión de inversión fue la decisión correcta. Dado que esperan esa prueba, adquieren tarde cuando el mercado ha llegado a su punto más alto y venden cuando el mercado está en un punto bajo, o cuando hay un *crack.* Ellos etiquetan nuevamente como "estafa" esa compra a la alza y venta a la baja. Todo aquello que ellos temían que ocurriera... ocurre una y otra vez.

Los cínicos son lo que los negociantes bursátiles llaman "cerdos". Chillan mucho y se precipitan a su propia carnicería. Com pran caro y venden barato. ¿Por qué? Porque son tan "inteligentes" que se han vuelto demasiado precavidos. Son inteligentes, pero están aterrados de correr riesgos o de cometer errores, por lo que estudian mucho y se vuelven más inteligentes. Mientras más conocen, más riesgo perciben, de manera que estudian más. Su precaución cínica les hace esperar hasta que es demasiado tarde. Entran al mercado cuando la codicia finalmente es mayor que su miedo. Se acercan al abrevadero como todos los demás cerdos y los matan.

Pero la peor parte del cínico es que infectan a las personas que les rodean con su miedo profundo, disfrazado como inteligencia. En lo que se refiere a inversión, pueden decirle a usted por qué las cosas no funcionarán, pero no pueden decirle cómo funcionarían. Los ámbitos de las universidades, el gobierno, la religión y los medios de comunicación están llenos de estas personas. Les gusta escuchar sobre desastres financieros o conductas incorrectas con el fin de "difundir la palabra", sin embargo, rara vez tienen algo bueno que decir sobre el éxito financiero. A un cínico le resulta más sencillo descubrir lo que está mal. Es su manera de protegerse a sí mismo de revelar su falta de conocimiento, o su falta de coraje.

Los cínicos originales eran una secta de la antigua Grecia, despreciados por su arrogancia y su desdén sarcástico por el mérito y el éxito. Se les apodaba "los hombres-perro" ("cínico" viene de la palabra griega *kynikós*, que significa "perro"). En lo que se refiere al dinero, existen muchas "personas-perro"... muchos que son inteligentes y bien educados. Tenga cuidado en no permitir que las "personas-perro" arruinen sus sueños financieros. Aunque es verdad que el mundo del dinero está lleno de estafadores, ladrones y charlatanes, ¿qué industria no lo está?

Es posible volverse rico rápidamente, con poco dinero y con poco riesgo. Es posible, pero sólo si usted está dispuesto a hacer su parte para que sea posible. Una de las cosas que usted necesita hacer es mantener su mente abierta y estar consciente de los cínicos así como de los estafadores. Ambos son peligrosos.

¿Conoce usted a un inversionista del Nivel 3-B? (Opcional)

____

____

Nivel 3-C: La tercera categoría de este nivel es el "apostador". Los miembros de este grupo también son llamados "cerdos" por los negociantes profesionales. Sin embargo, aunque los "cínicos" son demasiado precavidos, este grupo no es lo suficientemente precavido. Ellos ven al mercado de valores, o a cualquier mercado de inversión, de la misma forma en que ven la mesa de los dados en Las Vegas. Es sólo suerte. Arrojan los dados y rezan.

Este grupo no tiene principios ni reglas de compraventa. Quieren actuar como los "grandes", así que fingen hasta que lo logran o hasta que lo pierden todo. Esto último es lo más probable. Están en busca del "secreto" o el "Santo Grial" para invertir. Siempre están en busca de nuevas y emocionantes formas de invertir. En vez del empeño de largo plazo, el estudio y la comprensión, buscan "consejos" o "atajos".

Se precipitan a comprar mercancías, ofertas iniciales al público (IPOs, por sus siglas en inglés), acciones bursátiles de bajo precio, gas y petróleo, ganado y cualquier otra inversión conocida por el género humano. Les gusta utilizar "sofisticadas" técnicas de inversión como los márgenes, opciones de venta y de compra. Entran al "juego" sin saber quiénes son los jugadores y quién hace las reglas.

Estas personas son los peores inversionistas que el planeta jamás haya conocido. Siempre están tratando de pegar un "jonrón". Generalmente "los ponchan". Cuando se les pregunta cómo les va, siempre están "a mano" o "ligeramente arriba". En realidad han perdido dinero. Mucho dinero. A menudo enormes cantidades de dinero. Este tipo de inversionista pierde dinero cerca del 90% del tiempo. Nunca discute sus pérdidas. Sólo recuerda las ganancias que obtuvo hace seis años. Cree que fue inteligente y no puede reconocer que sólo tuvo suerte. Cree que todo lo que necesita es "un gran negocio" y que entonces todo será fácil. La sociedad llama a esta persona "apostador incurable". En lo más íntimo, simplemente es perezoso en lo que se refiere a invertir dinero.

¿Conoce usted a un inversionista del Nivel 3-C? (Opcional)

____

____

Nivel 4: inversionistas de largo plazo

Estos inversionistas están claramente conscientes de la necesidad de invertir. Están involucrados activamente en sus propias decisiones de inversión. Tienen un plan de largo plazo claramente diseñado que les permitirá alcanzar sus objetivos financieros. Invierten en su educación antes de adquirir una inversión. Aprovechan la inversión periódica y siempre que es posible invierten en instrumentos que les ofrecen ventajas fiscales. Y más importante aún es que buscan la asesoría de planificadores financieros competentes.

Por favor, comprenda que este tipo de inversionista no es lo que usted consideraría como algún gran inversionista. Está lejos de serlo. Es dudoso que inviertan en bienes raíces, negocios, mercancías, o cualquier otro medio emocionante de inversión. En vez de ello siguen la estrategia conservadora de largo plazo recomendada por inversionistas como Peter Lynch del Fidelity Magellan Fund, o Warren Buffet.

Si usted no es todavía un inversionista de largo plazo, conviértase en uno tan pronto como pueda. ¿Qué significa lo anterior?

Significa que usted debe sentarse y diseñar un plan. Obtenga el control de sus hábitos de gasto. Reduzca su deuda y sus pasivos. Viva de acuerdo con sus medios y entonces incremente sus medios. Averigüe cuánto dinero invertido mensualmente, durante cuántos meses a una tasa de retorno realista sería necesario para alcanzar sus metas. Metas como: ¿A qué edad planea usted dejar de trabajar? ¿Cuánto dinero necesitará mensualmente?

Contar con un plan de largo plazo que reduzca su deuda de consumo y aporte una pequeña cantidad de dinero (de manera periódica) a un fondo de inversión le permitirá dar un paso adelante para retirarse rico, si comienza lo suficientemente temprano y mantiene el control de lo que está haciendo.

A este nivel, mantenga las cosas sencillas. No haga algo complicado. Olvídese de las inversiones sofisticadas. Sólo realice inversiones sólidas en acciones de la bolsa y fondos de inversión. Aprenda cómo comprar fondos de inversión de capital fijo pronto, si no lo sabe aún. No trate de ser más listo que el mercado. Utilice de manera prudente los seguros como protección, pero no como medio para acumulación de riqueza. Un fondo de inversión como el Vanguard Index 500, que en el pasado ha tenido mejor desempeño que dos terceras partes de todos los fondos de inversión año tras año, puede utilizarse como parámetro. A lo largo de 10 años, este tipo de fondo puede proporcionarle utilidades que superan al 90% de los gerentes "profesionales" de fondos de inversión. Sin embargo, recuerde siempre que no existe una inversión 100% segura. Los fondos *indexados* tienen sus propias y trágicas fallas inherentes.

Deje de esperar a que llegue "el gran negocio". Participe en el "juego" con pequeños negocios (como mi primer pequeño condominio, que me permitió comenzar a invertir por sólo unos cuantos dólares). No se preocupe si está en lo correcto o si está equivocado al principio; sólo empiece. Aprenderá mucho una vez que coloque su dinero… sólo un poco para empezar. El dinero tiene una forma de incrementar rápidamente la inteligencia. El miedo y las dudas lo retrasan. Usted siempre puede avanzar a un juego más grande, pero nunca podrá obtener de regreso el tiempo y la educación que perdió al esperar para hacer lo correcto o a hacer "el gran negocio". Recuerde, las pequeñas transacciones a menudo conducen a transacciones mayores… pero usted debe comenzar.

Comience hoy mismo; no espere más. Destruya sus tarjetas de crédito, deshágase de los objetos costosos e inútiles y llame a un buen fondo de inversión que no cobre comisión (aunque no existe en realidad un verdadero fondo de inversión "que no cobre comisión"). Siéntese con sus seres amados y desarrolle un plan; visite a un planificador financiero o acuda a la biblioteca y lea acerca de planificación financiera y comience a apartar el dinero (incluso si sólo son 50 dólares mensuales) para usted mismo. Mientras más espere, más gastará uno de sus activos más preciosos… el intangible e invaluable activo del tiempo.

Una observación interesante. El Nivel 4 es el nivel del que provienen la mayoría de los millonarios de los Estados Unidos. El libro *The Millionaire Next Door (El millonario de la casa contigua)* describe a los millonarios promedio que conducen un Ford Taurus, poseen una compañía y viven de acuerdo con sus medios. Ellos estudian o están informados sobre inversiones, tienen un plan e invierten a largo plazo. No hacen nada elegante, arriesgado o sexy en lo que se refiere a inversión. Son verdaderamente conservadores y sus hábitos financieros equilibrados son lo que los hace ricos y exitosos a largo plazo.

Para las personas a quienes no les gusta el riesgo y preferirían enfocarse en su profesión, trabajo o carrera, en vez de pasar mucho tiempo estudiando el tema de la inversión, el Nivel 4 es necesario si usted desea vivir una vida próspera y abundante desde el punto de vista financiero. Para esos individuos, es aún más importante buscar la asesoría de los planificadores financieros. Pueden ayudarle a desarrollar su propia estrategia de inversión e iniciar por el camino correcto con un patrón de inversión a largo plazo.

Este nivel de inversionista es paciente y utiliza la ventaja del tiempo. Si usted comienza temprano e invierte regularmente, puede obtener una riqueza fenomenal. Si usted comienza tarde en la vida, después de los 45 años, este nivel puede no funcionar, especialmente entre nuestros días y el año 2010.

¿Conoce usted a un inversionista del Nivel 4? (Opcional)

____

____

Nivel 5: inversionistas sofisticados

Estos inversionistas "pueden darse el lujo" de poner en práctica estrategias de inversión más agresivas o riesgosas. ¿Por qué? Porque tienen buenos hábitos relacionados con el dinero, una sólida base de efectivo y también conocimientos sobre las inversiones. No son jugadores novatos. Están concentrados, generalmente no están diversificados. Tienen un largo historial en que han ganado de manera consistente y han tenido suficientes pérdidas que les han proporcionado la sabiduría que sólo se obtiene al cometer errores y aprender de ellos.

Se trata de inversionistas que a menudo adquieren inversiones al por mayor, en vez de al menudeo. Crean sus propias transacciones y las utilizan. O bien son lo suficientemente "sofisticados" para realizar transacciones que sus amigos del Nivel 6 han creado y que necesitan capital de inversión.

¿Qué determina si una persona es "sofisticada"? Estas personas tienen una base financiera sólida que han obtenido de su profesión, negocio o ingreso para el retiro, o bien tienen una base de inversiones sólidas y conservadoras. Esta gente tiene su proporción deuda-patrimonio bajo control, lo que significa que tienen mucho más ingreso que gasto. Cuentan con una buena educación en el mundo de la inversión y buscan activamente nueva información. Son precavidos, pero no cínicos y siempre mantienen la mente abierta.

Arriesgan menos del 20% de todo su capital en inversiones especulativas. A menudo comienzan a pequeña escala, apartando pequeñas cantidades de dinero, de manera que puedan aprender el negocio de invertir, ya sea en acciones, en la adquisición de negocios, en la compra de copropiedad de bienes raíces, al asumir hipotecas, etcétera. La pérdida de ese 20% no los daña ni quita la comida de su mesa. Consideran la pérdida como una lección, aprenden de ella y vuelven al juego para aprender más, sabiendo que el fracaso es parte del proceso del éxito. Aunque odian perder, no tienen miedo de perder. Perder les inspira a seguir adelante, a aprender, en vez de hundirse en la depresión emocional y llamar a su abogado.

Si las personas son sofisticadas, pueden crear sus propios negocios con tasas de retorno que van del 25% al infinito. Se les clasifica como sofisticadas debido a que tienen el dinero, un equipo de asesores profesionales bien seleccionados y un historial para demostrarlo.

Como mencioné anteriormente, los inversionistas en este nivel crean sus propias transacciones. De la misma forma en que hay algunas personas que compran computadoras armadas previamente con un comerciante detallista, también hay personas que compran los componentes y crean su propio sistema de cómputo personalizado. Los inversionistas del Nivel 5 pueden ensamblar sus propias inversiones al reunir componentes diferentes.

Esos inversionistas saben que los malos tiempos en la economía y los mercados les ofrecen las mejores oportunidades de éxito. Entran a los mercados cuando los demás están saliendo. Generalmente saben cuándo salirse. En este nivel, una estrategia de salida es más importante que la entrada al mercado.

Tienen claros sus propios "principios" y "reglas" de inversión. Su medio de inversión preferido puede ser los bienes raíces, los cupones de descuento, los negocios, las bancarrotas o las nuevas emisiones de acciones. Aunque asumen riesgos más grandes que la persona promedio, aborrecen apostar. Tienen un plan y metas específicas. Estudian de manera cotidiana. Leen el periódico, las revistas, se suscriben a boletines de inversión y asisten a seminarios de inversión. Participan activamente en la administración de sus inversiones. Comprenden el dinero y conocen la manera de hacer que el dinero trabaje para ellos. Su enfoque principal consiste en incrementar sus activos, en vez de invertirlos tan sólo para contar con unos cuantos dólares extra que gastar. Reinvierten sus ganancias para crear una base de activos más amplia. Saben que la creación de una base de activos amplia que arroja grandes rendimientos de efectivo o tasas de retorno altas con mínima exposición a los impuestos es el camino para lograr una gran riqueza de largo plazo.

A menudo enseñan esa información a sus hijos y heredan la fortuna de la familia a las generaciones que siguen en forma de corporaciones, fideicomisos y sociedades. Personalmente tienen pocas cosas. Nada se encuentra bajo su nombre debido a propósitos fiscales, así como para protección en contra de los "Robin Hoods" que creen en la idea de quitarles a los ricos para darles a los pobres. Pero a pesar de que no poseen nada, controlan todo por medio de corporaciones. Controlan las entidades legales que son dueñas de sus activos.

Cuentan con una junta de directores personal que les ayuda a administrar sus activos. Aceptan su consejo y aprenden. La junta informal está compuesta por un equipo de banqueros, contadores, abogados y corredores de bolsa. Gastan una pequeña fortuna en obtener asesoría profesional sólida, no sólo para incrementar su riqueza, sino también para proteger su patrimonio de la familia, los amigos, las demandas y el gobierno. Incluso después de que se han marchado de este mundo, conservan el control de esa riqueza. Estas personas son llamadas frecuentemente "los gerentes del dinero". Incluso después de su muerte, continúan dirigiendo los destinos del dinero que han creado.

¿Conoce usted a un inversionista del Nivel 5? (Opcional)

____

____

Nivel 6: capitalistas

Pocas personas en el mundo alcanzan este nivel de excelencia de inversión. En Estados Unidos, menos de una persona de cada cien es un verdadero capitalista. Esta persona generalmente es un excelente "D" así como un "I", porque él o ella pueden crear un negocio y una oportunidad de inversión de manera simultánea.

Los inversionistas del Nivel 5 generalmente crean inversiones sólo para su propio portafolio utilizando su propio dinero. Los verdaderos capitalistas, por otra parte, crean inversiones para sí mismos y para otros al utilizar las habilidades y recursos financieros de otras personas. Los verdaderos capitalistas crean inversiones y las venden en el mercado. Los verdaderos capitalistas no necesitan dinero para ganar dinero simplemente porque saben cómo utilizar el dinero de otras personas y el tiempo de otras personas. Los inversionistas del Nivel 6 crean las inversiones que otras personas adquieren.

A menudo hacen que otras personas se vuelvan ricas, crean empleos y hacen que las cosas sucedan. En las buenas épocas de la economía, a los verdaderos capitalistas les va bien. En las malas épocas de la economía, los verdaderos capitalistas se vuelven todavía más ricos. Los capitalistas saben que el caos económico significa nuevas oportunidades. Frecuentemente participan desde temprano en un proyecto, producto, compañía o país años antes de que las masas lo consideren popular. Cuando usted lee en el periódico acerca de un país que está en problemas, o en guerra, o en situación de desastre, puede estar seguro de que un verdadero capitalista va a ir pronto, si no es que ya se encuentra allá. Un verdadero capitalista entra cuando la mayoría de la gente dice: "Manténganse alejados. Ese país, o ese negocio, están en estado de agitación. Es demasiado arriesgado."

Ellos esperan obtener tasas de retorno del 100% al infinito. Eso ocurre porque saben cómo manejar el riesgo y cómo ganar dinero sin tenerlo. Pueden hacer eso porque saben que el dinero no es una cosa, sino simplemente una idea creada en su cabeza. Aunque estas personas tienen los mismos miedos que todos los demás, utilizan ese miedo y lo convierten en emoción. Convierten ese miedo en conocimiento nuevo y nueva riqueza. Su juego en la vida es el juego del dinero que gana dinero. Aman el juego del dinero más que cualquier otro juego… más que el golf, la jardinería o cualquier otra diversión. Se trata del juego que los mantiene vivos. Ya sea que ganen o pierdan dinero, usted puede siempre escucharles decir: "Amo este juego." Eso es lo que los hace capitalistas.

Al igual que los inversionistas del Nivel 5, los inversionistas de este nivel son también excelentes gerentes del dinero. Cuando usted estudia a la mayoría de las personas de este nivel, a menudo descubre que son generosos con sus amigos, familias, iglesias y con la educación. Considere a algunas de las personas famosas que fundaron nuestras instituciones de aprendizaje bien conocidas. Rockefeller ayudó a crear la Universidad de Chicago y J.P. Morgan influyó en Harvard con mucho más que sólo dinero. Otros capitalistas que dieron sus nombres a las instituciones que ayudaron a crear incluyen a Vanderbilt, Duke y Stanford. Representan a los grandes capitanes no sólo de la industria, sino también de la educación.

Hoy en día, sir John Templeton aporta generosamente a la religión y a la espiritualidad y George Soros dona cientos de millones a las causas en que cree. Tampoco olvidemos la Fundación Ford y la Fundación Getty, así como la donación de Ted Turner por un billón de dólares a la Organización de las Naciones Unidas.

Así que contrariamente a lo que dice la mayoría de los cínicos intelectuales y críticos de nuestras escuelas, gobierno, iglesias y medios de comunicación, los verdaderos capitalistas han contribuido en otras formas, además de ser sólo capitanes de la industria, proporcionar trabajos y ganar mucho dinero. Para crear un mundo mejor necesitamos más capitalistas, no menos, como muchos cínicos le harían creer a usted.

En realidad, existen muchos más cínicos que capitalistas; cínicos que hacen más ruido y mantienen con miedo a millones de personas, buscando la seguridad en vez de la libertad. Como dice siempre mi amigo Keith Cunningham: "Nunca he visto una estatua erigida a un cínico, ni una universidad fundada por un cínico."

¿Conoce usted a un inversionista del Nivel 6? (Opcional)

____

____

Antes de seguir leyendo

Este apartado complementa la explicación del Cuadrante del flujo de dinero. Este último capítulo trató sobre la sección "I" del Cuadrante. Antes de seguir adelante, he aquí otra pregunta:

1. ¿Qué nivel de inversionista le corresponde a usted? _____

Si es verdaderamente sincero en lo que se refiere a volverse rico rápidamente, lea y relea los siete niveles. Cada vez que yo leo los niveles advierto un poco de mí mismo en todos ellos. Reconozco no sólo las fortalezas, sino además lo que Zig Ziglar llama "las fallas de carácter" que me impiden avanzar. La manera de obtener una gran riqueza financiera consiste en apuntalar sus fortalezas y superar sus fallas de carácter. Y la manera de hacerlo consiste en reconocerlas primero, en vez de pretender que usted no tiene fallas.

Todos queremos pensar lo mejor de nosotros mismos. Yo he soñado durante la mayor parte de mi vida en ser un capitalista de Nivel 6. Yo sé que eso es en lo que quería convertirme desde el momento en que mi padre rico me explicó las similitudes entre una persona que escoge acciones bursátiles y alguien que apuesta a los caballos. Sin embargo, al estudiar los diferentes niveles de la lista, pude ver las fallas de carácter que me impedían avanzar. Aunque no opero actualmente como un inversionista de Nivel 6, continúo leyendo y releyendo los siete niveles y trato de mejorarme a mí mismo.

He encontrado fallas de carácter en mí mismo del Nivel 3-C que a menudo aparecen en épocas en que me encuentro presionado. El apostador que llevo dentro era bueno, pero al mismo tiempo no era bueno. Así que con la guía de mi esposa y mis amigos y educación adicional comencé inmediatamente a enfrentar mis fallas de carácter y a convertirlas en fortalezas. Mi efectividad como inversionista del Nivel 6 mejoró inmediatamente.

He aquí otra pregunta para usted:

2. ¿Qué nivel de inversionista desea usted ser en el futuro?

____

Si la respuesta a la pregunta número dos es la misma que a la pregunta número uno, entonces usted está donde desea estar. Si usted es feliz en donde se encuentra en lo que se refiere a ser un inversionista, entonces no hay necesidad de seguir leyendo este libro. Por ejemplo, si usted es hoy en día un sólido inversionista de Nivel 4 y no tiene deseos de convertirse en inversionista de Nivel 5 o Nivel 6, no siga leyendo. Una de las más grandes alegrías de la vida consiste en ser feliz donde usted está. ¡Felicidades!

Advertencia

Cualquiera que tenga como meta convertirse en inversionista de los niveles 5 ó 6 debe desarrollar ANTES sus habilidades como inversionista del Nivel 4. No es posible saltar el Nivel 4 en su camino a los niveles 5 ó 6. Cualquiera que trata de convertirse en inversionista de los niveles 5 ó 6 sin tener las aptitudes del inversionista del Nivel 4 es en realidad un inversionista de Nivel 3… ¡Un apostador!

Si usted todavía desea y necesita saber más sobre finanzas y continúa interesado en la búsqueda de su libertad financiera, siga leyendo. Los capítulos restantes tratan principalmente de las características de quienes están en los cuadrantes "D" e "I". En esos capítulos aprenderá cómo avanzar del lado izquierdo del Cuadrante al lado derecho, de manera sencilla y con bajo riesgo. El paso del lado izquierdo al lado derecho continuará enfocándose en los activos intangibles que hacen posible obtener los activos tangibles en el lado derecho del Cuadrante.

Antes de seguir adelante, tengo una última pregunta. Para pasar de no tener un hogar a convertirnos en millonarios en menos de 10 años. ¿Qué nivel de inversionista cree usted que Kim y yo tuvimos que ser? La respuesta se encuentra en el siguiente capítulo, donde compartiré algunas experiencias de aprendizaje de mi trayecto personal hacia la libertad financiera.

Capítulo 6

Usted no puede ver el dinero con sus ojos

A finales de 1974, adquirí un pequeño condominio en las afueras de Waikikí, como una de mis primeras inversiones en bienes raíces. El precio fue de 56 000 dólares, por una linda vivienda de dos recámaras y un baño en un edificio promedio. Era una vivienda perfecta para rentar... y yo sabía que la rentaría rápidamente.

Acudí a la oficina de mi padre rico, con la emoción de mostrarle el negocio. Miró los documentos y en menos de un minuto volteó y me preguntó: "¿Cuánto dinero estás perdiendo mensualmente?"

"Cerca de cien dólares" le dije.

"No seas tonto", me dijo. "No he revisado los números, pero ya puedo afirmar con base en los documentos escritos que estás perdiendo mucho más que eso. Además, ¿por qué invertiste a sabiendas en algo que pierde dinero?"

"Bien, la vivienda tiene un lindo aspecto y pensé que se trataba de un buen negocio. Un poco de pintura y el lugar estará tan bien como nuevo", le dije.

"Eso no justifica perder dinero a sabiendas", dijo sonriente mi padre rico.

"Bien, mi agente de bienes raíces me dijo que no debía preocuparme por perder dinero cada mes. Me dijo que en un par de años el precio de la vivienda se duplicaría y que además el gobierno me proporciona un incentivo fiscal sobre el dinero que pierda. Además, era un negocio tan bueno que me dio miedo que alguien más lo comprara si yo no lo hacía."

Mi padre rico se puso de pie y cerró la puerta de su oficina. Cuando hacía eso yo sabía que estaba a punto de enseñarme una lección importante. Yo había pasado por este tipo de sesiones educativas anteriormente.

"¿Cuánto dinero estás perdiendo al mes?", volvió a preguntar mi padre rico.

"Cerca de 100 dólares al mes", le repetí nerviosamente.

Mi padre rico sacudió la cabeza mientras revisaba los documentos. La lección estaba a punto de comenzar. Ese día aprendí más sobre el dinero y la inversión de lo que yo había aprendido durante mis 27 años anteriores de vida. Mi padre rico estaba contento de que yo hubiera tomado la iniciativa de invertir en una propiedad… pero yo había cometido algunos errores graves que pudieron haber sido un desastre financiero. Sin embargo, las lecciones que aprendí de esa inversión me permitieron ganar millones de dólares en el curso de los años.

El dinero se percibe con la mente

"No es lo que tus ojos ven", decía mi padre rico. "Una propiedad inmobiliaria es una propiedad inmobiliaria. Un certificado de acciones de una compañía es un certificado de acciones de una compañía. Tú puedes ver esas cosas. Pero lo que no puedes ver es lo importante. Es el negocio, el acuerdo financiero, el mercado, la administración, los factores de riesgo, el flujo de efectivo, la estructura corporativa, las leyes fiscales y otras mil cosas que hacen que algo sea o no, una buena inversión."

A continuación hizo pedazos el negocio por medio de sus preguntas. "¿Por qué pagarías una tasa de interés tan alta? ¿Cuál consideras que será tu ganancia sobre la inversión? ¿Cómo encaja tu inversión en tu estrategia financiera de largo plazo? ¿Qué factor de desocupación del inmueble estás utilizando? ¿Cuál es tu tasa de capitalización? ¿Has revisado el historial de avalúos de la asociación? ¿Has calculado los costos de administración? ¿Qué porcentaje utilizaste para calcular las reparaciones? ¿Has escuchado que la ciudad anunció recientemente que reconstruirá los caminos en esa área y cambiando el sentido del tráfico? Un viaducto importante será construido justo enfrente de tu edificio. Los residentes se están mudando para evitar el proyecto, que tardará un año. ¿Sabías eso? Sé que la tendencia del mercado es a la alza, ¿pero sabes lo que está impulsando esa tendencia? ¿Factores económicos o codicia? ¿Cuánto tiempo piensas que durará esa tendencia a la alza? ¿Qué pasará si ese lugar no se renta? Y si no se renta, ¿cuánto tiempo puedes mantenerlo a flote y mantenerte a flote? Y nuevamente: ¿Qué te pasó por la mente que te hizo pensar que perder dinero es un buen negocio? Esto realmente me tiene preocupado."

"Me pareció que era un buen negocio", le dije, desilusionado.

Mi padre rico sonrió, se puso de pie y estrechó mi mano. "Estoy contento de que emprendiste una acción", me dijo. "La mayor parte de la gente piensa, pero nunca hace. Si haces algo, cometes errores y es de los errores de los que aprendemos más. Recuerda que en el salón de clases no puede aprenderse algo importante en realidad. Debe ser aprendido mediante la acción, al cometer errores y corregirlos. Es entonces cuando se obtiene la sabiduría."

Me sentí un poco mejor y ahora estaba listo para aprender.

"La mayoría de la gente", dijo mi padre rico "invierte el 95% con los ojos y sólo el 5% con la mente".

Mi padre rico me explicó que la gente mira la propiedad inmobiliaria o el nombre de las acciones de la bolsa, y a menudo toman la decisión con base en lo que ven sus ojos o en lo que les dice su corredor de bolsa, o con base en el consejo de un compañero de trabajo. A menudo compran de manera emocional, en vez de hacerlo racionalmente.

"Ésa es la razón por la que nueve de cada 10 inversionistas no ganan dinero", me dijo mi padre rico. "Aunque no necesariamente pierden dinero, simplemente no ganan dinero. Sólo salen 'a mano', ganando un poco y perdiendo un poco. Eso se debe a que invierten con los ojos y las emociones, en vez de hacerlo con la mente. Muchas personas invierten porque quieren volverse ricos rápidamente. Así que en vez de convertirse en inversionistas, terminan siendo soñadores, jugadores agresivos, apostadores y hampones. El mundo está lleno de ellos. Sentémonos a revisar nuevamente este negocio perdedor que has traído y te enseñaré cómo convertirlo en un negocio ganador. Comenzaré por enseñarte a ver con la mente lo que no pueden ver tus ojos."

De malo a bueno

A la mañana siguiente regresé con el agente de bienes raíces, rechacé el acuerdo y reabrí la negociación. No fue un proceso placentero, pero aprendí mucho.

Tres días más tarde regresé a ver a mi padre rico. El precio seguía siendo el mismo, el agente obtuvo su comisión completa porque la merecía. Había trabajado duro para ganarla. Pero aunque el precio seguía siendo igual, los términos de la inversión eran muy diferentes. Al renegociar la tasa de interés, los términos de pago y el período de amortización, en vez de perder dinero, yo estaba seguro ahora de ganar una utilidad neta de 80 dólares mensuales, incluso después de los honorarios de administración y de tomar en cuenta un factor de desocupación del inmueble. Además podía bajar la renta y seguir ganando dinero si el mercado empeoraba. Yo definitivamente subiría la renta en caso de que el mercado mejorara.

"Yo estimé que ibas a perder al menos 150 dólares mensuales", dijo mi padre rico. "Probablemente más. Si hubieras seguido perdiendo 150 dólares mensuales, con base en tu salario y gastos, ¿cuántos más de estos negocios podrías realizar?"

"Apenas uno", le respondí. "La mayoría de los meses no tengo 150 dólares extra. Si hubiera celebrado el trato original, hubiera tenido dificultades financieras cada mes. Incluso con los incentivos fiscales probablemente hubiera tenido que buscar un empleo extra para pagar por esta inversión."

"Y ahora, ¿cuántos más de estos negocios con un flujo de efectivo positivo de 80 dólares puedes celebrar?", me preguntó mi padre rico.

Sonreí y le contesté: "Tantos como pueda conseguir."

Mi padre rico asintió en señal de aprobación. "Ahora vete a la calle y consigue más de ellos."

Unos años después los precios de los bienes raíces en Hawai se dispararon. Sin embargo, en vez de tener sólo una propiedad que incrementó su valor, yo tenía siete que duplicaron su valor. Ése es el poder de un poco de inteligencia financiera.

"Usted no puede hacer eso"

Un comentario adicional de importancia sobre mi primera inversión inmobiliaria: cuando le llevé mi nueva oferta al agente de bienes raíces, todo lo que me dijo fue: "Usted no puede hacer eso."

Lo que tardó más tiempo fue convencer al agente para que comenzara a pensar en la manera en que podíamos hacer lo que yo quería. En cualquier caso, aprendí muchas lecciones de esa primera inversión y una de ellas fue darme cuenta de que cuando alguien le dice: usted no puede hacer eso, es posible que tengan un dedo apuntándole… pero tienen tres dedos apuntándose a sí mismos.

Mi padre rico me enseñó que la frase "Usted no puede hacer eso" no necesariamente significa que "usted no puede". A menudo significa que "ellos no pueden".

Un ejemplo clásico de lo anterior tuvo lugar hace muchos años cuando la gente le decía a los hermanos Wright: "Ustedes no pueden hacer eso." Gracias a Dios, los hermanos Wright no prestaron atención.

1.4 billones de dólares en busca de un hogar

Cada día, 1.4 billones de dólares dan la vuelta al planeta de manera electrónica y esa cantidad se incrementa. Actualmente se crea más dinero y hay más dinero disponible que nunca. El problema es que el dinero es invisible. Hoy en día el tráfico de esa cantidad se hace por medios electrónicos. Así que cuando la gente busca el dinero con sus ojos, no puede ver nada. La mayoría de la gente lucha por sobrevivir de quincena en quincena y sin embargo 1.4 billones de dólares vuelan alrededor del planeta cada día, en busca de alguien que quiera tenerlos. En busca de alguien que sepa cómo cuidarlos, nutrirlos y hacerlos crecer. Si usted sabe cómo cuidar del dinero, el dinero acudirá hacia usted. La gente le suplicará que lo acepte.

Pero si no sabe cómo cuidar del dinero, el dinero se mantendrá alejado de usted. Recuerde la definición de mi padre rico de inteligencia financiera: "No es cuánto dinero gane usted, sino cuánto dinero conserve, qué tan duro trabaje para usted y para cuántas generaciones lo conserve."

Los ciegos que guían a los ciegos

"La persona promedio es 95% ojos y sólo 5% mente cuando invierten", dijo mi padre rico. "Si usted quiere convertirse en un profesional en el lado 'D' e 'I' del Cuadrante, necesita entrenar sus ojos para que sean sólo 5% y entrenar su mente para que vea el otro 95 por ciento." Mi padre rico explicó que la gente que entrenaba sus mentes para ver el dinero tenía un poder tremendo sobre la gente que no lo hacía.

Él hacía énfasis en las personas a quienes yo debía consultar en busca de consejo financiero. "La razón por la que la mayoría de la gente tiene problemas financieros es porque aceptan el consejo de personas que también están ciegas mentalmente respecto del dinero. Es la clásica historia de los ciegos que guían a los ciegos. Si quiere que el dinero acuda a usted, debe saber cómo cuidar de él. Si el dinero no está primero en su cabeza, no permanecerá en sus manos. Si no permanece en sus manos, entonces el dinero y la gente con dinero, se mantendrán alejados de usted."

Entrene su mente para ver el dinero

¿Cuál es el primer paso para entrenar a su mente para que vea el dinero? La respuesta es la educación financiera. Comienza con la capacidad de comprender los sistemas de palabras y números del capitalismo. Si usted no comprende esas palabras o los números, daría lo mismo que usted hablara en una lengua extranjera... y en muchos casos, cada cuadrante representa una lengua extranjera.

Si usted mira el Cuadrante del flujo de dinero, cada cuadrante es como un país diferente. No utilizan las mismas palabras y si usted no comprende las palabras no comprenderá los números.

Por ejemplo, si un médico le dice: "Su presión sistólica es de 120 y su presión diastólica es de 80", ¿es eso bueno o malo? ¿Es eso todo lo que usted necesita saber sobre su salud? La respuesta obviamente es no. Sin embargo, es una forma de empezar.

Sería como preguntar: "La relación precio-utilidad de mis acciones es de 12 y la tasa de capitalización de mi edificio de apartamentos es de 12." ¿Es eso todo lo que necesito saber sobre mi riqueza? Nuevamente, la respuesta es no, pero es una forma de comenzar. Al menos hemos comenzado a hablar con las mismas palabras y a utilizar los mismos números. Y es allí donde comienza la educación financiera, que constituye la base de la inteligencia financiera. Comienza al conocer las palabras y los números.

El doctor habla en el cuadrante "A" y la otra persona habla con las palabras y los números del cuadrante "I". Bien podría tratarse de lenguajes diferentes.

Yo no estoy de acuerdo cuando alguien me dice que se necesita dinero para ganar dinero.

En mi opinión, la capacidad de ganar dinero con base en el dinero comienza al comprender las palabras y los números. Como decía siempre mi padre rico: "Si el dinero no está primero en su cabeza, no permanecerá en sus manos."

Conozca cuál es el verdadero riesgo

El segundo paso para entrenar a su mente para que vea dinero consiste en aprender a reconocer cuál es el verdadero riesgo. Cuando la gente me dice que invertir es riesgoso, simplemente digo: "Invertir no es riesgoso. Carecer de educación es riesgoso."

La inversión se parece a volar. Si usted ha asistido a una escuela de vuelo y ha pasado cierto número de años obteniendo experiencia, entonces el vuelo es divertido y emocionante. Pero si usted nunca ha estado en una escuela de vuelo, le recomendaría que deje que alguien más se encargue de volar.

El mal consejo es riesgoso

Mi padre rico creía firmemente que cualquier consejo financiero era mejor que no tener consejo financiero. Él era un hombre de mente abierta. Era cortés y escuchaba a mucha gente. Sin embargo, en última instancia dependía de su propia inteligencia financiera para tomar sus decisiones: "Si usted no sabe nada, entonces cualquier consejo es mejor que ningún consejo. Pero si no puede distinguir la diferencia entre mal consejo y buen consejo, entonces eso es riesgoso."

Mi padre rico creía firmemente que la mayoría de la gente enfrentaba problemas financieros porque actuaban con base en información financiera que pasaba de padres a hijos... y la mayoría de la gente no proviene de familias con finanzas sólidas. "El mal consejo financiero es riesgoso y la mayoría de los malos consejos se ofrecen en casa", decía a menudo. "No por lo que se dice, sino por lo que se hace. Los hijos aprenden del ejemplo, más que de las palabras."

Sus consejeros sólo son tan listos como usted

Mi padre rico decía: "Sus consejeros sólo pueden ser tan listos como lo es usted. Si usted no es listo, no pueden decirle mucho. Si usted tiene una buena educación financiera, los asesores competentes pueden darle un consejo sofisticado. Si usted es cándido desde el punto de vista financiero, de acuerdo con la ley deben ofrecerle sólo estrategias seguras. Si usted es un inversionista que no es sofisticado, sólo pueden ofrecerle inversiones de bajo riesgo y bajo rendimiento. A menudo les recomendarán la diversificación a los inversionistas que no son sofisticados. Muy pocos asesores deciden tomarse el tiempo de enseñarle. Su tiempo también es dinero. Así que si usted decide convertirse en una persona con educación financiera y manejar bien su dinero, entonces un asesor competente puede informarle sobre inversiones y estrategias que sólo unos cuantos verán jamás. Pero antes, usted debe hacer su parte al educarse. Recuerde siempre, su asesor sólo puede ser tan listo como lo es usted."

¿Le está mintiendo su banquero?

Mi padre rico tenía tratos con varios banqueros. Ellos constituían una parte importante de su equipo financiero. Aunque era amigo cercano de sus banqueros y los respetaba, siempre sintió que tenía que cuidar de su propio interés... ya que esperaba que los banqueros cuidaran de sus propios intereses.

Después de mi experiencia de inversión de 1974, me preguntó: "Cuando un banquero afirma que tu casa es un activo, ¿te está diciendo la verdad?"

Dado que la mayoría de la gente no tiene educación financiera y no conoce el juego del dinero, a menudo aceptan la opinión y el consejo de las personas en quienes confían. Si usted no tiene educación financiera, entonces necesita confiar en alguien que tenga educación financiera. Muchas personas invierten o manejan su dinero con base en las recomendaciones de otra persona, más que en las propias. Y eso es riesgoso.

No le están mintiendo... simplemente no le dicen la verdad

El hecho es que cuando un banquero le dice que su casa es un activo, en realidad no le está mintiendo. Simplemente no le está diciendo toda la verdad. Aunque su casa es un activo, simplemente no le dicen para quién es un activo. Pero si usted lee los estados financieros, es fácil ver que su casa no es un activo para usted. Es un activo para el banco. Recuerde las definiciones de activo y pasivo de mi padre rico, que enuncié en *Padre rico, padre pobre*:

"Un activo coloca dinero en mi bolsillo."

"Un pasivo saca dinero de mi bolsillo."

Las personas en el lado izquierdo del Cuadrante no necesitan conocer la diferencia en realidad. La mayoría de ellos se contentan con sentirse seguros en sus empleos, tener una linda casa que creen que poseen, de la que se sienten orgullosos y sobre la cual creen tener control. Nadie se las quitará en tanto realicen esos pagos. Y ellos pagan.

Sin embargo, las personas en el lado derecho del Cuadrante necesitan conocer la diferencia. Tener educación financiera e inteligencia financiera significa ser capaz de percibir el panorama general del dinero. Las personas astutas desde el punto de vista financiero saben que una hipoteca no aparece como un activo sino como un pasivo en su hoja de balance. De hecho, su hipoteca aparece como activo en otra hoja de balance. Aparece como activo en la hoja de balance del banco… no en la de usted.

Su hoja de balance

Activos	Pasivos
	Hipoteca

Cualquier persona que ha estudiado contabilidad sabe que una hoja de balance debe tener equilibrio. ¿Pero dónde tiene equilibrio? En realidad no se equilibra en su hoja de balance. Si usted observa la hoja de balance de su banco, ésta es la historia que en realidad cuentan los números:

Hoja de balance del banco

Activos	Pasivos
Su hipoteca	

Ahora tiene equilibrio. Ahora tiene sentido. Ésa es contabilidad de "D" e "I". Pero ésa no es la manera en que se enseña en contabilidad básica. En contabilidad, usted mostraría el "valor" de su casa como un activo y la hipoteca como un pasivo. Un aspecto que es importante destacar es que el "valor" de su casa es una opinión que fluctúa con el mercado, mientras que su hipoteca es una obligación definida que no es afectada por el mercado. Sin embargo, para un "D" o un "I", el "valor" de su casa no es considerado un activo porque no genera flujo de efectivo.

¿Qué pasa si usted liquida su hipoteca?

Mucha gente me ha preguntado: "¿Qué pasa si liquido mi hipoteca? ¿Se convierte mi casa en un activo?"

Y mi respuesta es: "En la mayoría de los casos, la respuesta es 'no'. Todavía es un pasivo."

Existen varias razones para mi respuesta. Una es el mantenimiento y la conservación general del inmueble. Una propiedad inmobiliaria es como un automóvil. Incluso si usted la posee libre y sin deuda, todavía implica un costo de operación para usted... y una vez que las cosas comienzan a descomponerse, todo comienza a descomponerse. Y en la mayoría de los casos la gente paga las reparaciones de su casa y de su automóvil con lo que queda después de pagar impuestos. Una persona en los cuadrantes "D" e

"I" sólo incluye una propiedad como un activo si genera ingreso por medio de un flujo de efectivo positivo.

Pero la principal razón por la que una casa, sin hipoteca, es todavía un pasivo es debido a que usted aún no la posee... en realidad. El gobierno todavía le grava con impuestos, incluso si usted es el dueño. Tan sólo deje de pagar impuestos sobre la propiedad y nuevamente descubrirá quién realmente es el dueño de su propiedad.

Es de allí de donde vienen los certificados de derechos de retención de impuestos (o recargos)... a los que me referí en *Padre rico, padre pobre.* Los certificados de derechos de retención de impuestos constituyen una excelente manera de recibir al menos 16% de interés por su dinero. Si los propietarios de casas no pagan sus impuestos sobre la propiedad, el gobierno les cobra interés sobre los impuestos que adeudan, a tasas que van del 10 al 50 por ciento. Hablando de usura. Si usted no paga los impuestos a la propiedad y alguien como yo los paga por usted... entonces en muchos estados, usted me debe los impuestos más los intereses. Si usted no paga los impuestos y los intereses en cierto lapso yo puedo adueñarme de su casa tan sólo por el dinero que pagué. En muchos estados los impuestos a la propiedad tienen prioridad para el pago, incluso antes que la hipoteca bancaria. Yo he tenido la oportunidad de comprar casas por las que he pagado impuestos por menos de 3 500 dólares.

La definición de bienes raíces

Nuevamente, para ser capaz de ver el dinero, usted debe verlo con su mente, no con sus ojos. Con el fin de entrenar su mente, usted debe conocer las definiciones reales de las palabras y los sistemas de números.

Al llegar a este punto usted debe saber la diferencia entre un activo y un pasivo y debe saber lo que significa la palabra "hipoteca", que es un "acuerdo hasta la muerte" y la palabra "finanzas", que significa castigo. Usted aprenderá ahora el origen de las palabras "bienes raíces" y de un instrumento financiero popular llamado "derivativos". Mucha gente piensa que los "derivativos" son instrumentos nuevos, pero en realidad son literalmente centenarios.

Una definición sencilla de la palabra "derivativo" es "algo que proviene de algo más". Un ejemplo de un derivativo es el jugo de naranja. El jugo de naranja es un derivativo de la naranja.

Yo solía pensar que el nombre en inglés de los bienes raíces *(real estate)* significaba "real", o algo que era tangible. Mi padre rico me explicó que en realidad proviene de la palabra española "real", que se relaciona con el rey. El *camino real* significa que el camino le pertenecía al rey; y el nombre en inglés *real estate* significa que la propiedad le pertenecía al rey.

Una vez que terminó la era agraria y comenzó la era industrial, alrededor del año 1500, el poder dejó de basarse en la tierra y la agricultura. Los monarcas se dieron cuenta de que tenían que cambiar en respuesta a las leyes de reforma agraria que permitieron que los campesinos fueran los dueños de la tierra. Entonces, la realeza creó los "derivativos". Derivativos como los "impuestos" sobre la propiedad de la tierra e "hipotecas" como una forma de permitir que los plebeyos financiaran sus tierras. Los impuestos y las hipotecas son derivativos debido a que se derivan de la tierra. Su banquero no llamaría "derivativo" a una hipoteca; los banqueros dirían que la hipoteca está "garantizada" por la tierra. Se trata de diferentes palabras, pero de significados similares. De manera que una vez que la realeza se dio cuenta de que el dinero ya no estaba en la tierra sino en los "derivativos" que provenían de la tierra, los monarcas crearon bancos para manejar los crecientes negocios. Hoy en día la propiedad de la tierra se denomina en inglés *real estate* porque no importa cuánto pague usted por ella, nunca le pertenecerá en realidad. Todavía le pertenece a los "reyes".

¿Cuál es realmente su tasa de interés?

Mi padre rico negoció y peleó duramente por cada uno de los puntos de interés que pagó. Él me formulaba esta pregunta: "Cuando un banquero te dice que tu tasa de interés es 8% al año… ¿Lo es en realidad?" Yo descubrí que no lo es si usted aprende a leer los números.

Digamos que usted adquiere una casa de 100 000 dólares, hace un pago inicial de 20 000 dólares y pide prestado al banco los restantes 80 000 dólares al 8% de interés con un plazo de pago de 30 años.

En el curso de cinco años usted pagará un total de 35 220 dólares al banco: 31 276 dólares de intereses y sólo 3 944 dólares por amortización del principal.

Si usted obtiene un préstamo a plazo, o a 30 años, usted habrá pagado en total 211 323 dólares por el préstamo principal y los intereses, menos lo que usted había pedido prestado originalmente (80 000 dólares). El total de los intereses que usted habrá pagado son 131 323 dólares.

Por cierto, la cantidad de 211 323 dólares no incluye los impuestos sobre la propiedad ni el seguro sobre el préstamo.

Curiosamente, 131 323 dólares parece ser un poco más de 8% de 80 000 dólares. Es como 160% en interés en un plazo de 30 años. Como dije anteriormente, no le están mintiendo… simplemente no le están diciendo toda la verdad. Y si usted no puede leer los números, nunca lo sabrá. Y si usted está contento con su casa, eso nunca le importará en realidad. Sin embargo, la industria sabe que en unos cuantos años… usted va a querer una nueva casa, una casa más grande, una casa más chica, una casa para vacacionar o para refinanciar su hipoteca. Ellos lo saben y de hecho cuentan con ello.

El promedio de la industria

En la banca se utiliza un promedio de siete años como esperanza de vida de una hipoteca. Eso quiere decir que los bancos esperan que la persona promedio compre una nueva casa o refinancie su deuda, cada siete años. Y eso significa, de acuerdo con ese ejemplo, que ellos esperan obtener cada siete años la devolución de los 80 000 dólares originales, más 43 291 dólares en intereses.

Y ésa es la razón por la que la palabra inglesa que equivale a hipoteca se llama "mortgage", que viene de la palabra francesa "mortir", o "acuerdo hasta la muerte". La realidad es que la mayoría de las personas continuarán trabajando duro, obtendrán aumentos de sueldo y comprarán casas nuevas... con nuevas hipotecas. Además de lo anterior, el gobierno proporciona incentivos fiscales que alientan a los contribuyentes a comprar casas más caras, lo que significa impuestos sobre la propiedad más altos para el gobierno. Y no olvidemos el seguro que cada compañía hipotecaria le pide a usted que pague sobre su hipoteca.

Cada vez que miro la televisión veo comerciales donde apuestos jugadores profesionales de béisbol y futbol americano sonríen y le dicen a usted que tome la totalidad de la deuda de su tarjeta de crédito y la intercambie por un préstamo de consolidación de deuda. De esa manera, usted puede pagar todas esas tarjetas de crédito y obtener un nuevo préstamo a una tasa de interés más baja. Y a continuación le dicen a usted por qué hacer eso es inteligente desde el punto de vista financiero: "Un préstamo de consolidación de deuda es una acción inteligente de su parte porque el gobierno le dará una deducción de impuestos por los pagos de interés que usted realice por la hipoteca de su casa."

Los televidentes, creyendo que ven la luz, se precipitan a su compañía financiera, refinancian sus casas, pagan sus tarjetas de crédito y piensan que son inteligentes.

Unas semanas después van de compras y ven un nuevo vestido, una nueva podadora de césped, o se dan cuenta de que su hijo necesita una bicicleta nueva, o que ellos necesitan tomar unas vacaciones porque están agotados. Justamente en ese momento tienen una tarjeta de crédito limpia… o reciben repentinamente una nueva tarjeta de crédito en el correo porque pagaron la anterior. Tienen un crédito excelente, pagan sus cuentas, su corazoncito late aceleradamente y se dicen a sí mismos: "Oh, vamos. Te lo mereces. Tú puedes pagar un poco cada mes."

Las emociones son más fuertes que la lógica y la nueva tarjeta de crédito limpia sale de su escondite.

Como dije antes, cuando los banqueros le dicen que su casa es un activo… no están mintiendo. Cuando el gobierno le proporciona un incentivo fiscal por incurrir en deuda, no es debido a que esté preocupado por su futuro financiero. Al gobierno le interesa su propio futuro financiero. De manera que cuando su banquero, su contador, su abogado y sus maestros de escuela le dicen que su casa es un activo, simplemente no le han dicho para quién es un activo.

¿Y qué pasa con los ahorros? ¿Son activos?

Ahora bien, sus ahorros realmente son activos. Ésa es la buena noticia. Sin embargo, si usted lee sus estados financieros, podrá ver la imagen completa. Aunque es verdad que sus ahorros son activos, cuando usted observa la hoja de balance de su banco, sus ahorros aparecen como un pasivo. Sus ahorros y el balance de su chequera tienen el siguiente aspecto en su columna de activos:

Su hoja de balance

Activos	Pasivos
Ahorros Balance de su chequera	

Y ésta es la manera en que sus ahorros y el balance de su chequera aparecen en la hoja de balance del banco:

Hoja de balance del banco

Activos	Pasivos Sus ahorros Su balance de la chequera

¿Por qué aparecen sus ahorros y el balance de su chequera como un pasivo para los bancos? Ellos tienen que pagarle intereses por su dinero y les cuesta dinero guardarlo.

Si usted puede comprender el significado de estos dibujos y palabras, podría comenzar a comprender mejor aquello que los ojos no pueden ver acerca del juego del dinero.

¿Por qué no obtiene usted un incentivo fiscal por ahorrar dinero?

Si usted lo advierte, usted obtiene un incentivo fiscal por comprar una casa e incurrir en deuda... pero no obtiene un incentivo fiscal por ahorrar dinero. ¿Alguna vez se ha preguntado por qué?

No tengo la respuesta exacta, pero puedo especular al respecto. Una razón importante es debido a que sus ahorros son un pasivo para los bancos. ¿Por qué pedirían los bancos al gobierno que apruebe una ley que le aliente a poner dinero en el banco... dinero que constituirá un pasivo para ellos?

Ellos no necesitan sus ahorros

Además, los bancos no necesitan en realidad de sus ahorros. Los bancos no necesitan una gran cantidad en depósitos porque pueden "amplificar" el dinero al menos 10 veces. Si usted pone un billete de a dólar en el banco, por ley, el banco puede prestar 10 dólares y, dependiendo de los límites de reserva impuestos por el banco central, posiblemente tanto como 20 dólares. Eso significa que su billete de a dólar se convierte repentinamente en 10 o más. ¡Es magia! Cuando mi padre rico me mostró eso, me enamoré de la idea. En ese momento yo supe que quería ser dueño de un banco, no ir a la escuela para convertirme en empleado de banco.

Además de lo anterior, el banco podría pagarle a usted sólo 5% de interés por ese billete de a dólar. Usted se siente seguro como consumidor porque el banco le paga a usted un poco de dinero por su dinero. Los bancos ven eso como buenas relaciones con sus clientes, porque si usted tiene ahorros con ellos, usted puede acudir y pedirles dinero prestado. Ellos desean que usted solicite préstamos porque entonces pueden cobrarle un 9% o más sobre lo que usted pide prestado. Mientras le dan 5% por su billete de dólar, el banco puede cobrar 9% o más por los 10 dólares de deuda que su billete de dólar ha generado. Recientemente recibí una nueva tarjeta de crédito que anunciaba una tasa de interés de 8.9 por ciento... pero si usted comprende la jerga legal que aparece en letra menuda, se trataba en realidad de 23 por ciento. No necesito agregar que corté la tarjeta de crédito a la mitad y la devolví por correo.

Ellos obtienen sus ahorros de cualquier forma

La otra razón por la que ellos no le ofrecen un incentivo fiscal por sus ahorros es más obvia. Si usted puede leer los números y ver en qué dirección fluye el efectivo, notará que ellos obtienen sus ahorros de cualquier manera. El dinero que usted podría estar ahorrando en su columna de activos fluye en realidad hacia el exterior de su columna de pasivos, bajo la forma de pagos de interés de su hipoteca en su columna de activos. El patrón de flujo de efectivo tiene el siguiente aspecto:

Sus estados financieros:

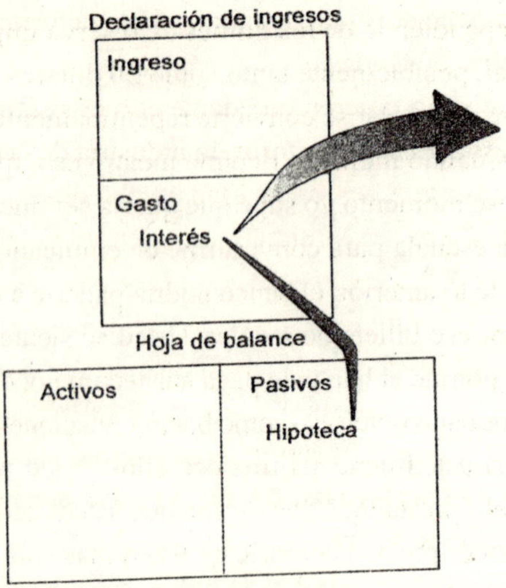

Los estados financieros de su banco:

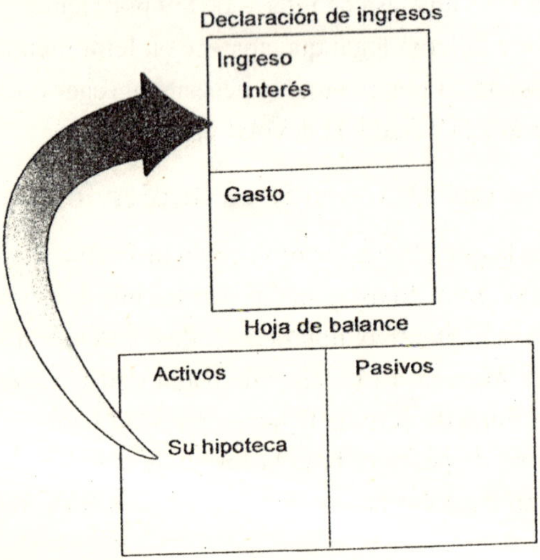

Ésa es la razón por la que ellos no necesitan que el gobierno le proporcione a usted un incentivo fiscal para ahorrar. Ellos obtienen sus ahorros de cualquier manera… bajo la forma de los pagos de interés sobre la deuda.

Los políticos no quieren enredarse con el sistema porque los bancos, las compañías de seguros, la industria de la construcción, las casas de corretaje y otros aportan mucho dinero para las campañas políticas… y los políticos saben el nombre del juego.

El nombre del juego

En 1974, mi padre rico estaba molesto porque el juego estaba siendo jugado en mi contra y yo no lo sabía. Yo había adquirido esta inversión en bienes raíces y había adoptado una posición perdedora… sin embargo yo había sido llevado a creer que se trataba de una posición ganadora.

"Estoy contento de que hayas entrado al juego", me dijo mi padre rico. "Sin embargo, dado que nadie te ha dicho en qué consiste el juego, fuiste absorbido por el equipo perdedor."

Mi padre rico me explicó entonces los conceptos básicos del juego. "El nombre del juego del capitalismo es '¿Quién le debe a quién?'"

Una vez que conociera el juego, me dijo que yo podría ser un mejor jugador… en vez de alguien que fue atropellado por el juego.

En la medida en que usted le deba a más personas, más pobre será

"En la medida en que le debas a más personas, más pobre serás", me dijo mi padre rico. "Y en la medida en que más personas te deban, más rico serás. En eso consiste el juego."

Como dije anteriormente, yo tenía dificultades para mantener mi mente abierta. Así que permanecí en silencio y dejé que me explicara. Él no decía lo anterior de manera maliciosa; simplemente estaba explicándome el juego de la manera en que lo veía.

"Todos le debemos algo a alguien. Los problemas tienen lugar cuando la deuda sale de equilibrio. Desafortunadamente, la gente pobre de este mundo ha sido atropellada tan duramente por el juego, que a menudo no pueden hundirse más profundamente en la deuda. Lo mismo ocurre en el caso de los países pobres. El mundo simplemente toma de los pobres, de los débiles, de los que carecen de información financiera. Si estás muy endeudado, el mundo se apodera de todo lo que tienes... tu tiempo, tu trabajo, tu casa, tu vida, tu confianza y luego toman tu dignidad si los dejas. Yo no elaboré este juego, yo no hago las reglas, pero conozco el juego... y practico bien el juego. Te explicaré el juego. Quiero que aprendas a jugar el juego. Luego, una vez que hayas dominado el juego, puedes decidir qué hacer con lo que sabes."

El dinero es deuda

Mi padre rico siguió explicándome que incluso nuestra moneda no es un instrumento de la riqueza, sino un instrumento de la deuda. Cada billete de dólar solía estar respaldado por oro o plata, pero actualmente es una promesa de pago con la garantía de que será pagada por los contribuyentes del país que lo emite. En tanto el resto del mundo tenga confianza en que el contribuyente estadounidense trabajará y pagará por esa promesa de pago llamada dinero, el mundo tendrá confianza en nuestro dólar. Si ese elemento clave del dinero, que es la confianza, desapareciera repentinamente, la economía se desplomaría como un castillo de naipes... y el castillo de naipes se ha desplomado muchas veces a lo largo de la historia.

Tomemos el ejemplo de los marcos del gobierno alemán de la República de Weimar, que se volvieron totalmente inútiles justo antes de la Segunda Guerra Mundial. Una historia cuenta que una anciana tenía que empujar una carretilla llena de marcos para comprar una hogaza de pan. Cuando se dio la vuelta, alguien robó la carretilla y dejó la pila de billetes sin valor tirados en la calle.

Ésa es la razón por la que actualmente la mayoría del dinero es conocido como "dinero fiduciario", es decir, dinero que no puede ser convertido en algo tangible… como oro o plata. El dinero sólo es bueno en tanto la gente tenga confianza en el gobierno que lo respalda. La otra definición de "fiduciario" es "una orden o decreto impuesto por una persona o grupo que tiene autoridad completa".

Hoy en día gran parte de la economía global se basa en la deuda y la confianza. En tanto todos mantengamos las manos unidas y nadie salga de la fila, todo marchará bien… y la palabra "bien" significa en este caso "sentirnos inseguros, neuróticos y alterados".

"¿Quién es tu dueño?"

De regreso en 1974, cuando yo estaba aprendiendo la manera de comprar un condominio de 56 000 dólares, mi padre rico me enseñó una lección importante sobre cómo estructurar los negocios.

"'¿Quién le debe a quién?' es el nombre del juego", dijo mi padre rico. "Y alguien acaba de atraparte con una deuda. Es como ir a cenar con 10 amigos. Tú vas al baño y cuando regresas la cuenta está allí, pero tus 10 amigos se han marchado. Si vas a practicar el juego es mejor que lo aprendas, conozcas las reglas, hables el mismo lenguaje y sepas con quién estás jugando. Si no, en vez de jugarlo, alguien lo hará contigo."

Es sólo un juego

Al principio me enfadé por lo que mi padre rico me decía… pero escuché e hice mi mejor esfuerzo por comprender. Finalmente lo puso todo en un contexto que yo podía comprender. "A ti te gusta jugar futbol americano, ¿no es así?", me preguntó.

"Me gusta el juego", le dije.

"Bien, el dinero es mi juego", dijo mi padre rico. "Me gusta el juego del dinero."

"Pero para mucha gente el dinero no es un juego", le dije.

"Eso es correcto", dijo mi padre rico. "Para la mayoría de la gente se trata de la supervivencia. Para la mayoría de la gente el dinero es un juego que son obligados a jugar y que ellos aborrecen. Desafortunadamente, mientras más civilizados nos volvemos, el dinero se convierte en mayor medida en parte de nuestras vidas.

Mi padre trazó el cuadrante del flujo de dinero.

"Tan sólo mira este Cuadrante como una cancha de tenis, un campo de futbol americano, una cancha de futbol soccer. Si vas a jugar el juego del dinero, ¿a qué equipo deseas pertenecer? ¿A los 'E', los 'A', los 'D' o los 'I'? ¿De qué lado de la cancha deseas estar, el derecho o el izquierdo?"

Señalé el lado derecho del Cuadrante.

Si usted incurre en deuda y asume riesgo deben pagarle

"Bien", dijo mi padre rico. "Ésa es la razón por la que no puedes salir a jugar y creer a un agente de ventas que te dice que perder 150 dólares al mes por 30 años es un buen trato… porque el gobierno te dará un incentivo fiscal por perder dinero y él espera que el precio de los bienes raíces suba. Simplemente no puedes jugar el juego con esa mentalidad. Aunque esas opiniones podrían ser verdaderas, simplemente esa no es la manera en que se practica el juego en el lado derecho del Cuadrante. Alguien te dice que debes incurrir en deuda, asumir todos los riesgos y pagar por ello. Las personas en el lado izquierdo piensan que ésa es una buena idea... pero no las personas del lado derecho."

Yo estaba estremeciéndome ligeramente.

"Mira las cosas a mi manera", dijo mi padre rico. "Tú estás dispuesto a pagar 56 000 dólares por ese condominio en el cielo. Estás suscribiendo la deuda. Estás asumiendo el riesgo. El inquilino paga menos en renta de lo que cuesta vivir allí. Así que tú estás dando un subsidio a la vivienda de esa persona. ¿Tiene eso sentido para ti?"

Sacudí mi cabeza. "No."

"Ésta es la manera en que yo practico el juego", dijo mi padre rico. "A partir de ahora, si incurres en deuda y asumes riesgo, entonces deberían pagarte. ¿Lo comprendes?"

Asentí.

"Ganar dinero es una cuestión de sentido común", dijo mi padre rico. "No se trata de ciencia avanzada. Pero desafortunadamente, cuando se trata de dinero, el sentido común no es común. Un banquero te dice que incurras en deuda, te dice que el gobierno te dará un incentivo fiscal por algo que realmente no tiene sentido desde el punto de vista de la economía fundamental y luego un agente de ventas de bienes raíces te dice que firmes los papeles porque puede encontrar un inquilino que te pagará menos de lo que tú estás pagando, sólo porque en su opinión el precio subirá. Si eso tiene sentido para ti, entonces tú y yo no compartimos el mismo sentido común."

Yo me quedé parado allí. Escuché todo lo que dijo y tuve que admitir que me había emocionado tanto por lo que consideré que parecía un buen negocio, que dejé de pensar de manera lógica. No pude analizar el negocio. Dado que el negocio parecía bueno, yo me había puesto excitado con la codicia y la emoción y no fui capaz de escuchar más lo que los números y las palabras trataban de decirme.

Fue entonces que mi padre rico me dio una regla importante que él ha utilizado siempre: "Tú obtienes tu utilidad cuando compras… no cuando vendes."

Mi padre rico tenía que estar seguro de que cualquiera que fuera la deuda o riesgo que asumía debía tener sentido desde el día en que compraba… debía tener sentido si la economía empeoraba y debía tener sentido si la economía mejoraba. Él nunca compró con base en trampas fiscales o pronósticos de bola de cristal sobre el futuro. Un negocio debía tener sentido económico en los buenos tiempos y en los malos.

Yo estaba comenzando a comprender el juego del dinero de la manera en que él lo veía. Y el juego del dinero consistía en ver a otras personas contrayendo deuda de usted y ser cuidadoso con quien usted incurría en deuda. Hoy en día todavía puedo escuchar sus palabras: "Si tú incurres en deuda y corres un riesgo, asegúrate de que te paguen por ello."

Mi padre rico tenía deuda, pero era cuidadoso cuando incurría en ella. "Sé cuidadoso cuando asumas una deuda", era su consejo. "Si incurres en deuda personalmente, asegúrate de que sea pequeña. Si incurres en una gran deuda, asegúrate que alguien más pague por ella."

Él veía el juego del dinero y de la deuda como un juego en el que juegan con usted, juegan conmigo y juegan con todos. Se juega de negocio a negocio y se juega de país a país. Él lo veía sólo como un juego. El problema es que para la mayoría de la gente, el dinero no es un juego. Para la mayoría de la gente, el dinero es la supervivencia… a menudo la vida misma. Y dado que nadie les ha explicado el juego, todavía le creen a los banqueros que dicen que una casa es un activo.

La importancia de los hechos contra las opiniones

Mi padre rico continuó su lección. "Si deseas ser exitoso en el lado derecho, cuando se trata de dinero tienes que saber la diferencia entre los hechos y las opiniones. No puedes aceptar ciegamente el consejo financiero de la manera en que lo hacen las personas en el lado izquierdo. Debes conocer los números. Debes conocer los hechos. Y los números te dicen cuáles son los hechos. Tu supervivencia financiera depende de los hechos, no de las opiniones de algún amigo o consejero."

"No comprendo. ¿Por qué es tan importante que algo sea un hecho o una opinión?", le pregunté. "¿Es mejor uno que el otro?"

"No", respondió mi padre rico. "Sólo debes saber cuándo algo es un hecho y cuándo se trata de una opinión."

Permanecí allí, aún confundido, con gesto estupefacto en mi rostro.

"¿Cuánto vale la casa de tu familia?", preguntó mi padre rico. Estaba usando un ejemplo para ayudarme a salir de la confusión.

"Oh, yo sé", respondí rápidamente. "Mis padres están pensando en venderla, así que le pidieron a un agente de bienes raíces que nos visitara para hacer un avalúo. Dicen que la casa vale 36 000 dólares. Eso significa que el patrimonio neto de mi padre se ha incrementado en 16 000 dólares, porque sólo pagó 20 000 dólares por esa casa hace cinco años."

"¿Son el avalúo y el patrimonio neto de tu padre un hecho o una opinión?", preguntó mi padre rico.

Pensé la respuesta por un momento y comprendí hacia dónde se dirigía. "Ambas son opiniones. ¿No es así?"

Mi padre rico asintió. "Muy bien. La mayoría de las personas tiene problemas financieros porque se pasan la vida utilizando opiniones en vez de hechos para tomar las decisiones financieras. Opiniones como: 'Tu casa es un activo', 'el precio de los bienes raíces siempre sube', 'las compañías de gran capitalización son su mejor inversión', 'se necesita dinero para ganar dinero', 'las acciones siempre han tenido mejor rendimiento que los bienes raíces', 'debes diversificar tu portafolios', 'debes ser deshonesto para ser rico', 'invertir es riesgoso', 'juega a lo seguro'."

Me senté allí, sumido en mis pensamientos y me di cuenta de que la mayoría de las cosas que había escuchado sobre dinero en casa eran en realidad opiniones de la gente y no hechos.

"¿Es un activo el oro?", me preguntó mi padre rico, despertándome de mi ensueño.

"Sí, claro", le respondí. "El oro ha sido el único dinero verdadero que ha soportado el paso del tiempo."

"Allá vas nuevamente", sonrió mi padre rico. "Todo lo que haces es repetir la opinión de alguien más sobre qué es un activo en vez de revisar los hechos."

"El oro solamente es un activo, de acuerdo con mi definición, si lo adquieres por menos de lo que lo vendes", dijo lentamente mi padre. "En otras palabras, si lo compras por 100 dólares y lo vendes por 200 dólares, entonces es un activo. Pero si compras una onza por 200 dólares y la vendes por 100 dólares, entonces el oro en esa transacción es un pasivo. Son las verdaderas cifras financieras de la transacción lo que en última instancia te dicen cuáles son los hechos. En realidad, lo único que es un activo o un pasivo eres tú mismo... porque en última instancia eres tú quien puede hacer que el oro sea un activo y sólo tú puedes hacer que sea un pasivo. Por eso la educación financiera es tan importante. He visto a muchas personas que asumen un negocio perfectamente bueno, o una propiedad inmobiliaria y lo convierten en una pesadilla financiera. Muchas personas hacen lo mismo con su vida personal. Toman el dinero que les ha costado mucho trabajo ganar y lo convierten en un pasivo financiero que dura toda la vida."

Yo estaba todavía más confundido, ligeramente herido en mi interior y deseaba discutir. Mi padre rico jugaba con mi cerebro.

"Más de un hombre ha sido destruido porque no conocía los hechos. Todos los días escucho historias de terror de alguien que perdió todo su dinero porque pensó que una opinión era un hecho. Está bien utilizar una opinión cuando se toma una decisión financiera... pero es mejor que conozcas la diferencia. Millones y millones de personas han tomado decisiones vitales con base en opiniones transmitidas de generación en generación... y luego se preguntan por qué tienen dificultades financieras."

"¿Qué clase de opiniones?", le pregunté.

Mi padre rico se golpeó la barbilla antes de contestar. "Bien, déjame mencionar algunas de las más comunes que todos hemos escuchado."

Mi padre rico comenzó a enumerar algunas mientras se daba golpecitos en la barbilla, riéndose de las opiniones. Éstos son ejemplos que me dio ese día

1. "Debes casarte con él. Será un buen esposo."
2. "Encuentra un trabajo seguro y permanece en él toda tu vida."
3. "Los doctores ganan mucho dinero."
4. "Tienen una casa grande. Deben ser ricos."
5. "Tiene músculos grandes. Debe estar sano."
6. "Éste es un lindo automóvil y sólo lo ha conducido una viejecita."
7. "No hay suficiente dinero para que todos seamos ricos."
8. "La Tierra es plana."
9. "Los humanos nunca volarán."
10. "Él es más listo que su hermana."
11. "Las obligaciones son más seguras que las acciones."
12. "Las personas que cometen errores son estúpidas."

13. "Él nunca venderá a un precio tan bajo."
14. "Ella nunca saldrá conmigo."
15. "Invertir es riesgoso."
16. "Nunca seré rico."
17. "Yo no fui a la universidad, así que nunca saldré adelante."
18. "Debes diversificar tus inversiones."
19. "No debes diversificar tus inversiones."

Mi padre rico siguió y siguió hasta que finalmente pude decirle que yo estaba cansado de escuchar sus ejemplos de opiniones.

"¡MUY BIEN!" le dije, finalmente. "Ya escuché suficientes. ¿Cuál es tu argumento?"

"Pensé que nunca me detendrías", dijo sonriente mi padre rico. "El argumento es que la mayoría de las vidas de las personas están determinadas por sus opiniones, en vez de los hechos. Para que la vida de una persona cambie, primero necesitan cambiar sus opiniones... y luego considerar los hechos. Si tú puedes leer estados financieros, serás capaz de ver los hechos no sólo del éxito de la compañía financiera... si puedes leer los estados financieros podrás decir inmediatamente cómo le va a un individuo... en vez de seguir tus opiniones o las de alguien más. Como dije antes, una cosa no es mejor que la otra. Para ser exitoso en la vida, especialmente desde el punto de vista financiero, debes saber la diferencia. Si no puedes verificar algo como un hecho, entonces se trata de una opinión. La ceguera financiera tiene lugar cuando una persona no puede leer los números... así que ellos deben aceptar la opinión de alguien más. La locura financiera es causada cuando las opiniones son utilizadas como hechos. Si quieres estar en el lado derecho del Cuadrante, debes conocer la diferencia entre los hechos y las opiniones. Pocas lecciones son tan importantes como ésta."

Me senté a escucharlo en silencio, haciendo mi mejor esfuerzo para comprender lo que decía. Se trataba obviamente de un concepto sencillo, sin embargo era más de lo que mi cerebro podía aceptar en ese momento.

"¿Sabes lo que significa 'diligencia debida'?", preguntó mi padre rico.

Sacudí la cabeza.

"La diligencia debida simplemente significa encontrar qué cosas son opiniones y cuáles son hechos. Cuando se trata de dinero, la mayoría de la gente es floja o busca atajos, así que no hacen suficiente 'diligencia debida'. Y también hay otras personas que tienen tanto miedo a cometer errores que todo lo que hacen es 'diligencia debida' y luego no hacen nada. Demasiada 'diligencia debida' también se llama 'parálisis del análisis'. El hecho es que tú debes saber cómo tamizar los hechos y las opiniones y luego tomar tu decisión. Como dije antes, la mayoría de la gente está en problemas financieros hoy en día simplemente porque han tomado demasiados atajos y están tomando las decisiones financieras de sus vidas con base en opiniones; a menudo las opiniones de un 'E' o un 'A', y no en los hechos. Si deseas convertirte en un 'D' o en un 'I', debes estar muy consciente de esa diferencia."

Yo no comprendí totalmente la lección de mi padre rico ese día y sin embargo pocas lecciones me han sido más útiles para conocer la diferencia entre hechos y opiniones, especialmente en lo que se refiere a manejar mi dinero.

Años después, a principios de la década de los noventa, mi padre rico vio el mercado de valores subir a niveles extraordinarios. Su único comentario fue:

"Eso es lo que ocurre cuando empleados bien pagados o personas que trabajan por su cuenta —gente con altos ingresos que paga cantidades excesivas de impuestos, se encuentra muy endeudada y sólo tienen activos de papel en su portafolios—, comienzan a ofrecer consejos sobre inversión. Millones están a punto de ser lastimados por seguir la opinión de personas que creen que conocen los hechos."

Warren Buffet, el más grande inversionista de los Estados Unidos, dijo una vez:

"Si usted está en un juego de póquer y después de 20 minutos no sabe quién será la víctima, usted será la víctima."

¿Por qué la gente tiene problemas financieros?

He escuchado recientemente que la mayoría de la gente permanecerá endeudada desde el día en que deje la escuela hasta el día que muera.

Ésta es la imagen financiera de un estadounidense promedio de clase media:

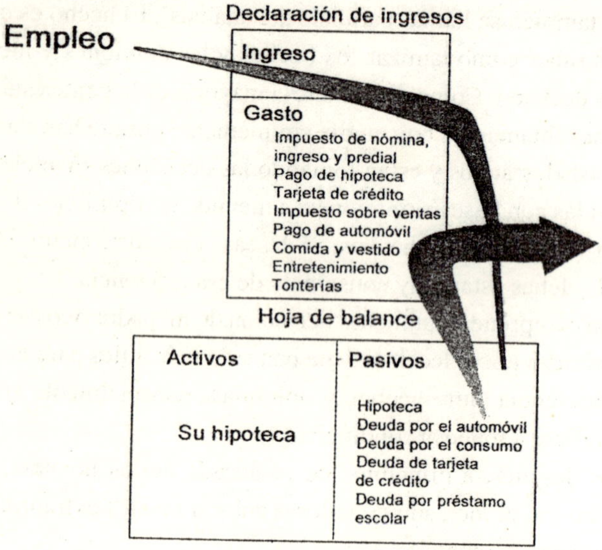

La hoja de balance de alguien más

Si usted comprende ahora el juego, puede darse cuenta de que esos pasivos enumerados deben aparecer en la hoja de balance de alguien más como se ilustra a continuación:

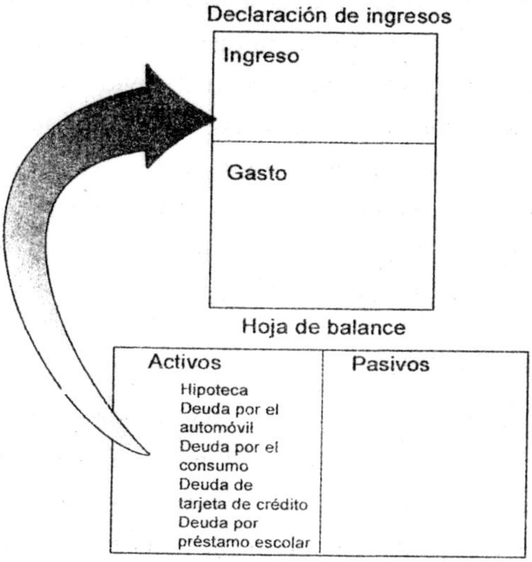

Siempre que usted escuche las palabras: "Bajo pago inicial, pagos mensuales fáciles", o: "No se preocupe, el gobierno le dará un incentivo fiscal por esas pérdidas", entonces usted conoce alguien que le está atrayendo con un señuelo hacia el juego. Si usted desea ser libre desde el punto de vista financiero debe ser un poco más listo que eso.

En el caso de la mayoría de la gente, nadie les debe. No tienen activos reales (cosas que pongan dinero en sus bolsillos)… y están frecuentemente endeudados con todos los demás. Ésa es la razón por la que se aferran a la seguridad de su empleo y tienen problemas financieros. Si no fuera por su trabajo, quedarían en bancarrota inmediatamente. Se ha dicho que el estadounidense promedio está a menos de tres cheques de sueldo de la bancarrota, sólo porque buscaron una vida mejor y fueron atropellados por el juego. La baraja estaba marcada en su contra. Ellos todavía piensan que su casa, su auto, sus palos de golf, sus vestidos, su casa de vacaciones y otras cosas semejantes son activos. Ellos creyeron lo que alguien más les dijo. Tuvieron que creerlo porque no pueden leer números financieros. No pueden distinguir los hechos de las opiniones. La mayoría de las personas van a la escuela y aprenden a ser jugadores en el juego, pero nadie les explicó el juego. Nadie les dijo que el nombre del juego es: "¿Quién está en endeudado con quién?" Y dado que nadie les dijo eso, son ellos quienes se endeudan con todos los demás.

El dinero es una idea

Espero que usted comprenda ahora los conceptos básicos del Cuadrante del flujo de dinero y sepa que el dinero en realidad es una idea que puede ser vista con mayor claridad por la mente que por los ojos. Aprender el juego del dinero y la manera en que se juega es una parte importante de su trayecto hacia la libertad financiera. Sin embargo, de mayor importancia es en quién necesita usted convertirse para pasar al lado derecho del Cuadrante del flujo de dinero. La segunda parte de este libro se enfoca en sacar lo mejor en usted mismo y en analizar la fórmula:

SER-HACER-TENER

Segunda parte

Sacar lo mejor de usted mismo

CAPÍTULO 7

Convertirse en quien usted es

"Lo que importa no es ser un desposeído", decía mi padre rico. "Lo que importa es quién eres. Sigue luchando y te convertirás en alguien. Renuncia a luchar y también te convertirás en alguien... pero no en la misma persona."

Los cambios por los que usted atraviesa

Para aquellos de ustedes que consideran la idea de pasar de la seguridad en el empleo a la seguridad financiera, todo lo que yo puedo ofrecer son palabras de aliento. Kim y yo necesitamos carecer de un hogar y estar desesperados antes de que yo encontrara el valor para salir adelante. Ése fue nuestro camino, pero definitivamente no tiene que ser el suyo. Como describí anteriormente, existen sistemas que pueden ayudarle a cruzar el puente hacia el lado derecho del Cuadrante.

Lo verdaderamente importante son los cambios por los que usted atraviesa internamente y en quién se convierte durante el proceso. Para algunas personas el proceso es sencillo. Para otras se trata de un viaje imposible.

El dinero es una droga

Mi padre rico siempre nos decía a Mike y a mí: "El dinero es una droga."

La principal razón por la que se rehusó a pagarnos mientras trabajamos para él fue porque no quería que nos volviéramos adictos a trabajar por dinero. "Si te vuelves adicto al dinero", decía, "es difícil romper esa adicción".

Cuando yo le llamaba desde California, siendo ya un adulto, para pedirle dinero, él no iba a romper el patrón que comenzó con Mike y conmigo cuando teníamos nueve años de edad. Él no nos dio dinero cuando éramos niños y no iba a comenzar a hacerlo entonces. En vez de ello continuó siendo duro y me guió para alejarme de la adicción de trabajar por dinero.

Él decía que el dinero era una droga porque había observado a gente que estaba contenta cuando tenía dinero y molesta o enfadada cuando no lo tenía. Al igual que los adictos a la heroína alucinan cuando se inyectan la droga, también se enfadan y se vuelven violentos cuando no la tienen.

"Sé cuidadoso con el poder adictivo del dinero", decía a menudo. "Una vez que te acostumbras a recibirlo, la adicción te mantiene vinculado a la manera en que lo conseguiste."

Para decirlo de otra manera, si usted recibe dinero como empleado, entonces usted tiende a acostumbrarse a la manera de adquirirlo. Si usted se acostumbra a generar dinero al ser un autoempleado, es a menudo difícil romper el vínculo a ganar el dinero de esa manera. Y si se acostumbra a los subsidios del gobierno, eso también se convierte en un patrón difícil de romper.

"La parte más difícil acerca de pasar del lado izquierdo al lado derecho es el vínculo que tienes con la manera en que has estado ganando dinero", decía mi padre rico. "Es más que interrumpir un hábito; se trata de romper con la adicción."

Ésa es la razón por la que él hacía énfasis en que Mike y yo nunca trabajáramos por el dinero. Él insistía en que aprendiéramos a crear nuestros propios sistemas como una manera de obtener dinero.

Los patrones

Lo más difícil para Kim y para mí al tratar de convertirnos en personas que generaran su ingreso del cuadrante "D" fue que todo nuestro condicionamiento anterior todavía nos retenía. Era muy difícil cuando nuestros amigos nos preguntaban: "¿Por qué están haciendo esto? ¿Por qué no consiguen un empleo?"

Era todavía más difícil porque había una parte de nosotros que también deseaba regresar a la seguridad del sueldo.

Mi padre rico nos explicó a Mike y a mí que el mundo del dinero era un gran sistema. Y nosotros como individuos aprendemos cómo comportarnos de acuerdo con ciertos patrones dentro de ese sistema. Por ejemplo:

Un "E" trabaja para el sistema.

Un "A" es el sistema.

Un "D" crea, posee y controla el sistema.

Un "I" invierte en el sistema.

El patrón al que se refería mi padre rico era el patrón en nuestro cuerpo, mente y alma, de cómo gravitábamos naturalmente en torno al tema del dinero.

"Cuando una persona siente la necesidad del dinero", explicaba mi padre rico, "un 'E' automáticamente buscará un empleo, un 'A' a menudo hará algo solo, un 'D' creará o adquirirá un sistema que produce dinero y un 'I' buscará una oportunidad para invertir en un activo que produce más dinero".

Por qué es difícil cambiar un patrón

"La razón por la que es difícil cambiar un patrón", decía mi padre rico, "es porque el dinero es esencial para la vida. En la era agrícola el dinero no era tan importante porque la tierra podía proporcionar comida, refugio, calor y agua sin dinero. Una vez que nos mudamos a las ciudades durante la era industrial, el dinero se convirtió en la vida misma. Hoy en día hasta el agua cuesta dinero".

Mi padre rico continuó explicando que cuando usted comienza a moverse de, digamos, el cuadrante "E" al cuadrante "D", la parte de usted que es adicta a ser un "E" o tiene miedo de que la vida terminará comienza a rebelarse y a luchar. Es como ahogar a una persona que comienza a pelear por aire, o como un hombre hambriento que comería cualquier cosa para sobrevivir.

"Es esa batalla que tiene lugar en tu interior lo que lo hace tan difícil. Es la batalla entre ése que tú ya no eres y ese otro en quien tú quieres convertirte, lo que constituye el problema", me explicó mi padre rico por teléfono. "La parte de ti mismo que todavía busca la seguridad está combatiendo a la parte de tu personalidad que desea la libertad. Sólo tú puede decidir cuál de ellos ganará. Tú crearás ese negocio o regresarás a buscar un trabajo para siempre."

Encuentre su pasión

"¿De verdad quieres seguir adelante?", me preguntó mi padre rico.

"¡Sí!", le dije apresuradamente.

"¿Has olvidado aquello que querías hacer? ¿Has olvidado tu pasión y lo que hizo que te metieras en este predicamento en un principio?", me preguntó mi padre rico.

"Oh", respondí, un poco sorprendido. Lo había olvidado. De manera que me quedé allí, en el teléfono público, aclarando mi mente de tal suerte que pudiera recordar qué cosa me condujo a ese desastre desde el principio.

"Lo sabía", dijo mi padre rico, mientras su voz resonaba en el teléfono. "Estás más preocupado acerca de tu supervivencia personal que en mantener vivo tu sueño. Tu miedo te ha hecho dejar de lado tu pasión. La mejor manera en que puedes seguir adelante es mantener viva la llama en tu corazón. Recuerda siempre qué querías hacer y el viaje será sencillo. Si te preocupas más acerca de ti mismo, tu miedo comenzará a comerse tu alma. La pasión crea negocios. No el miedo. Tú has llegado hasta este punto. Estás cerca, así que no regreses ahora. Recuerda lo que querías hacer al principio, mantén vivo ese recuerdo en tu corazón y mantén viva la llama. Siempre puedes renunciar, así que... ¿Por qué renunciar ahora?"

Dicho lo anterior, mi padre rico me deseó suerte y colgó el teléfono.

Él estaba en lo correcto. Yo había olvidado porqué me embarqué en ese viaje. Yo había olvidado mi sueño y había permitido que mis miedos me llenaran la cabeza, así como mi corazón.

Apenas unos años antes se filmó una película titulada *Flash Dance*. El tema musical decía algo así como: "Toma tu pasión y haz que ocurra."

Bien yo había olvidado mi pasión. Ése era el momento de hacer que ocurriera, o regresar a casa y olvidarme de ella. Me quedé allí durante un rato y nuevamente escuché las últimas palabras de mi padre rico: "Siempre puedes renunciar, así que... ¿por qué renunciar ahora?"

Decidí posponer mi renuncia hasta que hubiera hecho que las cosas ocurrieran.

Convertirme en un maestro que domina el sistema

Me quedé en la caseta telefónica después de que mi padre y yo cortamos la comunicación. Mis miedos y mi falta de éxito me estaban derrotando y mi sueño había sido hecho a un lado. Mi sueño de crear un tipo diferente de sistema escolar. Un programa educativo para personas que quisieran ser empresarios e inversionistas. Mientras estaba allí, mi mente vagó de regreso a mis días en la escuela preparatoria.

Cuando yo tenía 15 años de edad mi tutor de la preparatoria me preguntó "¿Qué vas a hacer cuando seas grande? ¿Vas a convertirte en un maestro como tu papá?"

Miré directamente a mi tutor y mi respuesta fue franca, sólida y llena de convicción: "Yo nunca seré un maestro. Convertirme en maestro sería lo último que yo haría."

No me disgustaba la escuela. La odiaba. Odiaba totalmente que me obligaran a sentarme y escuchar a alguien que no me gustaba o que yo no respetaba en particular y que hablaba durante meses sobre un tema en el que yo no tenía interés. Yo me impacientaba, me retorcía en mi asiento, causaba problemas en la parte de atrás del salón de clases, a menos que dejara de asistir a clases.

Así que cuando mi tutor me preguntó si yo estaba planificando estudiar una carrera y seguir los pasos de mi padre como maestro, casi me sacó de mis casillas.

Yo no sabía en aquella época que la pasión es una combinación de amor y odio. Yo amaba aprender, pero odiaba la escuela. Detestaba totalmente sentarme y ser programado para convertirme en algo que yo no quería ser. Yo no era el único.

Citas notables sobre la educación

Winston Churchill dijo una vez: "Siempre estoy listo para aprender, pero no siempre me gusta que me enseñen."

John Updike dijo: "Los padres fundadores de los Estados Unidos, en su sabiduría, decidieron que los hijos constituían una carga que no era natural para los padres. Así que crearon unas prisiones llamadas escuelas, equipadas con torturas llamadas educación."

Norman Douglas dijo: "La educación es la fabricación de ecos controlada por el Estado."

H. L. Mencken dijo: "Los días de la escuela, considero, son los más infelices en la duración total de la existencia humana. Están llenos de tareas insulsas e ininteligibles, ritos nuevos y desagradables y brutales violaciones al sentido común y la decencia común."

Galileo dijo: "Usted no puede enseñarle nada a una persona; tan sólo puede ayudarle a encontrar eso en su interior."

Mark Twain dijo: "Nunca permití que la escolaridad interfiriera con mi educación."

Albert Einstein dijo: "Hay demasiada educación, especialmente en las escuelas estadounidenses."

Un regalo de mi padre educado

La persona que compartió esas citas conmigo fue mi padre educado, pero pobre. Él también despreciaba el sistema escolar... a pesar de que le iba bien en él. Mi padre se convirtió en maestro porque soñaba con cambiar un sistema que tenía 300 años de antigüedad, pero en vez de lograrlo, el sistema lo aplastó. Él tomó su pasión, trató de cambiar el sistema y se estrelló contra un muro de ladrillos. Era un sistema en el que demasiadas personas estaban ganando dinero y nadie quería cambiarlo... a pesar de que se hablaba mucho acerca de la necesidad de cambio.

Quizá mi tutor escolar era un psíquico, porque efectivamente años después yo seguí los pasos de mi padre. Sin embargo, no lo seguí en el mismo sistema. Yo tomé la misma pasión y elaboré mi propio sistema. Por eso me quedé sin hogar. Mi pasión era crear un sistema educativo que enseñara a la gente de manera distinta.

Cuando mi padre educado supo que Kim y yo estábamos teniendo problemas financieros mientras hacíamos nuestro mejor esfuerzo para crear nuestro propio sistema educativo, nos envió esas citas. Garabateadas al principio de la página que contenía las citas estaban estas palabras:

"Sigan adelante. Los ama: Papá."

Hasta ese momento yo no sabía cuánto odiaba mi padre educado el sistema y lo que éste hacía a los jóvenes. La pasión que me estaba impulsando era la misma que había impulsado a mi padre anteriormente. Yo sólo era como mi verdadero padre y había recogido, sin saberlo, su antorcha. Yo era un maestro en lo más profundo... quizá es por eso que yo odiaba tanto al sistema.

Al mirar en retrospectiva, me he convertido en mis dos padres. De mi padre rico aprendí los secretos de ser capitalista. De mi padre educado heredé la pasión por la enseñanza. Y dada la combinación de mis dos padres, podía hacer algo acerca del sistema educativo. Yo no tenía el deseo ni la capacidad de cambiar el sistema actual. Pero tenía el conocimiento necesario para crear mi propio sistema.

Los años de entrenamiento comienzan a redituar

Durante varios años, mi padre rico me preparó para ser una persona que creara negocios y sistemas de negocios. El negocio que desarrollé en 1977 fue una compañía manufacturera. Fuimos una de las primeras compañías en producir las "carteras de playa" de nylon y velcro, de colores brillantes. Después de ese producto desarrollamos el "bolsillo de zapato", una cartera en miniatura, también hecha de nylon y velcro, que se sujetaba a las agujetas de los zapatos deportivos. En 1978, se puso de moda correr y los corredores siempre querían un lugar donde poner sus llaves, el dinero que llevaban o las tarjetas de identificación para el caso de que se lesionaran. Por eso diseñé el "bolsillo de zapato" y lo vendí en todo el mundo.

Nuestro éxito fue meteórico y fenomenal, pero pronto la pasión por la línea de productos y el negocio se disipó. Comenzó a debilitarse una vez que mi pequeña compañía comenzó a ser golpeada por la competencia extranjera. Países como Taiwán, Corea y Hong Kong enviaban productos idénticos al mío y estaban adueñándose de los mercados que habíamos desarrollado. Sus precios eran tan bajos que no había manera en que compitiéramos. Ellos vendían sus productos al menudeo a un precio inferior a nuestro costo de producción.

Nuestra pequeña compañía enfrentó un dilema: combatirlos o unirnos a ellos. Los socios se dieron cuenta de que no podíamos enfrentar a la competencia. Las compañías que estaban inundando el mercado con productos baratos eran demasiado fuertes. Se realizó una votación y decidimos unirnos a ellas.

Lo trágico fue que, para mantenernos a flote, teníamos que despedir a la mayoría de nuestros empleados, leales y trabajadores. Eso me rompió el corazón. Cuando fui a inspeccionar las nuevas fábricas con las que habíamos contratado la fabricación de nuestros productos en Corea y Taiwán, nuevamente me lastimé el alma. Las condiciones en que esos jóvenes empleados eran obligados a trabajar eran crueles e inhumanas. Vi a cinco trabajadores apiñados uno encima del otro, en un espacio en que nosotros sólo permitiríamos un obrero. Mi conciencia comenzó a torturarme profundamente. No sólo por los trabajadores que despedimos en los Estados Unidos, sino también por los trabajadores extranjeros que ahora estaban laborando para nosotros.

Aunque habíamos resuelto el problema financiero de la competencia extranjera y comenzamos a ganar mucho dinero, mi corazón ya no estaba en el negocio... y el negocio comenzó a empeorar. Su espíritu había desaparecido porque mi espíritu había desaparecido. Yo no quería volverme rico si eso implicaba explotar a tantos trabadores mal pagados. Comencé a pensar en educar a las personas para que se convirtieran en dueños de negocios, no en empleados de negocios. A la edad de 32 años comencé a convertirme en un maestro, pero no me di cuenta de ello en aquella época. El negocio comenzó a declinar, no debido a la carencia de sistemas, sino a que faltaba corazón, o pasión. Para la época en que Kim y yo comenzamos nuestra nueva incursión en los negocios, la compañía de las carteras había desaparecido.

La llegada de la reducción de personal

En 1983, fui invitado a dar una plática para una clase de la maestría en administración de empresas de la Universidad de Hawai. Les proporcioné mi opinión sobre la seguridad en el empleo. No les gustó lo que dije: "En unos cuantos años, muchos de ustedes perderán sus empleos, serán obligados a trabajar por cada vez menos dinero, con cada vez menos seguridad."

Dado que mi trabajo me hacía viajar por el mundo, fui testigo de primera mano del poder combinado de la mano de obra barata y las innovaciones tecnológicas. Comencé a darme cuenta de que un trabajador en Asia o Europa o Rusia o Sudamérica estaba realmente compitiendo con los trabajadores de los Estados Unidos. Yo sabía que la idea de un trabajo seguro y bien pagado para trabajadores y gerentes de nivel medio era una idea del pasado. Las grandes compañías pronto tendrían que hacer recortes, tanto en el número de personas que empleaban como en la cantidad de dinero que pagaban a sus empleados, tan sólo para ser capaces de competir globalmente.

Nunca me pidieron que volviera a la Universidad de Hawai. Unos años después el término "reducción de personal" se volvió una práctica estandarizada. Cada vez que una gran compañía se fusionaba con otra y que los trabajadores se volvían redundantes, ocurría una reducción de personal. Con cada reducción vi que la gente de arriba se volvía cada vez más rica y que la gente de abajo pagaba el precio.

Cada vez que escucho a alguien decir que envía a su hijo a una buena escuela para que obtenga un trabajo seguro, me estremezco. Estar preparado para un empleo es una buena idea en el corto plazo, pero no es suficiente en el largo plazo. De manera lenta, pero segura yo me estaba convirtiendo en un maestro.

Construya un sistema en torno a su pasión

Aunque mi compañía manufacturera logró recuperarse y marchaba bien nuevamente, mi pasión se había evaporado. Mi padre rico resumió mi frustración cuando dijo: "La etapa de aprendizaje ha terminado. Es el momento de crear un sistema alrededor de tu corazón. Construye un sistema en torno a tu pasión. Deja la compañía manufacturera y construye lo que tú sabes que debes construir. Has aprendido bien de mí, pero todavía eres el hijo de tu padre. Tú y tu padre son maestros, en lo profundo de su ser."

Kim y yo empacamos todo y nos mudamos a California para aprender nuevos métodos de enseñanza, de manera que pudiéramos crear un negocio en torno a esos métodos. Antes de que lográramos hacer despegar el negocio se nos terminó el dinero y nos vimos en la calle. Fue la llamada telefónica a mi padre rico, con mi esposa parada a mi lado, la ira contra mí mismo y la renovación de la pasión, lo que nos hizo salir del embrollo en que nos encontrábamos.

Pronto estuvimos de regreso, creando una compañía. Se trataba de una compañía educativa que utilizaba métodos de enseñan-
a casi exactamente opuestos a los que utilizan las escuelas tradi-
ionales. En vez de pedir que los estudiantes se sentaran en silen-
io, los alentábamos a mantenerse activos. En vez de enseñar por
medio de una lección, enseñamos por medio de juegos. En vez de
ue los maestros sean aburridos, insistimos en que nuestros maes-
os sean divertidos. En vez de maestros, buscamos hombres de
egocios que realmente hayan creado sus propias compañías y les
ostramos nuestro estilo para enseñar. En vez de calificar a los
tudiantes, estos calificaban al maestro. Si el maestro obtenía
a mala calificación, el maestro era sometido a otro programa de
trenamiento intensivo o lo despedimos.

La edad, los antecedentes educativos, el sexo y las creencias
igiosas no son criterios de selección. Todo lo que pedimos era

un deseo sincero de aprender y de aprender rápidamente. Eventualmente fuimos capaces de enseñar en un día lo que se aprendería en un año de contabilidad.

Aunque principalmente enseñamos a adultos, teníamos a muchos jóvenes, algunos de 16 años de edad, que aprendían al lado de ejecutivos de negocios bien instruidos y bien pagados de 60 años de edad. En vez de competir en las pruebas, les pedimos que cooperaran en equipos. Luego hicimos que el equipo que presentara la prueba compitiera contra otros que presentaran la misma prueba. En vez de esforzarse por conseguir calificaciones, apostamos dinero. Los ganadores obtenían todo. La competencia y el deseo de tener un buen desempeño de equipo fueron feroces. El maestro no tenía que motivar a su grupo. El maestro sólo tenía que hacerse a un lado una vez que la competencia por el aprendizaje se iniciara. En vez de estar en silencio durante las pruebas, había gritos, risas y lágrimas. La gente estaba emocionada acerca del aprendizaje. Estaban "excitados" por el aprendizaje... y querían aprender más.

Nos enfocamos en la enseñanza de dos materias: pensamiento empresarial e inversión. El lado de "D" e "I" del Cuadrante. Las personas que deseaban aprender esos temas de acuerdo con nuestro estilo de educación se presentaron "en manada". No pusimos anuncios de publicidad. Todo se difundió de boca en boca. La gente que se presentó era gente que quería crear empleos, no gente que estaba buscando empleo.

Una vez que tomé la decisión de no renunciar esa noche en la caseta telefónica, las cosas comenzaron a avanzar. En menos de cinco años teníamos un negocio multimillonario con 11 oficinas en todo el mundo. Habíamos construido un nuevo sistema educativo y le gustaba al mercado. Nuestra pasión hizo que las cosas ocurrieran, debido a que la pasión y un buen sistema superaron el miedo y la programación previa.

Un maestro puede ser rico

Siempre que escucho a los maestros que dicen que no se les paga lo suficiente, siento simpatía por ellos. Lo irónico es que ellos son un producto de la programación de su propio sistema. Ellos consideran ser maestros desde el punto de vista del cuadrante "E", en vez de los cuadrantes "D" o "I". Recuerde que usted puede ser lo que desea ser en cualquier cuadrante… incluso un maestro.

Podemos ser cualquier cosa que deseemos

La mayoría de nosotros tiene el potencial para ser exitoso en todos los cuadrantes. Todo depende en qué tan decididos estemos a ser exitosos. Como decía mi padre rico: "La pasión construye negocios. El miedo no."

El problema de cambiar cuadrantes se encuentra frecuentemente en nuestro condicionamiento previo. Muchos de nosotros provenimos de familias donde la emoción del miedo fue utilizada como un medio de motivación primario para hacernos pensar y actuar de cierta manera. Por ejemplo:

"¿Hiciste tu tarea? Si no haces tu tarea, vas a reprobar en la escuela y tus amigos se reirán de ti."

"Si sigues haciendo muecas, tu cara va a quedarse congelada en esa posición."

Y el clásico "Si no obtienes buenas calificaciones no vas a obtener un trabajo seguro con beneficios."

Bien, actualmente muchas personas han obtenido buenas calificaciones, pero existen menos trabajos seguros con aún menos beneficios, como planes de jubilación. De manera que mucha gente, incluso aquellos que tenían buenas calificaciones, necesitan "atender sus propios negocios" y no solamente buscar un trabajo donde atender el negocio de alguien más.

El lado izquierdo es riesgoso

Conozco a muchos amigos que todavía buscan la seguridad en un empleo o posición. Irónicamente, la tecnología continúa avanzando a un ritmo cada vez más veloz. Para mantenerse al día en el mercado laboral, cada persona necesitará ser capacitada constantemente en lo relacionado con la tecnología más reciente. Si usted va a ser reeducado de cualquier manera, ¿por qué no pasar algún tiempo educándose a sí mismo en las aptitudes necesarias para el lado derecho del Cuadrante? Si la gente pudiera ver lo que yo veo cuando viajo por el mundo, no estaría buscando más seguridad. La seguridad es un mito. Aprenda algo y enfréntese con este mundo nuevo y espléndido. No se esconda de él.

También es riesgoso ser una persona autoempleada, en mi opinión. Si ellos se enferman, son lastimados o mueren, su ingreso recibe un impacto directo. Conforme me vuelvo más viejo, he conocido más personas autoempleadas de mi edad que han sido consumidas física, mental y emocionalmente por su duro trabajo. Mientras más fatiga soporte una persona, menos segura está y el riesgo de que sufra un accidente también se incrementa.

El lado derecho es más seguro

Lo irónico es que la vida es en realidad más segura en el lado derecho del Cuadrante. Por ejemplo, si usted tiene un sistema seguro que produce más y más dinero con menos y menos trabajo, entonces en realidad no necesita un empleo, ni necesita preocuparse por perder su empleo o porque necesite ajustar su nivel de vida de acuerdo a sus medios. En vez de ajustar su nivel de vida de acuerdo con sus medios, expanda sus medios. Para ganar más dinero, simplemente expanda su sistema y contrate a más personas.

Las personas que son inversionistas de alto nivel no están preocupadas acerca de si el mercado sube o baja, porque saben que su conocimiento les permitirá ganar dinero en ambos casos. Si existiera un *crack* en el mercado o una depresión en los próximos 30 años, muchas personas de la generación nacida en la posguerra sentirían pánico y perderían gran parte del dinero que han ahorrado para su retiro. Si eso ocurre cuando sean viejos, en vez de retirarse tendrán que trabajar por tanto tiempo como puedan.

En lo que se refiere al miedo a perder dinero, los inversionistas profesionales son personas que arriesgan poco dinero propio y que aún así logran obtener los réditos más altos. Son las personas que saben poco acerca de la inversión quienes asumen riesgos y obtienen los menores réditos. Desde mi punto de vista, todo el riesgo se encuentra en el lado izquierdo del Cuadrante.

Por qué es más riesgoso el lado izquierdo

"Si no puedes leer los números, entonces debes aceptar la opinión de alguien más", decía mi padre rico. "En el caso de la compra de una casa, tu padre sólo acepta *ciegamente* la opinión de su banquero de que la casa es un activo."

Tanto Mike como yo notamos su énfasis en la palabra "ciegamente".

"La mayoría de la gente del lado izquierdo en realidad no necesita ser muy buena en lo que se refiere a los números financieros. Pero si tú deseas ser exitoso en el lado derecho del Cuadrante, entonces los números se convierten en tus ojos. Los números te permiten ver lo que la mayoría de la gente no ve", siguió diciendo mi padre rico.

"Quieres decir como la visión de rayos equis de Superman", dijo Mike.

Mi padre rico asintió. "Exactamente", dijo. "La capacidad de leer números, sistemas financieros y sistemas de negocio te proporciona una visión que los meros mortales no tienen." Entonces se rió de esa tontería. "Tener visión financiera disminuye tu riesgo. Ser ciego desde el punto de vista financiero incrementa el riesgo. Pero tú sólo necesitas esa visión si quieres operar en el lado derecho del Cuadrante. De hecho, las personas del lado izquierdo del Cuadrante piensan en palabras y para ser exitoso en el lado derecho, especialmente en el cuadrante 'I', debes pensar en números... no en palabras. Es realmente riesgoso tratar de ser un inversionista y al mismo tiempo pensar de manera predominante en palabras."

"¿Estás diciendo que las personas del lado izquierdo del Cuadrante no necesitan saber acerca de números financieros?", pregunté.

"Para la mayoría de ellos eso es correcto", dijo mi padre rico. "En tanto estén contentos al operar estrictamente en los confines de ser un 'E' o un 'A', entonces los números que aprenden en la escuela son adecuados. Pero si quieren sobrevivir en el lado derecho, la comprensión de números y sistemas financieros resulta crucial. Si tú deseas crear un pequeño negocio, no necesitas dominar los números. Pero si quieres crear un gran negocio a nivel mundial, los números son todo. No las palabras. Es por eso que tantas grandes compañías son frecuentemente dirigidas por cuentachiles."

Mi padre rico continuó su lección: "Si tú deseas ser exitoso en el lado derecho, en lo que se refiere al dinero, tienes que conocer la diferencia entre los hechos y las opiniones. No puedes aceptar ciegamente el consejo financiero de la manera en que lo aceptan las personas del lado izquierdo. Debes conocer tus números. Debes conocer los hechos. Y los números te dicen los hechos."

¿Quién paga para asumir el riesgo?

"Además de que el lado izquierdo es riesgoso, las personas en ese lado pagan por asumir el riesgo", dijo mi padre rico.

"¿Qué quieres decir con ese último comentario?", le pregunté. "¿No pagan todos por asumir los riesgos?"

"No", dijo mi padre rico. "No en el lado derecho."

"¿Estás tratando de decirme que las personas en el lado izquierdo pagan por asumir riesgos y a las personas en el lado derecho les pagan por asumir los riesgos?"

"Eso es exactamente lo que quiero decir", dijo mi padre rico, sonriendo. "Ésa es la mayor diferencia entre el lado izquierdo y el lado derecho. Ésa es la razón por la que el lado izquierdo es más riesgoso que el derecho."

"¿Puedes darme un ejemplo?", le pregunté.

"Seguro", dijo mi padre rico. "Si compras acciones de una compañía, ¿quién asume el riesgo financiero? ¿Tú o la compañía?"

"Creo que yo", le dije, aún confundido.

"Y si yo soy una compañía de seguros médicos y aseguro tu salud y asumo el riesgo de tu salud, ¿te pago?"

"No", le dije. "Si aseguran mi salud y asumen el riesgo, yo pago por ello."

"Así es", dijo mi padre rico. "Todavía no he encontrado una compañía de seguros que asegure tu salud o te asegure contra accidente y que te pague por ese privilegio. Pero eso es lo que hace la gente en el lado izquierdo."

"Es un poco desconcertante", dijo Mike. "Y todavía no tiene sentido."

Mi padre rico sonrió. "Una vez que comprendas mejor el lado derecho, comenzarás a ver las diferencias más claramente. La mayoría de la gente no sabe que hay una diferencia. Ellos dan por sentado que todo es riesgoso... y pagan por ello. Pero conforme pasen los años y tú estés más cómodo con tu experiencia y educación en el lado derecho del Cuadrante, tu visión mejorará y comenzarás a ver lo que la gente del lado izquierdo no puede ver. Y comprenderás por qué la búsqueda de seguridad para evitar el riesgo es la cosa más riesgosa que puedes hacer. Desarrollarás tu propia visión financiera y no tendrás que aceptar las opiniones de otras personas simplemente porque tienen como título de su empleo el de banquero, corredor de bolsa, o contador, o lo que sea. Tú serás capaz de ver por ti mismo y conocerás la diferencia entre los hechos financieros y las opiniones financieras."

Era un buen día. De hecho, ésa fue una de las mejores lecciones que puedo recordar. Fue importante porque comenzó a abrir mi mente a las cosas que mis ojos no podían ver.

Los números reducen el riesgo

Sin esas sencillas lecciones de mi padre rico, dudo que yo pudiera haber retomado mi pasión y creado el sistema educativo de mis sueños. Sin su insistencia en la educación y la precisión financiera, sé que no hubiera podido invertir tan sabiamente, con tan poco de mi propio dinero y obtenido tan altos réditos. Yo siempre recordé que mientras más grande sea el proyecto y más rápido quiera usted tener éxito, más preciso necesitará ser. Si usted quiere volverse rico lentamente o sólo trabajar toda su vida y dejar que alguien más maneje su dinero, entonces no necesita ser tan preciso. Mientras más rápido desee enriquecerse, más precisos deben ser los números que usted necesita.

La buena noticia es que debido a los avances de la tecnología y a los nuevos productos, es mucho más fácil hoy en día aprender las aptitudes necesarias para construir su propio sistema y desarrollar rápidamente su educación financiera.

Usted puede ir rápido... pero no tome atajos

"Para reducir sus impuestos, compre una casa más grande y húndase profundamente en la deuda, de manera que pueda obtener un gran crédito fiscal."

"Su casa debe ser su inversión más grande."

"Es mejor que compre ahora porque los precios siempre van a subir."

"Vuélvase rico lentamente."

"Viva de acuerdo con sus medios."

Si usted dedica el tiempo necesario para estudiar y aprender las materias necesarias en el lado derecho del Cuadrante, esas afirmaciones no tendrán mucho sentido. Quizá tengan sentido para alguien en el lado izquierdo del Cuadrante, pero no para alguien en el lado derecho. Usted puede hacer cualquier cosa que guste, ir tan rápidamente como guste, ganar tanto dinero como usted guste, pero tiene que pagar un precio. Usted puede ir rápidamente, pero recuerde, no existen atajos.

Este libro no es acerca de respuestas. Este libro considera los retos y objetivos financieros desde un punto de vista diferente. No se trata de que un punto de vista sea mejor que otro; es simplemente más inteligente tener más de un punto de vista.

Al leer los capítulos siguientes, usted puede comenzar a considerar las finanzas, los negocios y la vida desde un punto de vista diferente.

Capítulo 8

¿Cómo me vuelvo rico?

Cuando me preguntan donde aprendí mi fórmula para volverme rico, les respondo: "Jugando el juego de *Monopolio* cuando era niño."

Algunas personas piensan que estoy bromeando y otras esperan una frase que remate lo anterior, como si se tratara de un chiste. Sin embargo, no se trata de un chiste y no estoy bromeando. La fórmula para volverse rico en *Monopolio* es sencilla y funciona en la vida real tan bien como en el juego.

Cuatro casas verdes... un hotel rojo

Quizá usted recuerde que el secreto para lograr la riqueza en el *Monopolio* es simplemente comprar cuatro casas verdes y luego intercambiarlas por un gran hotel rojo. Eso es todo lo que se necesita y es la misma fórmula de inversión que mi esposa y yo usamos.

Cuando el mercado de bienes raíces marchaba mal, compramos tantas casas pequeñas como pudimos con el limitado dinero que teníamos. Cuando el mercado mejoró, intercambiamos las cuatro casas verdes y compramos un gran hotel rojo. Nunca tuvimos que trabajar porque el flujo de efectivo de nuestro gran hotel rojo, casas de apartamentos y mini almacenes, sufragó nuestro estilo de vida.

También funciona para las hamburguesas

O si a usted no le gustan los bienes raíces, todo lo que tiene que hacer es cocinar hamburguesas, crear un negocio en torno a esa hamburguesa y vender franquicias. Al cabo de unos pocos años el creciente flujo de efectivo le proporcionará más dinero del que usted pueda gastar.

En realidad, así de sencillo puede ser el camino hacia una riqueza extraordinaria. Sin embargo, desafortunadamente en lo que se refiere al tema del dinero, el sentido común no es común.

Por ejemplo, para mí no tiene sentido dar incentivos fiscales a la gente con el fin de que pierdan dinero y pasen sus vidas endeudados. O considerar su casa como un activo cuando en realidad es un pasivo que le hace perder efectivo de manera cotidiana. O tener un gobierno nacional que gasta más dinero del que recolecta por impuestos. O mandar a un hijo a la escuela a estudiar con la esperanza de que obtendrá un empleo, pero no enseñarle a ese hijo nada acerca del dinero.

Es fácil hacer lo que los ricos hacen

Hacer lo que hacen los ricos es fácil. Una de las razones por las que hay tantas personas ricas que no tuvieron un buen desempeño en la escuela es porque la parte "por hacer" de convertirse en rico es sencilla. Usted no tiene que acudir a la escuela para volverse rico. La parte "por hacer" de volverse rico definitivamente no es ciencia avanzada.

Existe un libro clásico que siempre recomiendo: *Think and Grow Rich (Piense y vuélvase rico)*, de Napolean Hill. Yo leí ese libro en mi juventud e influyó en gran medida la dirección de mi vida. De hecho, fue mi padre rico quien me recomendó que leyera ese libro y otros similares.

Existe una buena razón por la que el libro se titula *Piense y vuélvase rico*, y no *Trabaje duro y vuélvase rico*, o bien *Consiga un empleo y vuélvase rico.* El hecho es que las personas que trabajan más duro no terminan siendo ricas. Si usted quiere ser rico, necesita "pensar". Pensar de manera independiente, en vez de seguir a la multitud. En mi opinión, un gran activo de los ricos es que piensan de manera diferente a todos los demás. Si usted hace lo que todos los demás hacen, usted terminará teniendo lo que todos los demás tienen. Y para la mayoría de la gente, lo que tienen son años de trabajo duro, impuestos injustos y una deuda de toda la vida.

Cuando alguien me pregunta lo que tiene que hacer para transitar del lado izquierdo del Cuadrante al lado derecho, mi respuesta es: "No es lo que usted tiene que 'hacer' lo que necesita cambiar. Es primero cómo 'piensa' usted lo que necesita cambiar. En otras palabras, es quién tiene usted que 'ser', con el fin de 'hacer' lo que necesita hacerse."

¿Quiere usted ser la clase de persona que piensa que comprar cuatro casas verdes y cambiarlas por un hotel rojo es fácil? ¿O quiere usted ser la clase de persona que piensa que comprar cuatro casas verdes e intercambiarlas por un hotel rojo es difícil?

Hace algunos años yo me encontraba en una clase sobre fijación de metas. Estábamos a mediados de la década de los setenta y yo no podía creer que estaba gastando 150 dólares en un sábado y domingo bellísimos para aprender cómo fijar metas. Hubiera preferido ir a deslizarme sobre las olas. En vez de ello yo estaba pagándole a alguien para que me enseñara a fijar metas. Estuve muy cerca de retirarme varias veces, pero lo que aprendí de esa clase me ha ayudado a lograr lo que yo deseaba en la vida.

La instructora escribió en el pizarrón estas tres palabras:

SER – HACER – TENER

A continuación dijo: "Las metas son la parte de 'tener' de esas tres palabras. Metas como tener un buen cuerpo, o tener la relación perfecta, o tener millones de dólares, o tener buena salud, o ser famoso. Una vez que la gente descubre lo que desea tener, su meta, comienzan a escuchar lo que tienen 'que hacer'. Esa es la razón por la que la mayoría de la gente tiene listas de cosas 'por hacer'. Ellos fijan su meta y luego comienzan a 'hacer'."

Ella utilizó primero la meta de tener un cuerpo perfecto. "Lo que la mayoría de la gente hace cuando desea tener un cuerpo perfecto es someterse a una dieta y luego va al gimnasio. Eso dura unas cuantas semanas y luego la mayoría vuelve a la vieja dieta de pizza y papas fritas y en lugar de ir al gimnasio miran el béisbol por la televisión. Éste es un ejemplo de 'hacer' en vez de 'ser'."

"No es la dieta lo que cuenta; es quién tiene usted que ser para seguir la dieta lo que cuenta. Sin embargo, cada año millones de personas buscan la dieta perfecta, con el fin de adelgazar. Se enfocan en lo que tienen que hacer, en vez de en quién tienen que ser. Una dieta no le ayudará si sus pensamientos no cambian."

Ella utilizó el golf como otro ejemplo: "Muchas personas compran un nuevo juego de palos de golf con la esperanza de que podrán mejorar su juego, en vez de comenzar con la actitud, la mentalidad y las creencias del golfista profesional. Un mal jugador de golf con un nuevo juego de palos de golf es aún un mal jugador de gol."

A continuación se refirió a las inversiones: "Muchas personas creen que comprar acciones o unidades de fondos de inversión les hará ricos. Bien, simplemente comprar acciones, unidades de fondos de inversión, bienes raíces y obligaciones no le harán volverse rico. Hacer sólo lo que hacen los inversionistas profesionales no le garantizará el éxito financiero. Una persona que tiene una mentalidad perdedora siempre perderá sin importar qué acción, obligación, propiedad inmobiliaria o fondo de inversión adquiera."

En seguida utilizó un ejemplo sobre encontrar a la pareja romántica perfecta: "Mucha gente va a los bares o al trabajo o a la iglesia en busca de la persona perfecta, la persona de sus sueños. Eso es lo que 'hacen'. Lo que 'hacen' es ir y buscar a la 'persona correcta' en vez de trabajar en 'convertirse en la persona correcta'".

He aquí uno de sus ejemplos acerca de relaciones: "En el matrimonio, muchas personas tratan de cambiar a la otra persona con el fin de tener un mejor matrimonio. En vez de tratar de cambiar a la otra persona, lo que a menudo conduce a pleitos, es mejor tratar de cambiar usted mismo", dijo. "No trabaje en la otra persona; trabaje en sus pensamientos sobre la otra persona."

Conforme hablaba sobre relaciones, mi mente divagó acerca de la gran cantidad de gente que he conocido a lo largo de los años que deseaba "cambiar al mundo" pero que no llegaba a ninguna parte. Ellos deseaban cambiar a todos los demás, pero no deseaban cambiar ellos mismos.

Para su ejemplo sobre el dinero, dijo: "Y en lo que se refiere al dinero, muchas personas tratan 'de hacer' lo que hacen los ricos y 'de tener' lo que tienen los ricos. Así que salen y compran una casa que parece de rico, un automóvil que parece de rico y mandan a sus hijos a las escuelas a las que los ricos mandan a sus hijos. Todo lo que esto origina es que estas personas 'para hacer' tengan que trabajar más duro y 'para tener' incurran en más deuda, lo que les hace trabajar todavía más duro... lo cual es algo que un verdadero rico no hace."

Yo asentía en la parte posterior del salón. Mi padre rico no utilizó esas mismas palabras para explicar las cosas, pero a menudo me decía: "La gente piensa que al trabajar más duro para ganar dinero y luego comprar cosas que les hacen parecer ricos, los hará ricos. En la mayoría de los casos no es así. Eso sólo les hace estar más cansados. Ellos le llaman 'seguir el paso de los Jones' y si lo adviertes, los Jones están agotados."

Durante esa clase de fin de semana, mucho de lo que mi padre rico me había estado diciendo comenzó a tener más sentido. Durante muchos años vivió en forma modesta. En vez de trabajar duro para pagar sus cuentas, trabajó duro para adquirir activos. Si lo veía usted en la calle, parecía como cualquier otra persona. Manejaba una camioneta de carga, no un auto lujoso. Y un día, cuando estaba cerca de cumplir 40 años, emergió como una gran fuerza financiera. La gente se dio cuenta cuando él adquirió repentinamente una de las propiedades inmobiliarias más importantes de Hawai. Después de que su nombre apareció en el periódico, la gente se dio cuenta de que este hombre discreto y sin pretensiones era dueño de muchos otros negocios, muchas propiedades inmobiliarias y que cuando él hablaba, sus banqueros escuchaban. Casi todos vieron la modesta casa en que vivía. Una vez que estaba cubierto de dinero y que el efectivo fluía de sus activos, adquirió una gran casa nueva para su familia. No pidió dinero prestado. Pagó en efectivo.

Después de esa clase de fin de semana sobre fijación de metas, me di cuenta de que muchas personas tratan de "hacer" lo que ellos creían que hacían los ricos y de "tener" lo que los ricos tenían. A menudo compraban grandes casas e invertían en el mercado bursátil porque eso es lo que ellos creían que hacían los ricos. Sin embargo, lo que mi padre rico estaba tratando de decirme era que aunque ellos todavía pensaran y tuvieran las creencias e ideas de una persona pobre o de una persona de clase media y a continuación hicieran lo que los ricos hacían, seguirían teniendo lo que tienen los pobres y lo que tiene la clase media. "Ser-hacer-tener" comenzó a tener sentido.

El Cuadrante del flujo de dinero es acerca del ser... no del hacer

El tránsito del lado izquierdo del Cuadrante al lado derecho no se relaciona tanto con "hacer", sino con "ser".

No es tanto lo que el "D" o el "I" hacen lo que constituye la diferencia; es más la manera en que piensan. Quiénes son en su ser más profundo.

La buena noticia es que no se necesita mucho dinero para cambiar su forma de pensar. De hecho, usted puede hacerlo gratis. La mala noticia es que en ocasiones es difícil cambiar algunos conceptos profundamente arraigados acerca del dinero que son transmitidos de generación en generación, o pensamientos que usted ha aprendido de sus amigos, del trabajo y de la escuela. Sin embargo, es posible hacerlo. Y de eso trata principalmente este libro. No es tanto un "libro sobre cómo hacer", sobre "qué hacer" para volverse libre desde el punto de vista financiero. Este libro no trata sobre qué acciones comprar, o qué fondo de inversión es el más seguro. Este libro trata primordialmente sobre el fortalecimiento de sus pensamientos (ser), de manera que usted pueda realizar acciones (hacer) que le permitirán volverse libre desde el punto de vista financiero (tener).

La seguridad es lo que le importa a los "E"

Como una generalización, la gente que busca el cuadrante "E", en lo que se refiere al dinero, a menudo aprecia mucho la seguridad. Para ellos, es verdad que el dinero no es tan importante como la seguridad. Es posible que corran grandes riesgos en otras áreas de sus vidas, como el deporte de lanzarse en paracaídas, pero no en lo que se refiere al dinero.

El perfeccionismo es lo que le importa a los "A"

Nuevamente, se trata de una generalización... sin embargo lo que he observado entre las personas que actualmente se encuentran en el cuadrante "A", pero que desean cambiar del lado izquierdo del Cuadrante al lado derecho, es la mentalidad de "hágalo usted mismo". Les gusta la idea de "hágalo usted mismo" porque a menudo tienen la necesidad de asegurarse que las cosas se hacen de la manera "correcta". Y dado que tienen muchos problemas para encontrar a alguien que las haga "correctamente", lo hacen por sí mismos.

Para muchos "A", lo que verdaderamente importa es el control. Necesitan tener el control. Aborrecen cometer errores. Lo que odian más es que alguien más cometa errores y les haga verse mal. Ésa es la razón que les hace ser excelentes "A" y la razón por la que usted los contrata para realizar ciertas tareas. Usted desea que su dentista sea un perfeccionista. Usted desea que su abogado sea un perfeccionista. Usted desea que su neurocirujano sea un perfeccionista. Usted desea que su arquitecto sea un perfeccionista. Ésa es la razón por la que usted les paga. Ésa es su fortaleza. Ésa también es su debilidad.

Inteligencia emocional

Una gran parte del individuo consiste en ser un humano. Y ser un humano significa tener emociones. Todos tenemos las mismas emociones. Todos tenemos miedo, tristeza, ira, amor, odio, decepción, alegría, felicidad y otras emociones. Lo que nos hace individuos es cómo manejamos esas emociones.

Cuando se trata de arriesgar dinero, todos experimentamos miedo... incluso los ricos. La diferencia es cómo manejamos ese miedo. Para muchas personas, esa emoción de miedo genera el pensamiento: "Juega a lo seguro, no corras riesgos."

Para otros, especialmente aquéllos en el lado derecho, el miedo a perder dinero puede hacerlos concebir esta idea: "Juega de manera inteligente. Aprende a manejar el riesgo."

La misma emoción, pero una idea diferente... ser diferente... hacer diferente... tener diferente.

El miedo a perder dinero

En mi opinión, la causa más importante de las dificultades financieras humanas es el miedo a perder dinero. Y debido a ese miedo, la gente a menudo opera demasiado a lo seguro, o con demasiado control personal, o simplemente le dan su dinero a alguien más que consideran un experto y esperan y rezan porque ese dinero estará disponible cuando lo necesiten.

Si el miedo le mantiene como prisionero de uno de los cuadrantes financieros, le recomiendo leer *Emotional Intelligence (Inteligencia emocional)*, de Daniel Goleman. En su libro, Goleman explica el antiguo acertijo de por qué la gente que tiene un buen desempeño académico en la escuela no siempre tiene un buen desempeño financiero en el mundo real. Su respuesta es que el *coeficiente intelectual* (IQ) emocional es más poderoso que el *coeficiente intelectual* académico. Ésa es la razón por la que la gente que corre riesgos, comete errores y se recupera a menudo tiene mejor desempeño que la gente que ha aprendido a no cometer errores porque tenían miedo del riesgo. Muchas personas abandonan la escuela con calificaciones aprobatorias y sin embargo no están preparadas emocionalmente para correr riesgos... especialmente riesgos financieros. La razón por la que tantos maestros no son ricos es porque operan en un ambiente que castiga a la gente que comete errores y ellos mismos son frecuentemente personas que tienen miedo emocional a cometer errores. En vez de ello, para ser libres desde el punto de vista financiero, necesitamos aprender cómo cometer errores y administrar el riesgo.

Si la gente pasa su vida aterrada ante la idea de perder dinero, temerosa de hacer cosas de manera diferente a la multitud, entonces volverse rico es casi imposible, incluso si es tan sencillo como comprar cuatro casas verdes e intercambiarlas por un gran hotel rojo.

El IQ emocional es más poderoso

Después de leer el libro de Goleman me di cuenta de que el coeficiente intelectual financiero es 90% IQ emocional y sólo 10% información técnica sobre finanzas o dinero. Goleman cita al humanista del siglo XVI, Erasmo de Rotterdam, quien escribió un texto satírico sobre la tensión perenne entre la razón y la emoción. En su texto, él utilizó una proporción de 24 a uno para comparar el poder del cerebro emocional con el del cerebro racional. En otras palabras, cuando las emociones están a toda velocidad, las emociones son 24 veces más poderosas que la mente racional. Ahora bien, yo no sé si la proporción es válida, pero tiene cierta utilidad como referencia sobre el poder del pensamiento emocional contra el pensamiento racional.

24:1

Cerebro emocional: Cerebro racional

Todos nosotros hemos experimentado acontecimientos en nuestras vidas cuando nuestras emociones fueron más fuertes que nuestros pensamientos racionales. Estoy seguro que la mayoría de nosotros ha:

1. Dicho algo al calor de la ira que más tarde deseamos no haber afirmado.
2. Sido atraído hacia alguien que sabíamos que no era bueno para nosotros... pero a pesar de ello salimos con esa persona, o peor aún, nos casamos con ella.

3. Llorado, o visto a alguien llorar incontrolablemente, debido a la pérdida de un ser amado.
4. Hecho algo intencionalmente para lastimar a alguien que amamos debido a que nos han lastimado.
5. Tenido el corazón roto y no lo ha superado por un largo período.

Ésos son sólo unos cuantos ejemplos de emociones que son más poderosas que el pensamiento racional.

Existen ocasiones en que las emociones son más que 24:1 y ésas son frecuentemente denominadas:

1. Adicciones, como comer de manera compulsiva, fumar, practicar el sexo, comprar, ingerir drogas.
2. Fobias, como el miedo a las serpientes, a las alturas, a los lugares cerrados, a la oscuridad, a los extraños.

Ésas y otras conductas son impulsadas a menudo al 100% por nuestras emociones. El pensamiento racional tiene poco poder sobre el pensamiento emocional cuando se relaciona con algo tan fuerte como las adicciones o las fobias.

La fobia a las serpientes

Cuando yo estaba en la escuela de vuelo, tenía un amigo que tenía fobia a las serpientes. Durante una clase sobre cómo sobrevivir en la naturaleza después de haber sido derribados, el maestro sacó una inofensiva serpiente de jardín para mostrarnos cómo comerla. Mi amigo, un hombre adulto, saltó, gritó y se precipitó fuera de la habitación. Él no podía controlarse a sí mismo. No sólo era fuerte su fobia a las serpientes, sino que la idea de comer una serpiente era mucho más de lo que sus emociones podían soportar.

Fobia al dinero

Cuando se trata de arriesgar dinero, he visto a personas que hacen lo mismo. En vez de averiguar acerca de las inversiones, ellos simplemente saltan, gritan y salen corriendo de la habitación.

En lo que se refiere al tema del dinero, existen muchas fobias emocionales profundas... demasiadas como para mencionarlas. Yo las tengo. Usted las tiene. Todos las tenemos. ¿Por qué? Porque nos guste o no, el del dinero es un tema emocional. Y como se trata de un tema emocional, la mayoría de la gente no puede pensar lógicamente acerca del dinero. Si usted no piensa que el del dinero es un tema emocional, tan sólo observe el mercado de valores. En la mayoría de los mercados no hay lógica... sólo las emociones de codicia y temor. O tan sólo observe a la gente al subir a un coche nuevo y déjelos oler el interior de cuero. Todo lo que el vendedor tiene que hacer es suspirar esas palabras mágicas al oído: "Bajo pago inicial, fáciles pagos mensuales" y la lógica pasa a segundo término.

Los pensamientos emocionales suenan lógicos

El problema con los pensamientos emocionales básicos es que suenan lógicos. Para alguien en el cuadrante "E", cuando la emoción del miedo está presente, el pensamiento lógico es: "Juega a lo seguro, no corras riesgos." Para alguien en el cuadrante "I", sin embargo, ese pensamiento no suena lógico.

Para las personas del cuadrante "A", cuando surge el tema de confiar en otras personas para realizar un buen trabajo, su pensamiento lógico puede ser el siguiente: "Simplemente lo haré yo mismo."

Èsa es la razón por la que muchos negocios del tipo "A" son frecuentemente negocios familiares. Existe un gran sentido de confianza. Para ellos "la sangre es definitivamente más espesa que el agua".

Así que diferentes cuadrantes… diferente lógica… diferentes pensamientos… diferentes acciones… diferentes haberes… mismas emociones. Por lo tanto, las emociones nos hacen seres humanos y reconocer que tenemos emociones es una parte importante de serlo.

Lo que determina qué hacemos es la manera en que reaccionamos individualmente ante esas emociones.

No se me antoja

Una manera de saber si usted está pensando emocionalmente y no racionalmente es cuando utiliza la palabra "antojar" en la conversación. Por ejemplo, muchas personas que son gobernadas por sus emociones o sentimientos dirían algo como: "No se me antoja hacer ejercicio el día de hoy." Lógicamente saben que deben hacer ejercicio.

Muchas personas que tienen dificultades financieras no son capaces de controlar la manera en que sienten, o dejan que sus sentimientos controlen sus pensamientos. Les escucho decir:

"No se me antoja aprender acerca de inversiones. Es demasiado problemático."

"No me siento a gusto invirtiendo."

"No se me antoja decirle a mis amigos acerca de mi negocio."

"Odio el sentimiento del rechazo."

Padre-niño-adulto

Existen pensamientos generados de las emociones, más que de la racionalidad. En la psicología popular existe una batalla entre el padre y el hijo. El padre generalmente habla de "deber". Por ejemplo, un padre diría: "Tú deberías estar haciendo tu tarea", mientras el hijo habla de "sentir". En respuesta a la tarea, un niño diría: "Pero no se me antoja hacerla."

Desde el punto de vista financiero, el padre que hay en su interior diría en su mente: "Tú deberías ahorrar más dinero." Pero el niño que hay en su interior respondería: "Pero realmente se me antoja ir de vacaciones. Simplemente cargaré mis vacaciones a la tarjeta de crédito."

¿Cuándo es usted un adulto?

Al pasar del lado izquierdo del Cuadrante al lado derecho, necesitamos ser adultos. Todos necesitamos crecer desde el punto de vista financiero. En vez de ser el padre o el niño, necesitamos considerar el dinero, el trabajo y la inversión como adultos. Y lo que ser adulto significa es conocer lo que usted tiene que hacer y hacerlo, incluso a pesar de que no se le antoje hacerlo.

Las conversaciones en su interior

Para las personas que acarician la idea de transitar de un cuadrante a otro, una parte importante del proceso consiste en estar consciente de su diálogo interno… o de las conversaciones que tienen lugar en su interior. Siempre recuerde la importancia del libro *Think and Grow Rich (Piense y vuélvase rico)*. Una parte importante del proceso consiste en estar atento a sus pensamientos en silencio, su diálogo interno y recordar siempre que aquello que suena lógico en un cuadrante no tiene sentido en otro. El proceso de ir del empleo o la seguridad financiera a la libertad financiera es primordialmente un proceso que consiste en cambiar de manera de pensar. Es un proceso que consiste en hacer su mejor esfuerzo para distinguir qué pensamientos están basados en la emoción y cuáles en la lógica. Si usted puede mantener a raya sus emociones y optar por lo que usted sabe que es lógico, tiene una buena oportunidad de hacer el tránsito. Sin importar lo que alguien le diga a usted desde el exterior, la conversación más importante es la que usted tiene en su interior.

Cuando Kim y yo nos quedamos temporalmente sin hogar y pasamos por un período de inestabilidad financiera, nuestras emociones estaban fuera de control. En muchas ocasiones lo que sonaba lógico era simplemente lo que nos decían nuestras emociones. Nuestras emociones nos decían lo mismo que nos decían nuestros amigos: "Jueguen a lo seguro. Simplemente consigan un empleo seguro y disfruten de la vida."

Sin embargo, lógicamente, ambos acordamos que la libertad tenía más sentido para nosotros que la seguridad. Al optar por la libertad financiera, sabíamos que podíamos encontrar un sentido de seguridad que la de un empleo nunca podría proporcionarnos. Eso tenía sentido para nosotros. Los únicos obstáculos en nuestro camino eran nuestros pensamientos impulsados por las emociociones. Pensamientos que sonaban lógicos pero que no tenían sentido a largo plazo. La buena noticia es que una vez que hicimos el tránsito, los antiguos pensamientos dejaron de gritar y los nuevos pensamientos que deseábamos se convirtieron en nuestra realidad... los pensamientos de los cuadrantes "D" e "I".

Hoy en día comprendo las emociones cuando una persona dice:

"Yo no puedo correr riesgos. Tengo una familia en qué pensar. Debo tener un trabajo seguro."

O: "Se necesita dinero para ganar dinero. Ésa es la razón por la que no puedo invertir."

O: "Lo haré por mi cuenta."

Yo comprendo esos pensamientos, dado que yo mismo los he tenido. Pero al mirar a través del Cuadrante y habiendo logrado la libertad financiera por medio de los cuadrantes "D" e "I", puedo decir con sinceridad que tener libertad financiera es una manera mucho más pacífica y segura de pensar.

Las diferencias entre "E" y "D"

Los valores emocionales básicos ocasionan diferentes puntos de vista. Las dificultades de comunicación entre los dueños de un negocio y los empleados son causadas frecuentemente por las diferencias en los valores emocionales. Siempre ha existido una lucha entre "E" y "D", porque uno quiere que le paguen más y el otro quiere que aquel trabaje más. Ésa es la razón por la que a menudo escuchamos: "Tengo mucho trabajo y no me pagan lo que deberían."

Y desde el otro lado escuchamos: "¿Qué podemos hacer para motivarlos a trabajar más duro y a ser más leales sin pagarles más dinero?"

Las diferencias entre "D" e "I"

Distinta es la tensión constante entre los operadores de un negocio y los inversionistas en ese negocio, a menudo llamados accionistas, los "D" y los "I". Uno quiere más dinero para operar el negocio y el otro desea mayores dividendos.

Una conversación en una asamblea de accionistas podría sonar como la siguiente:

Gerentes de la compañía: "Necesitamos un jet privado para que nuestros ejecutivos puedan acudir a sus citas más rápidamente."

Inversionistas: "Necesitamos menos ejecutivos. Entonces no necesitaremos un jet privado."

Las diferencias entre "A" y "D"

En las transacciones de negocios, a menudo he visto a un "A" brillante, como un abogado, crear un negocio multimillonario para un "D", dueño de negocio y cuando la transacción es realizada, el abogado queda molesto en silencio debido a que "D" gana millones y "A" gana un salario por hora.

Sus palabras podrían sonar como las siguientes:

Abogado: "Nosotros hicimos todo el trabajo y él ganó todo el dinero."

El "D": "¿Cuántas horas nos están cobrando estos tipos? Pudimos haber comprado todo el bufete de abogados por la cantidad que nos cobraron."

Las diferencias entre "E" e "I"

Otro ejemplo es el de un gerente de banco que extiende un préstamo a un inversionista para comprar una propiedad inmobiliaria. El inversionista gana cientos de miles de dólares libres de impuestos y el banquero obtiene un pago de salario sobre el que debe pagar muchos impuestos. Ése sería un ejemplo de un "E" que tiene tratos con un "I", que a menudo ocasiona una ligera reacción emocional.

El "E" podría decir: "Le di a ese tipo un préstamo y él ni siquiera dice 'Gracias'. No creo que sepa qué tan duro trabajamos para él."

El "I" podría decir: "Hombre, esos tipos son selectivos. Mira todo ese papeleo inútil que tuvimos que hacer sólo para que nos dieran un miserable préstamo."

Un matrimonio perturbado emocionalmente

El matrimonio más perturbado desde el punto de vista emocional del que he sido testigo fue una pareja en que la esposa era una "E" arraigada que creía en la seguridad financiera y en el trabajo. El marido, por otra parte, fantaseaba consigo mismo como un "I" de altos vuelos. Él pensaba que era un futuro Warren Buffet, pero en realidad era un "A", un vendedor por comisiones y un apostador crónico de corazón. Él siempre estaba buscando la inversión que le ayudaría a "volverse rico rápido". Él estaba atento a cualquier oferta inicial de acciones o esquema de inversión en el extranjero que prometía réditos extraordinariamente altos, o el negocio de bienes raíces sobre el que podría ejercer una opción de compra. La pareja todavía está junta, aunque yo realmente no comprendo por qué. Cada uno de ellos vuelve loco al otro. Una persona adora el riesgo, la otra odia el riesgo. Diferentes cuadrantes, diferentes valores fundamentales.

Si usted está casado o en una relación importante

Si usted está casado o participa en una relación importante, encierre en un círculo el cuadrante del que genera la mayoría de su ingreso y luego encierre en un círculo el cuadrante del que su esposa o compañera genera la mayor parte de su ingreso.

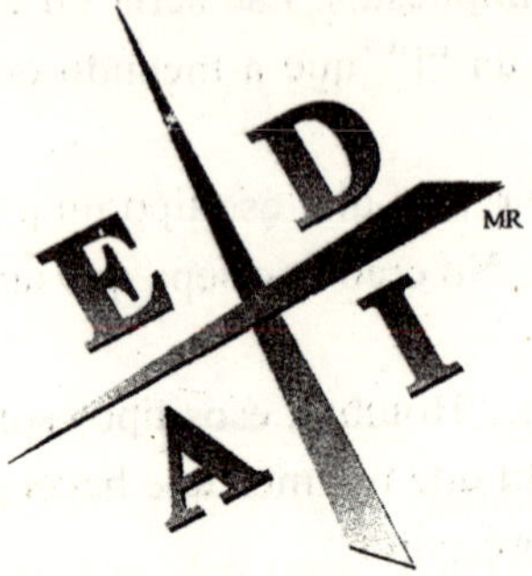

La razón por la que le pido que haga lo anterior es porque la discusión entre socios es a menudo difícil si uno de los socios no comprende la forma de pensar del otro.

La batalla entre los ricos y los educados

Existe otro campo de batalla del que no se habla que yo he notado y es el de las diferencias en puntos de vista entre los educados y los ricos.

A lo largo de los años que he pasado investigando las diferencias entre los distintos cuadrantes, a menudo he escuchado a banqueros, abogados, contadores y otros quejarse discretamente de que ellos son los educados y que a menudo aquellos que son menos educados son quienes ganan mucho dinero. A eso es a lo que me refiero como la batalla entre los educados y los ricos, que más frecuentemente es la diferencia entre las personas del lado izquierdo del Cuadrante y las personas del lado derecho… o los “E-A” contra los “D-I”. No se trata de que las personas en los cuadrantes

"D" e "I" no sean educadas... porque muchos tienen una gran educación; es sólo que los "D" e "I" no fueron las luminarias académicas en la escuela... y no fueron capacitados en las escuelas de postgrado como lo fueron los abogados, contadores y maestros en administración de empresas.

Para aquellos de ustedes que leyeron mi libro *Padre rico, padre pobre*, saben que se trata de la lucha entre los educados y los ricos. Mi padre bien educado pero pobre estaba muy orgulloso por el hecho de que había pasado varios años realizando estudios avanzados en escuelas prestigiosas como la Universidad de Stanford y la Universidad de Chicago. Mi pare rico fue un hombre que abandonó la escuela para dirigir el negocio de su familia cuando murió su padre... de manera que no terminó la preparatoria; y sin embargo adquirió una enorme riqueza.

Conforme crecí y parecí estar más influenciado por mi padre rico, mi padre educado se comportaba ocasionalmente de manera defensiva sobre su postura en la vida. Un día, cuando yo tenía cerca de 16 años de edad, mi padre educado explotó:

"Yo tengo títulos de estudios avanzados en escuelas prestigiosas. ¿Qué tiene el padre de tu amigo?"

Hice una pausa y respondí suavemente: "Dinero y tiempo libre."

Más que un reto mental

Como señalé anteriormente, para encontrar el éxito en el cuadrante "D" o "I" se requiere más que simplemente conocimiento académico o técnico. A menudo se necesita de un cambio en el pensamiento emocional básico, los sentimientos, las creencias y la actitud. Recuerde que

SER – HACER – TENER

Lo que hacen los ricos es relativamente sencillo. Es el "ser" lo que es diferente. La diferencia se encuentra en los pensamientos y, más específicamente, en el diálogo interno consigo mismos. Ésa es la razón por la que mi padre rico me prohibió que dijera:

"No puedo comprarlo."

"No puedo hacer eso."

"Juega a lo seguro."

"No pierdas dinero."

"¿Qué pasa si fracasas y nunca te recuperas?"

Él me prohibió que dijera esas palabras porque verdaderamente creía que las palabras son las herramientas más poderosas a la disposición de los humanos. Lo que una persona dice y piensa se vuelve real.

A menudo citaba la Biblia, a pesar de que no era tan religioso: "Y el verbo se convirtió en carne y moró entre nosotros."

Mi padre rico creía firmemente que aquello que nos decimos a nosotros mismos, a nuestra esencia, se vuelve realidad. Ésa es la razón por la que sospecho que en el caso de la gente que tiene dificultades financieras, sus emociones a menudo son las que hablan y gobiernan sus vidas. Hasta que una persona aprende a superar esos pensamientos impulsados por sus emociones, sus palabras se convierten en carne. Palabras como:

"Yo nunca seré rico."

"Esa idea nunca funcionará."

"Es demasiado caro para mí."

Si ésos son pensamientos basados en las emociones, son poderosos. La buena noticia es que pueden ser modificados con el apoyo de nuevos amigos, nuevas ideas y un poco de tiempo.

La gente que no es capaz de controlar su miedo de perder nunca debe invertir por su cuenta. Están en mejor situación cuando le encargan la tarea a un profesional y no interfieren.

Como nota interesante, he conocido a muchos profesionistas que no tienen miedo cuando invierten el dinero de otras personas y son capaces de ganar mucho dinero. Pero cuando tienen que invertir o arriesgar su propio dinero, su miedo a perder se vuelve demasiado fuerte y en última instancia pierden. Sus emociones son las que gobiernan su pensamiento, en vez de que sea la lógica.

También he conocido personas que pueden invertir su dinero y ganar constantemente, pero que pierden la calma cuando alguien les pide que inviertan dinero en su nombre.

Ganar y perder dinero es un tema emocional. Así que mi padre rico me proporcionó el secreto para manejar esas emociones. Mi padre rico siempre decía: "Para ser exitoso como inversionista o como dueño de negocios, debes ser neutral desde el punto de vista emocional respecto a ganar o perder. Ganar o perder es sólo una parte del juego."

Renunciar a mi empleo seguro

Mi amigo Mike tenía un sistema que le pertenecía. Su padre lo había construido. Yo no fui tan afortunado. Yo sabía que algún día tendría que abandonar la comodidad y la seguridad del nido y comencé a construir mi propio sistema.

En 1978 renuncié a mi empleo seguro de tiempo completo con Xerox y di el difícil paso hacia adelante sin red de seguridad. El ruido en mi cabeza era muy fuerte por mi miedo y mi duda. Estaba casi paralizado por el miedo cuando firmé mi carta de renuncia, recogí mi último cheque de salario y salí por la puerta. Yo tenía una orquesta de pensamientos y sentimientos que me lastimaban en mi interior. Estaba hablando mal de mí mismo de manera tan ruidosa y con tanta convicción, que no podía oír nada más. Eso es bueno, porque muchas personas con las que trabajaba decían: "Él regresará. Nunca lo logrará."

El problema era que yo estaba diciéndome lo mismo. Esas palabras emocionales de duda en mí mismo me persiguieron durante años, hasta que mi esposa y yo tuvimos éxito tanto en el cuadrante "D" como en el "I". Hoy en día todavía escucho esas palabras; ahora simplemente tienen menos credibilidad. En el proceso de enfrentar las dudas en mí mismo, aprendí a crear otras palabras, palabras de aliento personal, afirmaciones como:

"Conserva la calma, piensa con claridad, mantén la mente abierta, sigue adelante, pídele a alguien que ha pasado por esto antes que tú que te guíe, confía y mantén la fe en un poder más alto que desea lo mejor para ti."

Aprendí a crear esas palabras de aliento en mi interior, a pesar de que había una parte de mí que estaba temerosa y aterrada.

Yo sabía que tenía pocas probabilidades de éxito en mi primera incursión al exterior. Sin embargo, las emociones humanas positivas, emociones como la confianza, la fe, el valor y los buenos amigos me impulsaron hacia adelante. Yo sabía que tenía que correr riesgos. Sabía que los riesgos conducen a los errores y que los errores conducen a la sabiduría y el conocimiento, y que yo carecía de ambos. Para mí, el fracaso hubiera consistido en permitir que ganara el miedo, de manera que estaba dispuesto a seguir adelante con pocas garantías o ninguna. Mi padre rico me había inculcado la idea de que el fracaso es parte del proceso del éxito.

Viaje interno

El viaje de un cuadrante a otro es un viaje interno. Se trata de un viaje de un conjunto de creencias básicas y aptitudes técnicas a un nuevo conjunto de creencias básicas y aptitudes técnicas. El proceso se parece mucho a aprender a andar en bicicleta. Al principio usted se caerá muchas veces. A menudo es frustrante y embarazoso, especialmente si sus amigos lo están mirando. Pero después de algún tiempo usted deja de caerse y andar en bicicleta se vuelve algo automático. Si vuelve a caerse, ya no es un problema tan grande porque usted sabe en su fuero interno que puede levantarse y andar nuevamente. El proceso es el mismo cuando se transita de una mentalidad emocional basada en la seguridad laboral a una mentalidad emocional basada en la libertad financiera. Una vez que mi esposa y yo realizamos el tránsito, tuvimos menos miedo de caer porque teníamos confianza en nuestra habilidad para levantarnos.

Había dos afirmaciones que me mantenían en pie personalmente. Una consistía en las palabras de consejo de mi padre rico, cuando yo estaba a punto de renunciar y volver atrás: "Siempre puedes renunciar... así que, ¿por qué renunciar ahora?"

Esa afirmación mantuvo en alto mi espíritu y calmó mis emociones. Esa afirmación me recordó que yo estaba a la mitad del camino... así que ¿por qué regresar si la distancia al punto de origen era tan grande como la que me separaba del cuadrante del otro lado? Sería como si Cristóbal Colón hubiera renunciado y hubiera dado la vuelta a la mitad del trayecto para cruzar el Atlántico. En ambos casos la distancia es la misma.

Y una palabra de precaución: la inteligencia también consiste en saber cuándo renunciar. A menudo conozco personas que son obstinadas, que siguen adelante con un proyecto que no tiene posibilidades de éxito. El problema de saber cuándo renunciar o cuando seguir adelante es un antiguo problema para cualquiera que corre riesgos. Una manera de manejar el problema de "seguir adelante o renunciar" consiste en encontrar mentores que hayan hecho la travesía antes de manera exitosa y pedir su consejo. Una persona como ésa, que ya se encuentra del otro lado, puede guiarle mejor. Sin embargo, sea cuidadoso con el consejo de alguien que sólo ha leído libros acerca de cruzar y recibe un pago por hablar sobre el tema.

La otra afirmación que me hizo frecuentemente seguir adelante era:

"Los gigantes a menudo se tropiezan y caen pero los gusanos no, porque todo lo que hacen es cavar y arrastrarse."

La principal razón por la que muchas personas tienen dificultades financieras no es porque carezcan de una buena educación o porque no trabajen duro. Es porque tienen miedo de perder. Si el miedo a perder los detiene, entonces ya han perdido de antemano.

Los perdedores se deshacen de sus ganancias y conservan sus pérdidas

El miedo a "ser" un perdedor afecta lo que la gente "hace" en formas extrañas. He visto a personas que compran acciones a 20 dólares y las venden cuando han llegado a 30 porque tienen miedo de perder lo que han ganado, tan sólo para ver que las acciones llegan a cien, se duplican y suben a cien dólares nuevamente.

Esa misma persona, habiendo comprado las acciones a 20 dólares, las mirará bajar a, digamos, tres dólares y las conservará, con la esperanza de que el precio volverá a subir… y pueden aferrarse a esas acciones de tres dólares por 20 años. Ése es un ejemplo de una persona que "está" tan temerosa de perder, o de admitir que ha perdido, que sigue perdiendo.

Los ganadores se deshacen de sus pérdidas y conservan sus ganancias

Los ganadores "hacen" casi exactamente lo opuesto. A menudo en el momento en que saben que adoptaron una posición perdedora, por ejemplo, si el precio de sus acciones comienza a bajar en vez de subir, las venden inmediatamente y asumen sus pérdidas. La mayoría no está avergonzada de decir que asumieron una pérdida, porque el ganador sabe que perder es parte del proceso de ganar.

Cuando encuentran acciones ganadoras, las conservan durante el período de incremento de precio, tan lejos como vayan. En el momento en que saben que el incremento ha terminado y que el precio ha alcanzado su nivel más alto, venden sus acciones.

La clave para ser un gran inversionista consiste en ser neutral a las ganancias o las pérdidas. Entonces usted no tiene pensamientos dominados por sus emociones, como el miedo y la codicia, que piensen por usted.

Los perdedores hacen las mismas cosas en la vida

La gente que tiene miedo a perder hace las mismas cosas en la vida real. Todos conocemos a:

1. Gente que permaneció unida en matrimonio cuando ya no había amor.
2. Gente que se quedó en trabajos sin posibilidades de ascenso.
3. Gente que se aferra a sus ropas viejas y a "cosas" que nunca usará.
4. Gente que permanece en pueblos en los que no hay futuro.
5. Gente que mantiene amistad con personas que les impiden avanzar.

La inteligencia emocional puede ser controlada

La inteligencia financiera está vinculada estrechamente con la inteligencia emocional. En mi opinión la mayoría de la gente sufre financieramente porque sus emociones están controlando sus pensamientos. En nuestro carácter de SER-es humanos, todos tenemos las mismas emociones. Lo que determina la diferencia entre lo que nosotros "HACEMOS" y lo que "TENEMOS" en la vida es primordialmente la manera en que manejamos esas emociones.

Por ejemplo, la emoción del miedo puede causar que algunos de nosotros seamos cobardes. La misma emoción del miedo puede ocasionar que otros se vuelvan valerosos. Desafortunadamente, en lo que se refiere al tema del dinero, la mayoría de las personas en nuestra sociedad está condicionada a ser cobardes financieros. Cuando surge el miedo a perder dinero, la mente de la mayoría de la gente automáticamente comienza a recitar estas palabras:

1. "Seguridad", en vez de "libertad".
2. "Evita el riesgo", en vez de "aprende a manejar el riesgo".
3. "Juega a lo seguro", en vez de "juega de manera inteligente".
4. "No puedo comprarlo", en vez de "¿cómo puedo comprarlo?"
5. "Es demasiado caro", en vez de "¿vale la pena a largo plazo?"
6. "Diversifica" en vez de "enfoca".
7. "¿Qué pensarán mis amigos?" en vez de "¿qué pienso?"

La sabiduría del riesgo

Existe una ciencia para correr riesgos, especialmente riesgos financieros. Uno de los mejores libros que he leído sobre el tema del dinero y el manejo de riesgos es *Trading for a Living (Comerciando para ganarse la vida)* por el doctor Alexander Elder.

A pesar de que fue escrito para personas que comercian con acciones y opciones profesionalmente, la sabiduría del riesgo y del manejo de riesgo se aplica a todas las áreas del dinero, el manejo de dinero, la psicología personal y la inversión. Una de las razones por las que muchos "D" exitosos no siempre son "I" exitosos, es debido a que no comprenden totalmente la psicología subyacente a sólo arriesgar el dinero. Mientras el "D" comprende el riesgo que implica sistemas de negocio y personas, ese conocimiento no siempre puede ser traducido a los sistemas de dinero que gana dinero.

Es emocional, más que técnico

En resumen, el tránsito de los cuadrantes de la izquierda a los cuadrantes de la derecha es más emocional que técnico. Si las personas no son capaces de controlar sus pensamientos emocionales, no recomiendo el tránsito.

La razón por la que las cosas parecen tan riesgosas en el lado derecho del Cuadrante para las personas en el lado izquierdo es porque la emoción del miedo a menudo afecta su pensamiento.

Las personas en el lado izquierdo piensan que "jugar a lo seguro" es un pensamiento lógico. No lo es. Es un pensamiento emocional. Y son los pensamientos emocionales los que hacen que la gente permanezca en un cuadrante o en el otro.

Lo que la gente "HACE" en el lado derecho de la ecuación no es tan difícil. Yo soy sincero cuando digo que es tan fácil como comprar cuatro casas verdes a bajos precios, esperar a que el mercado mejore y venderlas para comprar luego un gran hotel rojo.

La vida es en realidad un juego de *Monopolio* para las personas que se encuentran en el lado derecho del Cuadrante. Es cierto que hay ganadores y perdedores, pero eso es parte del juego. Ganar y perder es parte de la vida. Ser exitoso en el lado derecho del Cuadrante es "SER" una persona que ama el juego. Tiger Woods pierde más torneos de los que gana y sin embargo ama el juego. Donald Trump quebró y luchó por regresar a la cúspide. No se rindió porque perdió. Perder sólo le hizo más inteligente y más decidido. Muchas personas ricas quebraron antes de volverse ricas. Es parte del juego.

Si las emociones de una persona están pensando por ellas, esos pensamientos emocionales a menudo ciegan a esa persona y no puede ver nada más. Es debido a esos pensamientos emocionales humillantes que la gente reacciona, en vez de pensar. Son esas emociones lo que hace que las personas de diferentes cuadrantes discutan. Las discusiones son originadas por el hecho de que la gente no tiene los mismos puntos de vista emocionales. Se trata de una reacción emocional que ciega a una persona y le impide ver qué tan fácil (y a menudo carentes de riesgo) son las cosas en el lado derecho del Cuadrante. Si una persona no puede controlar sus pensamientos emocionales (y muchos no pueden hacerlo) entonces no deben intentar el tránsito entre un cuadrante y otro.

Yo aliento a todos los que quieren realizar ese tránsito a que se aseguren de que tienen un grupo de apoyo positivo de largo plazo y un mentor en el otro lado que los guíe. En mi caso, el esfuerzo que hicimos mi esposa y yo valió la pena. Lo más importante para nosotros acerca de realizar el tránsito del lado izquierdo del Cuadrante al lado derecho no fue lo que "hacemos", sino en quienes nos convertimos en el proceso. Para mí, eso no tiene precio.

Capítulo 9

Sea el banco... no el banquero

Me he enfocado en la parte de "SER" de la fórmula "SER-HACER-TENER" porque sin la mentalidad y actitud adecuadas, usted no puede estar preparado para los grandes cambios económicos que enfrentamos actualmente. Al "ser" alguien con las aptitudes y la mentalidad del lado derecho del Cuadrante, usted estará preparado para reconocer las oportunidades que se presenten de esos cambios y estará preparado para "HACER", lo que tendrá como resultado que usted podrá "TENER" éxito financiero.

Recuerdo una llamada telefónica que recibí de mi padre rico a finales de 1986:

"¿Estás en el mercado de bienes raíces o en el mercado de valores?", me preguntó.

"En ninguno de los dos", le contesté. "Todo lo que tengo está invertido en construir mi negocio."

"Bien", me dijo. "Mantente fuera de los mercados. Sigue construyendo tu negocio. Algo importante está a punto de ocurrir."

Ese año el Congreso de los Estados Unidos aprobó la Ley de Reforma Fiscal de 1986. En tan sólo 43 días, el Congreso eliminó muchas de las omisiones en las leyes fiscales con las que la gente contaba para proteger su ingreso. Las personas que utilizaban esas "pérdidas pasivas" de propiedad de ingreso como deducciones fiscales, repentinamente se quedaron con sus pérdidas, pero el gobierno eliminó la deducción de impuestos. En todo el país los precios de las propiedades inmobiliarias comenzaron a desplomarse. Los precios de los bienes raíces se deslizaron cuesta abajo, en algunos casos hasta en un 70 por ciento. Repentinamente las propiedades eran mucho menos valiosas que el valor de sus hipotecas. El pánico se apoderó de todo el mercado inmobiliario. Los bancos y las compañías de ahorros y préstamos comenzaron a estremecerse y muchas fracasaron. La gente no podía sacar su dinero de los bancos y Wall Street tuvo un *crack* en octubre de 1987. El mundo se hundió en una crisis financiera.

La Ley de Reforma Fiscal de 1986 fundamentalmente eliminó muchas omisiones en las leyes fiscales de las que dependían muchas personas en el lado izquierdo del Cuadrante, los "E" y "A" de altos ingresos. Muchos de ellos habían invertido en propiedades inmobiliarias o sociedades de responsabilidad limitada para utilizar esas pérdidas y compensar sus ganancias provenientes de los cuadrantes "E" y/o "A". Y mientras el *crack* y la recesión afectaron a la gente en el lado derecho del Cuadrante, los cuadrantes "D" e "I", muchos de los mecanismos para evitar el pago de impuestos en esa área quedaron fijos.

Durante ese período los "E" aprendieron una nueva frase. Esa frase era "reducción de personal". Pronto se dieron cuenta de que cuando se anunciaba un despido masivo, el precio de las acciones de la compañía que anunciaba el despido subía. Tristemente, la mayoría no comprendía por qué. Había muchos "A" que también estaban esforzándose para enfrentar la recesión debido a una disminución en los negocios, tasas más altas en los seguros, así como las pérdidas en los mercados de bienes raíces y de acciones. Como resultado, sentí que los individuos que se enfocaban principalmente en el lado izquierdo del Cuadrante resultaban afectados y sufrían más desde el punto de vista financiero como resultado de la Ley de Reforma Fiscal de 1986.

Transferencia de riqueza

Mientras las personas del lado izquierdo estaban sufriendo, muchas personas que operaban en el lado "D" e "I" del Cuadrante se estaban enriqueciendo, gracias a que el gobierno les estaba quitando a unos para darle a otros.

Al cambiar el código fiscal, todas las razones para invertir "y hacer trampa con los impuestos" fueron eliminadas para las personas que simplemente estaban adquiriendo bienes raíces y perdiendo dinero. Muchos eran empleados de altos ingresos o profesionistas como doctores, abogados, contadores y propietarios de pequeños negocios. Antes de ese período, esas personas habían tenido tanto ingreso gravable que sus asesores les recomendaron que compraran bienes raíces para perder dinero y que invirtieran cualquier cantidad adicional en el mercado bursátil. Cuando el gobierno eliminó esa omisión fiscal con la Ley de Reforma Fiscal... una de las más grandes transferencias de riqueza dio inicio. En mi opinión, gran parte de la riqueza fue extraída del lado "E" y "A" del Cuadrante y entregada al lado "D" e "I", intercambiando centavos por dólares.

Cuando quebraron las compañías de ahorros y préstamos —las organizaciones que extendieron los créditos malos—, miles de millones de dólares en depósitos quedaron en riesgo. El dinero tenía que ser devuelto. Así que, ¿quién quedó obligado a devolver los miles de millones de dólares perdidos en ahorros y ejecución de hipotecas? Bueno, los contribuyentes, desde luego. Las mismas personas que ya estaban siendo lastimadas por la situación. Y los contribuyentes tuvieron que pagar esa cuenta multimillonaria debido a ese cambio en la legislación fiscal.

Algunos de ustedes quizá recuerden una agencia gubernamental llamada Corporación de Fideicomiso de Resolución (Resolution Trust Corporation), o RTC por sus siglas en inglés, como se le conocía comúnmente. La RTC fue la agencia responsable de asumir la ejecución de hipotecas por el desplome del mercado inmobiliario y transferirlas a las personas que sabían cómo manejarlas. Para mí y para mis amigos fue como una bendición caída del cielo financiero.

El dinero, como recordarán ustedes, es visto con la mente... no con los ojos. Durante ese período las emociones eran muy fuertes y las visiones eran borrosas. La gente vio lo que había sido entrenada para ver. Tres cosas ocurrieron a las personas en el lado izquierdo del Cuadrante:

1. El pánico se generalizó. Cuando las emociones son fuertes, la inteligencia financiera frecuentemente desaparece. Debido a que las personas estaban preocupadas por sus empleos, la caída en el precio de sus propiedades, el *crack* del mercado bursátil y la disminución general de los negocios, no pudieron ver las enormes oportunidades que tenían frente a ellas. Sus pensamientos emocionales les habían dejado ciegos. En vez de seguir adelante y enfrentar la jungla, la mayoría de la gente regresó a las cuevas y se escondió.
2. Ellos carecían de las aptitudes técnicas necesarias en el lado derecho del Cuadrante. De la misma forma en que un médico debe tener aptitudes técnicas desarrolladas al pasar años en la escuela y luego por la capacitación en el empleo, alguien en el cuadrante "D" y el cuadrante "I" también debe poseer aptitudes técnicas muy especializadas. Aptitudes técnicas que incluyen la educación financiera, que consiste en conocer el vocabulario, cómo reestructurar una deuda, cómo estructurar una oferta, quién constituye su mercado, cómo recaudar capital y otras habilidades que es posible aprender.

Cuando la RTC dijo: "Tenemos una cartera bancaria a la venta y en ella hay propiedades que solían valer 20 millones de dólares… pero usted puede adquirirla por cuatro millones", la mayor parte de la gente en el lado izquierdo del Cuadrante no tenía la más remota idea de cómo recaudar cuatro millones para adquirir ese regalo caído del cielo financiero, ni sabía cómo distinguir los buenos negocios de los malos.

3. Ellos carecían de una máquina de hacer dinero. La mayoría de las personas durante ese período tuvo que trabajar más duro para sobrevivir. Al operar como un "D", mi negocio pudo expandirse con poco esfuerzo físico de mi parte. Hacia 1990 mi negocio estaba funcionando y creciendo. Durante ese período, el negocio creció de su inicio a contar con 11 oficinas en todo el mundo. Mientras más crecía, menos esfuerzo físico debía yo hacer y más dinero entraba. El sistema y la gente en el sistema estaban trabajando duro. Con el dinero extra y el tiempo libre, mi esposa y yo fuimos capaces de pasar mucho tiempo considerando "negocios"… y había muchos de ellos.

Era la mejor época… era la peor época

Existe otro refrán que dice: "Lo que importa no es lo que ocurre en la vida de uno, sino el significado que le damos a lo que ocurre."

El período entre 1986 y 1996 fue, para algunas personas, la peor época de sus vidas. Para otras fue la mejor época. Cuando recibí esa llamada telefónica de mi padre rico en 1986 reconocí la fantástica oportunidad que este cambio económico me ofrecía. A pesar de que no tenía mucho dinero extra en ese momento, fui capaz de crear activos al utilizar mis habilidades como "D" e "I". Más adelante en este capítulo describiré detalladamente cómo desarrollé los activos que me ayudaron a convertirme en una persona libre desde el punto de vista financiero.

Una de las claves para tener una vida exitosa y feliz consiste en ser lo suficientemente flexible para reaccionar de manera adecuada ante cualquier cambio que se le presente; ser capaz de reaccionar y sacar algún provecho de cualquier cosa. Desafortunadamente, la mayoría de la gente no ha sido equipada para manejar los rápidos cambios económicos que han ocurrido y que continúan ocurriendo. Existe algo que es una bendición para los seres humanos: son generalmente optimistas y tienen la capacidad de olvidar. Después de 10 ó 12 años olvidan… y hacen que las cosas vuelvan a cambiar.

La historia se repite

Hoy en día la gente ha olvidado la Ley de Reforma Fiscal de 1986. Los "E" y los "A" están trabajando más duro que nunca. ¿Por qué? Porque las omisiones de la legislación fiscal que utilizaban fueron eliminadas. Conforme esas personas han trabajado más duro para recuperar lo que perdieron, la economía ha mejorado, sus ingresos han aumentado y su contador fiscal ha comenzado a murmurar nuevamente las mismas antiguas palabras de sabiduría:

"Compre una casa más grande. El interés sobre su deuda es su mejor deducción fiscal. Y además, su casa es un activo y debe ser su inversión más grande."

De manera que esas personas ven los "fáciles pagos mensuales" y quedan atrapados en una posición de mayor deuda.

El mercado de la vivienda está floreciente, las personas tienen más ingreso del que pueden disponer y las tasas de interés son bajas. La gente está comprando casas más grandes, su estado de ánimo es eufórico y están aportando dinero al mercado bursátil porque quieren volverse ricos rápidamente y se han dado cuenta de que necesitan invertir para su retiro.

Nuevamente, en mi opinión, una gran transferencia de riqueza está a punto de ocurrir. Puede no ocurrir este año, pero ocurrirá. Sólo que no ocurrirá exactamente de la misma manera. Algo diferente ocurrirá. Ésta es la razón por la que mi padre rico me hizo leer libros sobre historia de la economía. La economía cambia, pero la historia se repite. Sólo que no ocurre en el mismo conjunto de circunstancias.

El dinero continúa fluyendo del lado izquierdo al lado derecho del Cuadrante. Siempre lo hace. Muchas personas están muy endeudadas y sin embargo aportan dinero al *boom* del mercado bursátil más grande de la historia mundial. La gente en el lado derecho del Cuadrante venderá sus acciones cuando el mercado alcance su punto más alto, justo cuando las personas más precavidas del lado izquierdo vencerán su miedo y entrarán al mercado. Algo digno de impactar las noticias ocurrirá, el mercado hará *crack* y cuando todo termine los inversionistas seguirán adelante. Comprarán nuevamente aquello que acaban de vender. Nuevamente, tendremos otra gran transferencia de riqueza del lado izquierdo al lado derecho del Cuadrante.

Tardará al menos otros 12 años antes de que sanen las cicatrices emocionales de aquellos que perdieron dinero... pero las heridas sanarán, justo cuando otro mercado se acerque a su punto más alto.

En esa época, la gente comenzará a citar a Yogi Berra, el gran jugador de béisbol de los Yanquis de Nueva York: "Es un *deja vú* nuevamente."

¿Se trata de una conspiración?

A menudo escucho a la gente, especialmente en el lado izquierdo del Cuadrante, que afirma que existe algo parecido a una conspiración global, que se mantiene unida por unas cuantas familias ultra ricas que controlan los bancos. Esas teorías de la conspiración bancaria han existido desde hace muchos años.

¿Existe una conspiración? No lo sé. ¿Podría ser una conspiración? Todo es posible. Yo sé que existen familias poderosas que controlan enormes cantidades de dinero. ¿Pero existe un grupo que controla el mundo? No lo creo.

Yo veo las cosas de manera diferente. Veo más o menos a un grupo de personas en un lado del Cuadrante que tiene una mentalidad y otro grupo de personas en el otro lado del Cuadrante que tiene una mentalidad diferente. Todos ellos están jugando este gran juego del dinero, pero cada cuadrante se juega desde un punto de vista diferente, con un conjunto de reglas distinto.

El gran problema es que las personas en el lado izquierdo no son capaces de ver lo que las personas en el lado derecho están haciendo, pero las personas en el lado derecho saben lo que la gente del lado izquierdo está haciendo.

Cacería de brujas

Muchas personas del lado izquierdo del Cuadrante, en vez de averiguar lo que las personas del lado derecho saben y que ellos ignoran, van a "cazar brujas". Tan sólo hace unos cuantos siglos, cuando había una plaga, o algo malo le ocurría a la comunidad, la gente del pueblo iniciaba una "cacería de brujas". Necesitaban a alguien a quien culpar por la plaga. Hasta que la ciencia inventó el microscopio y la gente pudo ver lo que no puede verse a simple vista, que son los gérmenes, la gente culpó a otras personas por sus enfermedades. Quemaban a las brujas en la hoguera para resolver sus problemas. No sabían que la mayoría de las enfermedades son causadas porque la gente vivía en las ciudades con malos servicios de recolección de basura y drenaje. La gente había causado sus propios problemas al utilizar condiciones insalubres… no las "brujas".

Dion, la cacería de brujas sigue practicándose hoy en día. Muchas personas buscan a alguien más a quien culpar de sus plagas financieras. Esas personas a menudo quieren culpar a los ricos por sus problemas financieros personales, en vez de darse cuenta de que frecuentemente es su propia falta de información sobre el dinero lo que constituye la razón fundamental de sus problemas.

Los héroes se convierten en villanos

Cada cierto número de años aparece un nuevo gurú financiero que parece tener la nueva fórmula mágica para la riqueza. A finales de los años setenta fueron los hermanos Hunt quienes trataron de arrinconar el mercado de la plata. El mundo aplaudió su genio. Casi de la noche a la mañana se les persiguió como criminales debido a que muchas personas perdieron su dinero debido a que siguieron el consejo de los hermanos. A finales de los años ochenta fue Michael Milken, el rey de los "bonoschatarra". Un día era un genio financiero, inmediatamente después del *crack* se le persiguió y envió a la cárcel. El individuo cambia, pero la historia se repite.

Hoy en día tenemos muchos nuevos genios de la inversión. Aparecen en la televisión, su nombre está en los diarios y son las nuevas celebridades. Uno de ellos es Alan Greenspan, el presidente de la Junta de la Reserva Federal. Actualmente es casi un dios. La gente piensa que él es responsable de que tengamos una economía maravillosa. Warren Buffet también es venerado casi como un dios. Cuando él compra algo, todos los demás se precipitan a comprar lo que él compra. Y cuando Warren Buffet vende, los precios se desploman. Bill Gates también es observado cuidadosamente. El dinero le sigue libremente. Si hubiera un ajuste importante en el mercado en el futuro próximo, ¿serán los héroes financieros de la actualidad las personas odiadas del mañana? Sólo el tiempo lo dirá.

En cada ciclo de ascenso de la economía hay héroes y en cada ciclo de descenso hay villanos. Al revisar la historia, nos damos cuenta de que a menudo han sido las mismas personas. La gente siempre necesita de brujas que quemar o de conspiraciones que culpar por su propia ceguera financiera. La historia se repetirá... y nuevamente tendrá lugar una gran transferencia de riqueza y cuando ocurra, ¿en qué lado de la transferencia estará usted? ¿El lado izquierdo o el lado derecho?

En mi opinión, la gente simplemente no se da cuenta de que participan en este gran juego global... un casino virtual en el cielo, pero nadie les dijo que ellos eran un jugador importante en el juego. El juego se llama: "¿Quién le debe a quién?"

Ser el banco... no el banquero

Cuando tenía alrededor de 25 años me di cuenta de que el juego consistía en ser el banco, pero eso no implicaba obtener un empleo como banquero. Mi educación avanzada estaba a punto de comenzar. Fue durante ese período que mi padre rico me hizo buscar palabras como "hipoteca", "bienes raíces" y "finanzas". Yo comenzaba a entrenar mi mente para ver lo que mis ojos no podían ver.

Él me alentó a que aprendiera a comprender el juego y luego de que aprendí el juego, yo podía hacer lo que quisiera con lo que había descubierto. Decidí compartir mi conocimiento con cualquier persona que estuviera interesada.

Él también me hizo leer libros sobre los grandes líderes del capitalismo. Personas como John D. Rockefeller, J.P. Morgan, Henry Ford. Uno de los libros más importantes que leí fue *The Wordly Philosophers (Los filósofos mundanos)*, de Robert Heilbroner. Para las personas que quieren operar en el lado "D" e "I", su libro es lectura obligada, debido a que trata sobre los economistas más grandes de todos los tiempos, comenzando por Adam Smith, que escribió *La riqueza de las naciones*. Es fascinante asomarse a la mente de algunos de nuestros filósofos más importantes, los economistas. Estas personas interpretaron la evolución del capitalismo moderno a lo largo de su breve historia. En mi opinión, si usted desea ser un líder en el lado derecho del Cuadrante, una perspectiva histórica es importante para comprender tanto nuestro pasado como nuestro futuro.

Después de *The Wordly Philosophers*, le recomiendo que lea *Unlimited Wealth (Riqueza ilimitada)* de Paul Zane Pilzer; *The Sovereign Individual (El individuo soberano)* de James Dale Davidson; *The Crest of the Wave (La cresta de la ola)* de Robert Prechter y *The Great Boom Ahead (El gran* boom *que viene)* de Harry Dent. El libro de Heilbroner le proporciona a usted una visión sobre de dónde venimos desde el punto de vista económico y los otros autores le proporcionan perspectivas de hacia dónde nos dirigimos. Sus contrastantes puntos de vista son importantes para permitirnos ver lo que nuestros ojos no pueden ver... algo llamado el futuro. Al leer libros como ésos, fui capaz de obtener una visión sobre los ascensos y descensos de los ciclos y las tendencias de la economía. Un tema común en todos esos libros es que uno de los cambios más grandes está a la vuelta de la esquina

Cómo jugar al banco

Después de la Ley de Reforma Fiscal de 1986, había oportunidades en todas partes. Los bienes raíces, las acciones bursátiles y los negocios estaban disponibles a bajos precios. Aunque fue devastador para muchas personas en el lado izquierdo del Cuadrante, fue maravilloso para mí porque pude utilizar mis aptitudes como "D" e "I" para sacar provecho de las oportunidades que me rodeaban. En vez de ser codicioso y perseguir todo aquello que pareciera un buen negocio, decidí enfocarme en los bienes raíces.

¿Por qué los bienes raíces? Por estas cinco sencillas razones:

1. **Precios.** Los precios de los bienes raíces eran tan bajos que los pagos de las hipotecas estaban muy por debajo del valor de la renta de la mayoría de las propiedades. Esas propiedades tenían sentido desde el punto de vista económico... lo

que significaba que había bajo riesgo. Era como salir a comprar a la tienda departamental donde todo está rebajado al 50 por ciento.

2. **Financiamiento.** Los bancos me extenderían un préstamo sobre bienes raíces, pero no para comprar acciones en la bolsa. Dado que quería comprar tanto como pudiera mientras el mercado estuviera deprimido, adquirí propiedades inmobiliarias de manera que pudiera combinar el dinero que yo tenía con el financiamiento de los bancos.

   Por ejemplo: Digamos que yo tenía 10 000 dólares en ahorros para invertir. Si adquiría acciones, podía adquirir acciones por un valor de 10 000 dólares. Pude haber comprado acciones "en margen" (cuando usted compra "en margen", sólo aporta una parte del costo total y la casa de corretajes le presta el resto), pero yo no era lo suficientemente fuerte desde el punto de vista económico para arriesgarme a un descenso en el mercado.

   Con 10 000 dólares en bienes raíces y un préstamo del 90por ciento, podía comprar una propiedad de 100 000 dólares. Si ambos mercados subían 10 por ciento, yo ganaría mil dólares en las acciones, pero ganaría 10000 dólares en los bienes raíces.

3. **Impuestos.** Si ganaba un millón de dólares en utilidades de las acciones bursátiles, hubiera tenido que pagar cerca del 30% por impuesto a las ganancias de capital sobre mis utilidades. En los bienes raíces, sin embargo, ese millón de dólares podía ser reutilizado libre de impuestos en la siguiente transacción de bienes raíces. Además de lo anterior, yo podía depreciar la propiedad para obtener aún más ventajas fiscales.

   Nota importante: una inversión debe tener sentido desde el punto de vista económico antes de considerar los beneficios fiscales de que yo invierta. Cualquier beneficio fiscal sólo hará la inversión más atractiva.

4. **Flujo de efectivo.** Las rentas no disminuyeron a pesar de que los precios de los bienes raíces habían declinado. Eso aportó mucho dinero a mi bolsillo, pagó las hipotecas y, lo que es más importante, me permitió "medir el tiempo" del mercado. Las rentas me dieron tiempo para esperar a que los precios de los bienes raíces volvieran a subir. Cuando lo hicieron, fui capaz de vender. Aunque tenía una deuda muy grande, nunca me hizo daño porque las rentas eran más grandes que el costo de tener la deuda.
5. **Una oportunidad de convertirme en banco.** Los bienes raíces me permitieron convertirme en banco, algo que yo siempre había querido hacer desde 1974.

Sea el banco, no el banquero

En *Padre rico, padre pobre,* escribí acerca de la manera en que los ricos crean dinero y a menudo desempeñan el papel de banquero. El siguiente es un ejemplo que casi todos pueden entender.

Digamos que encuentro una casa que vale 100 000 dólares y obtengo un excelente trato y sólo pago 80 000 por ella (un pago inicial de 10 000 y una hipoteca de 70 000 dólares por la que soy responsable).

A continuación anuncio que la casa está en venta por 100 000 dólares, que es el precio del avalúo y utilizo las palabras mágicas en el anuncio: "Casa en venta. Dueño desesperado. No se requiere autorización bancaria. Bajo pago inicial, fáciles pagos mensuales."

El teléfono suena como loco. La casa se vende en lo que se denomina un "envoltorio" o contrato de compra mediante arrendamiento financiero, dependiendo del país en el que se encuentre usted. En términos sencillos, vendo la casa por un pagaré por 100 000 dólares. La transacción tiene el siguiente aspecto:

En mi hoja de balance:

Mi hoja de balance

Activos	Pasivos
Pagaré por 100 000 dólares	Hipoteca por 70 000 dólares

En la hoja de balance del comprador:

Hoja de balance del comprador

Activos	Pasivos
	Pagaré por 100 000 dólares

La transacción es entonces registrada con una oficina de títulos y depósitos, que a menudo maneja los pagos. Si la persona no paga los 100 000 dólares, yo simplemente ejecuto la hipoteca y vendo la propiedad a la siguiente persona que quiera vivir en una casa con un "bajo pago inicial, fáciles pagos mensuales". La gente forma una fila para tener la oportunidad de comprar una casa en esos términos.

El efecto neto es que he creado 30 000 dólares en mi columna de activos por los que me pagan interés, de la misma forma en que el banco recibe el pago de intereses por los préstamos que realiza.

Yo estaba comenzando a ser el banco y me gustaba. Si usted recuerda el capítulo anterior, mi padre rico dijo: "Sé cuidadoso de con quién contraes deuda. Si contraes deuda, asegúrate de que sea pequeña. Si contraes una gran deuda, asegúrate que sea alguien más quien pague por ti."

En el lenguaje del lado derecho del Cuadrante, yo "transferí" mi riesgo, o "compensé" mi riesgo con otro comprador. Ése es el juego en el mundo de las finanzas.

Este tipo de transacción se realiza en todo el mundo. Sin embargo, donde quiera que voy la gente se acerca a mí y me dice estas palabras mágicas: "Usted no puede hacer eso aquí."

Lo que la mayoría de los pequeños inversionistas no se da cuenta es que muchos grandes edificios comerciales son adquiridos y vendidos exactamente de la manera que he descrito anteriormente. En ocasiones pasan por un banco, pero en muchas ocasiones no lo hacen.

Es como ahorrar 30 000 dólares sin ahorrar

Si usted recuerda el capítulo anterior, escribí acerca de las razones por las que el gobierno no le da a la gente incentivos fiscales por ahorrar dinero. Bien, dudo que los bancos jamás pidan al gobierno que haga algo así, porque los ahorros de usted son el pasivo del banco. Estados Unidos tiene una baja tasa de ahorros simplemente porque los bancos no quieren su dinero ni necesitan sus ahorros para hacer su negocio. Así que este ejemplo es una manera de jugar al banco e incrementar sus ahorros sin hacer mucho esfuerzo. El flujo de efectivo de estos 30 000 dólares se puede representar de la siguiente manera:

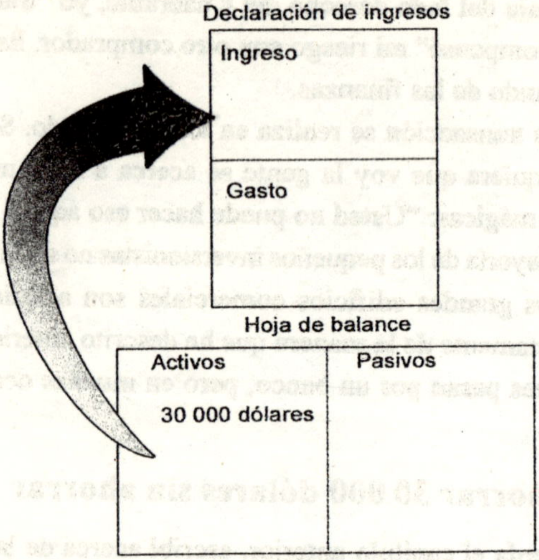

Existen varias cuestiones interesantes acerca de este diagrama:

1. Yo determiné la tasa de interés para mis 30 000 dólares. A menudo es una tasa de interés del 10 por ciento. La mayoría de los bancos no le pagan a usted más del 5% sobre sus ahorros actualmente. Así que incluso si yo utilizaba mis propios 10 000 dólares como pago inicial, lo cual trato de no hacer, el interés sobre esa cantidad es a menudo mejor que lo que el banco podría pagarme.
2. Es como crear 20 000 dólares (30 000 menos 10 000 del pago inicial) que no existían antes. De la misma forma que lo hace el banco… crea un activo y luego cobra interés por él.
3. Esa cantidad de 20 000 dólares fue creada libre de impuestos. Para la persona promedio en el cuadrante "E", se necesitarían cerca de 40 000 dólares de salarios para ser capaz de apartar 20 000. El ingreso ganado como empleado es una proposición 50-50, en que el gobierno toma su 50% antes de que usted pueda siquiera verlo, mediante la retención.

4. Todos los impuestos de propiedad, mantenimiento y honorarios de administración son ahora responsabilidad del comprador, debido a que le vendí la propiedad.
5. Y hay más. Muchas cosas creativas pueden hacerse en el lado derecho del Cuadrante para crear dinero de la nada, tan sólo al desempeñar el papel del banco.

Una transacción como esa tarda entre una semana y un mes para ser establecida. La cuestión es cuánto tardaría la mayoría de la gente para ganar 40 000 dólares adicionales, de manera que pudieran ahorrar 20 000 después de pagar una carretada de impuestos y otros gastos en que se incurre para ganar ese dinero.

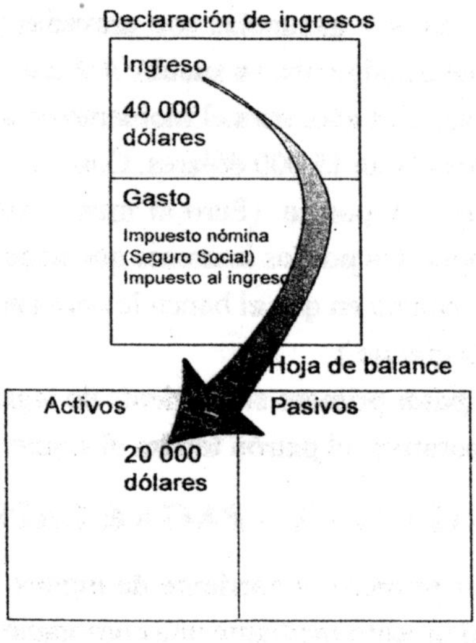

La corriente de ingreso es entonces protegida

En *Padre rico, padre pobre*, me referí brevemente a por qué utilizan los ricos a las corporaciones:

1. Protección de activos. Si usted es rico, la gente tiende a querer quitarle lo que usted tiene por medio de litigios. A eso se

le llama "buscar a alguien con bolsillos profundos". Los ricos a menudo no poseen nada bajo su nombre. Sus activos son propiedad de fideicomisos y corporaciones, con el fin de protegerlos.

2. Protección de ingreso. Al hacer pasar la corriente de ingreso de sus activos a través de su propia corporación, gran parte de lo que normalmente le quitaría el gobierno puede ser protegido.

La dura realidad: Si usted es un empleado, la secuencia es la siguiente:

GANAR – PAGAR IMPUESTOS – GASTAR

Como empleado, sus ganancias son gravadas y retenidas incluso antes de que usted reciba su sueldo. Así que si un empleado recibe 30 000 dólares al año, para el momento en que el gobierno termina con él, le quedan 15 000 dólares. Con esos 15 000 dólares usted debe pagar su hipoteca. (Pero al menos usted recibe una deducción de impuestos por los intereses que paga sobre su hipoteca… que es la manera en que el banco le convence de que compre una casa más grande.)

Si usted hace pasar primero su corriente de ingreso a través de una entidad corporativa, el patrón tendrá el siguiente aspecto:

GANAR – GASTAR – PAGAR IMPUESTOS

Al hacer pasar primero la corriente de ingreso de los 30 000 dólares que usted inventó mediante una corporación, usted puede "gastar" gran parte de lo que gana antes de que el gobierno lo obtenga. Si usted posee la corporación, usted crea las reglas… siempre y cuando se apegue al código fiscal.

Por ejemplo, si usted crea las reglas, puede estipular en los estatutos de su compañía que el cuidado infantil es parte de su paquete de empleo. La compañía puede pagar 400 dólares mensuales por cuidado infantil con el dinero antes de pagar impuestos. Si usted paga ese servicio con su dinero después de pagar impuestos, necesita efectivamente ganar cerca de 800 dólares para pagar por el mismo cuidado infantil con el dinero que le queda después de pagar impuestos. La lista es larga y los requisitos son específicos en cuanto a aquello que el dueño de una corporación puede deducir y que un empleado no puede. Incluso ciertos gastos de viaje pueden ser sufragados con el dinero antes de pagar impuestos, siempre y cuando usted pueda demostrar que realizó actividades de negocio durante el viaje (por ejemplo, sostuvo una junta del consejo de administración). Sólo asegúrese de que sigue las reglas. Incluso los planes de retiro son diferentes para los dueños y los empleados en muchos casos. Habiendo dicho lo anterior, deseo enfatizar que usted debe seguir las regulaciones requeridas para hacer que esos gastos sean deducibles. Yo creo en aprovechar la ventaja de las deducciones legales permitidas por el código fiscal, pero no le recomiendo que viole la ley.

Nuevamente, la clave para ser capaz de aprovechar algunas de esas disposiciones legales es en qué cuadrante obtiene usted su ingreso. Si todo su ingreso es generado como empleado de una compañía que usted no posee ni controla, hay muy poca protección de ingreso o de activos disponible para usted.

Por eso recomiendo que si es un empleado, conserve su trabajo, pero comience a pasar tiempo en los cuadrantes "D" e "I". Su camino más rápido a la libertad es a través de esos dos cuadrantes. Para sentirse más seguro desde el punto de vista financiero, el secreto consiste en operar en más de un cuadrante.

Tierra gratis

Hace algunos años mi esposa y yo deseábamos tener una propiedad lejos de las multitudes. Tuvimos la necesidad de poseer alguna propiedad rural con robles altos y un arroyo que lo atravesara. También deseábamos privacidad.

Encontramos una parcela con un precio de 75 000 dólares por 20 acres. El vendedor estaba dispuesto a tomar un pago inicial de 10% e imponer al saldo un 10% de interés. Era una transacción justa. El problema es que violaba la regla sobre la deuda que mi padre rico me había enseñado, que era: "Sé cuidadoso cuando contraigas una deuda. Si contraes una deuda personalmente, asegúrate que sea pequeña. Si contraes una deuda grande, asegúrate que alguien más pague por ella."

Mi esposa y yo decidimos no comprar el lote de 75 000 dólares y continuamos buscando otra propiedad que tuviera más sentido. Para mí, 75 000 dólares es una deuda muy grande debido a que nuestro flujo de efectivo hubiera tenido el siguiente aspecto:

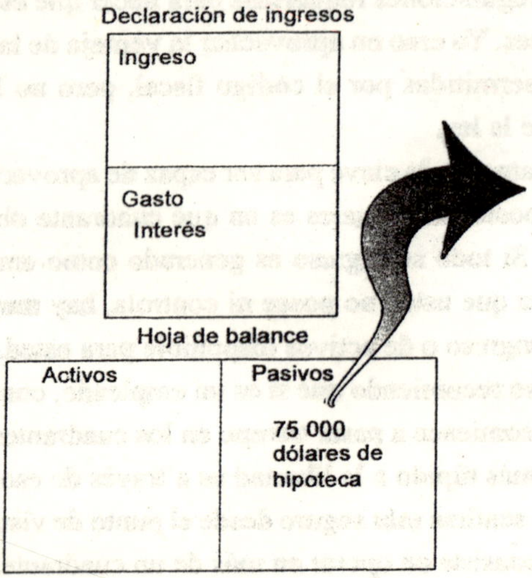

Y recuerde la regla de mi padre rico:

"Si asumes deuda y riesgo, entonces deben pagarte por ello."

Bien, en esa transacción yo hubiera tenido que asumir tanto la deuda como el riesgo y estaba pagando por ello.

Cerca de un mes después encontramos un lote de terreno que era todavía más hermoso. Tenía 87 acres de robles altos con un arroyo y una casa en él, por 115 000 dólares. Le ofrecí al vendedor pagarle el precio que pedía, si aceptaba mis términos... y lo hizo. Para abreviar una historia larga, gastamos unos cuantos dólares arreglando la casa y vendimos la casa y 30 acres por 215 000 dólares utilizando la misma idea de "bajo pago inicial, fáciles pagos mensuales", mientras que conservamos 57 acres para nosotros.

Ésta es la manera en que la transacción aparecía en mi hoja de balance:

Mi hoja de balance

Activos	Pasivos
215 000 dólares	115 000 dólares

El nuevo propietario estaba emocionado porque se trataba de una bella casa y había sido capaz de comprarla casi sin desembolsar un pago inicial. Además, la adquirió por medio de su compañía para utilizarla como retiro corporativo para sus empleados, lo que le permitió depreciar el precio de compra como un activo de la compañía, así como deducir los costos de mantenimiento. A lo anterior hay que agregar que era capaz de deducir los pagos por los intereses. Sus pagos de intereses por mucho pagaron mis pagos de intereses. Unos años después vendió parte de las acciones de su compañía y me liquidó el préstamo y yo por mi parte liquidé mi préstamo. La deuda había desparecido.

Con la ganancia adicional de 100 000 dólares que obtuve, fui capaz de pagar los impuestos sobre la ganancia del terreno y de la casa.

El resultado neto fue cero deuda, unos cuantos dólares de utilidad (15 000 dólares después de pagar impuestos) y 57 acres de tierra maravillosa. Es como recibir un pago por obtener lo que usted desea.

Actualmente mi hoja de balance de esa transacción específica tiene el siguiente aspecto:

Mi hoja de balance

Activos	Pasivos
57 acres de tierra 15 000 dólares en efectivo	

La oferta pública inicial

Una oferta pública inicial (IPO, por sus siglas en inglés), o la emisión y venta al público en general de las acciones de una compañía por medio de una oferta de acciones, se basa en los mismos principios. Mientras las palabras, el mercado y los jugadores son diferentes, existen principios básicos que son los mismos. Cuando mi organización forma una compañía para vender acciones al público, a menudo creamos el valor de la nada, incluso a pesar de que tratamos de basarla en una opinión precisa del justo valor de mercado. Llevamos la oferta al mercado público y, en vez de vender este patrimonio a una persona, se vende a miles de personas como acciones de una compañía.

El valor de la experiencia

Ésta es otra razón por la que recomiendo que las personas comiencen en el cuadrante "D" antes de pasar al cuadrante "I". Sin importar si la inversión es en bienes raíces, en negocios, en acciones u obligaciones, existe un "sentido de negocios comprensivo" subyacente que es esencial para ser un inversionista sólido. Algunas personas tienen ese sentido comprensivo, pero muchas no lo tienen. Principalmente debido a que la escuela nos capacita para ser altamente especializados... no nos capacita para tener una comprensión más amplia.

Un argumento más. Para aquellos que piensan comenzar a transitar hacia los cuadrantes "D" o "I", les recomiendo empezar en pequeño... y darse su tiempo. Realice usted negocios más grandes conforme crezca su confianza y experiencia. Recuerde, la única diferencia entre un negocio de 80 000 dólares y uno de 800 000 es un cero. El proceso de atravesar por un negocio pequeño es en gran medida el mismo que atravesar por una oferta pública multimillonaria mucho más grande. Es sólo cuestión de más personas, más ceros y más diversión.

Una vez que la persona obtiene experiencia y buena reputación, necesita cada vez menos dinero para crear inversiones cada vez más grandes. Muchas veces no se necesita dinero para ganar mucho dinero. ¿Por qué? La experiencia es valiosa. Como señalé anteriormente, si usted sabe cómo ganar dinero con dinero, las personas y el dinero irán hacia usted. Comience en pequeño y tome su tiempo. La experiencia es más importante que el dinero.

Es sencillo y fácil

En teoría, los números y transacciones en el lado derecho del Cuadrante son así de sencillos, sin importar si estamos hablando de acciones, obligaciones, bienes raíces o negocios. Tener una buena posición financiera simplemente significa ser capaz de pensar de manera diferente… pensar desde diferentes cuadrantes y tener el valor para hacer las cosas de manera diferente. Para mí, una de las cosas más difíciles por las que tiene que atravesar una persona nueva en esta manera de pensar es enfrentar el ilimitado número de personas que le dirán: "Usted no puede hacer eso."

Si usted puede superar esa clase de pensamiento limitado y buscar personas que le digan: "Sí, yo sé cómo hacer eso. Tendré mucho gusto en enseñarle", su vida será más sencilla.

Las leyes

Comencé este capítulo con la Ley de Reforma Fiscal de 1986. Aunque aquél fue un cambio de reglas significativo, no es ni será el último cambio de reglas. Sólo utilicé la Ley de 1986 como un ejemplo de qué tan poderosas pueden ser ciertas reglas y leyes. Si una persona va a ser exitosa en el lado "D" e "I" del Cuadrante, él o ella necesitan estar conscientes de las fuerzas del mercado y de cualquier cambio en la ley que afecte a esas fuerzas de mercado.

Actualmente en Estados Unidos existen más de 100 000 páginas del código fiscal. Eso se refiere únicamente a la oficina de impuestos (IRS, por sus siglas en inglés). Las leyes federales ascienden a más de 1.2 millones de páginas de legislación. El lector promedio tardaría 23 000 años en leer toda la legislación estadounidense. Cada año se crean más leyes, se derogan y reforman. Sería más que un trabajo de tiempo completo el de mantenerse al día con esos cambios.

Cada vez que alguien me dice: "Eso es contra la ley", les pregunto si han leído cada línea de legislación de Estados Unidos. Si me responden que sí, me alejo lentamente, sin mostrarles la espalda. Nunca le muestre la espalda a alguien que piensa que conoce todas las leyes.

Para tener éxito en el lado derecho del Cuadrante se requiere ver 5% con sus ojos y 95% con su mente. Comprender las leyes y las fuerzas del mercado es vital para tener éxito financiero. Las grandes transferencias de riqueza ocurren cuando las leyes y los mercados cambian. Así que es importante prestar atención si usted desea hacer que esos cambios trabajen en su favor y no en su contra.

El gobierno necesita su dinero

Yo creo en pagar impuestos. Yo sé que el gobierno proporciona muchos servicios vitales, que son esenciales para la buena marcha de la civilización. Desafortunadamente, en mi opinión, el gobierno está mal manejado, es demasiado grande y hace demasiadas promesas que no puede cumplir. Pero eso no es culpa de los políticos y legisladores de la actualidad, porque muchos de los problemas financieros que encaramos actualmente fueron creados hace más de 60 años por sus predecesores. Los legisladores actuales están tratando de manejar los problemas y de encontrar soluciones. Desafortunadamente, si los legisladores desean mantenerse en sus cargos, no pueden decir la verdad a las masas. Si lo hicieran, serían despedidos de sus puestos… porque las masas todavía confían en el gobierno para resolver sus problemas financieros y médicos. El gobierno no puede hacerlo. El gobierno se está haciendo más pequeño y los problemas se están haciendo más grandes.

Entre tanto, el gobierno tendrá que continuar cobrando más impuestos… incluso si los políticos prometen que no. Ésa es la razón por la que el Congreso aprobó la Ley de Reforma Fiscal de 1986. Necesitaba eliminar las omisiones de las leyes fiscales con el fin de recaudar más impuestos. En los próximos años muchos de los gobiernos occidentales deben comenzar a recaudar incluso más impuestos para evitar el incumplimiento de algunas de las promesas hechas hace mucho tiempo. Promesas como las del servicio médico público (Medicare) y el seguro social, así como las pensiones federales que se deben a millones de trabajadores del gobierno federal. La masa del público probablemente no se dará cuenta ahora, pero la magnitud del problema se volverá aparente hacia 2010. El mundo se dará cuenta de que Estados Unidos no será capaz de pedir prestado para salir de esos problemas.

La revista *Forbes* publicó sus proyecciones sobre la creciente deuda estadounidense:

"Si usted lo nota, disminuye hasta 2010 y luego se incrementa bruscamente. Crece bruscamente justo cuando el grupo de personas más grande en la historia de Estados Unidos comienza a retirarse. En el año 2010 los primeros miembros de la generación nacida en la posguerra tendrán 65 años. En el año 2010, en vez de agregar dinero al mercado de valores, los miembros de esa generación comenzarán a retirar dinero del mercado de valores... si no lo hacen antes. Para el año 2010, 75 millones de personas decidirán que su 'activo' más grande, su casa, es demasiado grande porque los hijos se han marchado y comenzarán a vender sus grandes casas para mudarse a una parte menos afectada por el crimen en el país, los pequeños pueblos de Estados Unidos."

Repentinamente, los actuales medios de retiro, denominados 401(k) en los Estados Unidos, o los fondos súper anuales en muchos países de la Mancomunidad Británica, comenzarán a encogerse. Se encogerán porque serán sujeto de las fluctuaciones de mercado... lo que significa que subirán con el mercado y se reducirán con el mercado. Los fondos de inversió ı comenzarán a liquidar sus acciones con el fin de pagar las órdenes de venta de los miembros de esa generación nacida en la posguerra que necesitará utilizar el dinero para el retiro. Los miembros de esa generación quedarán atrapados repentinamente con enormes impuestos por ganancias de capital, por las ganancias acumuladas por esos fondos de inversión y gravables tras el retiro del dinero. Las ganancias de capital se originarán por la venta de esas acciones sobrevaluadas a precios altos, que los fondos transferirán a sus miembros. En vez de efectivo, muchos miembros de esa generación recibirán una cuenta de impuestos adeudados por ganancias de capital que nunca recibieron. Recuerde, el recaudador de impuestos siempre obtiene primero el dinero.

Simultáneamente, la salud de millones de miembros de esa generación que son más pobres comenzará a tener problemas, porque históricamente los pobres han tenido peor salud que los ricos. El servicio médico gubernamental Medicare quedará en bancarrota y el clamor de otorgar más apoyo gubernamental se incrementará en las ciudades por todo Estados Unidos.

Añada a eso el eclipsamiento de Estados Unidos por China como la nación con el PIB más grande y el advenimiento de la Unión Monetaria Europea. Sospecho que tanto los salarios como los precios de los bienes tendrán que disminuir… y/o la productividad debe dispararse a los cielos con el fin de enfrentar los desafíos de esos dos grandes bloques económicos.

Todo esto ocurrirá hacia 2010, que no está demasiado lejano. La siguiente gran transferencia de riqueza tendrá lugar, no por conspiración sino por ignorancia. Estamos en la etapa final de la mentalidad del "merecimiento", del gran gobierno y del gran negocio de la era industrial y oficialmente estamos entrando en la era de la información. En 1989 el Muro de Berlín se desplomó. En mi opinión, ese acontecimiento fue tan significativo como el año 1492, cuando Colón se topó con las Américas en su búsqueda de Asia. En algunos círculos, 1492 fue el inicio oficial de la era industrial. El fin fue señalado en 1989. Las reglas han cambiado.

La historia como guía

Mi padre rico me alentaba a que aprendiera bien el juego. Después de que lo aprendiera bien, podría hacer lo que quisiera con lo que sabía. Escribí y enseñé debido a la preocupación y el sentido de que más personas necesitan saber cómo cuidar de sí mismas desde el punto de vista financiero... y no convertirse en dependientes del gobierno o de una compañía para mantener su vida.

Espero estar equivocado acerca de lo que veo venir por el camino en la economía. Quizá los gobiernos puedan seguir haciendo promesas de cuidar de la gente: seguir aumentando los impuestos y seguir contrayendo una deuda más grande. Quizá el mercado de valores siempre subirá y nunca volverá a desplomarse... y quizá los precios de los bienes raíces siempre se incrementarán y su casa se convertirá en su mejor inversión. Y quizá millones de personas encontrarán la felicidad ganando un salario mínimo y serán capaces de proporcionar una buena vida a su familia. Quizá todo esto ocurrirá. Pero yo no lo creo. No si la historia sirve como guía.

Históricamente, si la gente viviera hasta alcanzar los 75 años de edad, vivirían a través de dos recesiones y una depresión. Los nacidos después de la guerra hemos atravesado por dos recesiones, pero no hemos visto esa depresión. Quizá nunca vuelva a haber una depresión. Pero la historia no dice eso. La razón por la que mi padre rico me hizo leer libros sobre los grandes capitalistas y los economistas fue para que yo pudiera obtener una perspectiva más amplia y mejor sobre de dónde venimos y hacia dónde vamos.

Al igual que existen olas en el océano, existen grandes olas en los mercados. En vez de que el viento y el sol impulsen las olas del océano, las olas de los mercados financieros son impulsadas por dos emociones humanas: la codicia y el miedo. No creo que las depresiones sean una cosa del pasado porque todos somos seres humanos y siempre tendremos esas emociones de codicia y miedo. Y cuando la codicia y el miedo chocan y una persona pierde mucho dinero, la siguiente emoción humana es la depresión. La depresión se compone de dos emociones humanas, la ira y la tristeza. La ira con uno mismo y la tristeza por la pérdida. Las depresiones económicas son depresiones emocionales. La gente pierde y se deprime.

A pesar de que la economía en general pueda parecer en buen estado, existen millones de personas que están en diversas etapas de depresión. Es posible que tengan un empleo, pero muy adentro saben que no están saliendo adelante financieramente. Están enfadados consigo mismos y tristes por la pérdida de su tiempo. Pocos de ellos saben que han quedado atrapados por la idea de la era industrial: "Consigue un empleo seguro y no te preocupes acerca del futuro."

Un gran cambio... y una oportunidad

Estamos entrando en una era de tremendos cambios y oportunidad. Para algunas personas serán los mejores tiempos y para otras serán los peores.

El presidente John Kennedy dijo: "Un gran cambio se aproxima."

Kennedy era un hombre que venía del lado "D-I" del Cuadrante y trató desesperadamente de mejorar las vidas de quienes estaban atrapados en cápsulas del tiempo. Desafortunadamente millones de personas todavía están en esas cápsulas del tiempo y siguen ideas en sus cabezas, que fueron transmitidas desde las eras del pasado. Ideas como "ve a la escuela con el fin de que puedas conseguir un empleo seguro". La educación es más importante que nunca, pero necesitamos enseñarle a la gente a pensar un poco más allá que tan sólo para buscar un empleo seguro y esperar que la compañía o el gobierno cuiden de ellos una vez que su etapa laboral termine. Ésa es una idea de la era industrial... y ya no estamos en ella.

Nadie dijo que fuera justo... pero éste no es un país justo. Somos un país libre. Hay gente que trabaja más duro, que son más inteligentes, que están más motivados por el éxito, que tienen más talento o que están más deseosos de tener una buena vida que otros. Somos libres para tratar de satisfacer esas ambiciones si tenemos la determinación. Sin embargo, cada vez que a alguien le va mejor, algunas personas dicen que es injusto. Esas mismas personas piensan que sería justo si los ricos compartieran con los pobres. Bien, nadie dijo que fuera justo. Y mientras más tratamos de hacer que las cosas sean justas, menos libres somos.

Cuando alguien me dice que existe discriminación racial o un "techo de cristal", yo estoy de acuerdo. Sé que esas cosas existen. Personalmente detesto cualquier tipo de discriminación y siendo de ascendencia japonesa, he experimentado la discriminación en carne propia. En el lado izquierdo del Cuadrante la discriminación sí existe, especialmente en las compañías. Su apariencia, su escuela, el hecho de si usted es blanco o negro o moreno o amarillo, o si es varón o mujer… todas esas cosas cuentan en el lado izquierdo del Cuadrante. Sin embargo, no cuentan en el lado derecho del Cuadrante. El lado derecho está preocupado no con la justicia o la seguridad, sino con la libertad y el amor por el juego. Si usted desea jugar el juego en el lado derecho, los jugadores le darán la bienvenida. Si usted juega y gana, está bien. Le darán la bienvenida aún más y le preguntarán cuáles son sus secretos. Si usted juega y pierde, tomarán contentos todo su dinero, pero no se queje o culpe a alguien más por su fracaso. Ésa no es la manera en que se juega en el lado derecho del Cuadrante. No está diseñado para ser justo. Ser justo no es el nombre del juego.

¿Por qué el gobierno deja en paz al lado "D-I"?

En realidad, el gobierno no deja en paz al lado "D-I", sino que el lado "D-I" tiene más maneras de escapar y esconder su riqueza. En *Padre rico, padre pobre* hablé acerca del poder de las corporaciones. Una razón importante por la que los ricos conservan más de su riqueza es simplemente porque actúan como entidades corporativas y no como cuerpos humanos. Un cuerpo humano necesita un pasaporte para ir de un país a otro. Una entidad corporativa no lo necesita. Una entidad corporativa viaja por el mundo con toda libertad y con frecuencia puede trabajar libremente. Un cuerpo humano necesita registrarse con el gobierno y en Estados Unidos necesitan una "visa especial" para trabajar. Una entidad corporativa no la necesita.

Aunque a los gobiernos les gustaría tomar más dinero de las entidades corporativas, se dan cuenta de que si aprueban leyes fiscales abusivas las entidades corporativas tomarán tanto su dinero como sus empleos y se marcharán a otro país. En la era industrial la gente hablaba de los "paraísos fiscales" como un país. Los ricos siempre han tenido "paraísos fiscales" donde su dinero es recibido con amabilidad. Hoy en día los paraísos fiscales no son un país; son el ciberespacio. El dinero, al ser una idea y ser invisible, puede ahora esconderse en lo invisible, o al menos fuera de la vista del ojo humano. Pronto, si no es que ya se ha hecho, la gente realizará sus operaciones bancarias en un satélite geosincrónico que orbita en el espacio... libre de cualquier ley, o bien elegirán operar en un país cuyas leyes sean más favorables para los ricos.

En *Padre rico, padre pobre*, escribí que las corporaciones se hicieron populares al final de la era industrial... justo después de que Colón descubrió un nuevo mundo lleno de riquezas. Cada vez que los ricos enviaban un navío al océano se encontraban en riesgo porque si el barco no regresaba el rico no quería adeudar a las familias de los marineros que murieran. Así que se formaron las corporaciones con el objeto de tener protección legal y limitar el riesgo de pérdida a la cantidad de dinero comprometida y nada más allá de eso. De esa manera los ricos arriesgaron sólo su dinero y los tripulantes arriesgaron sus vidas. Las cosas no han cambiado mucho desde entonces.

Donde quiera que viajo por el mundo, la gente con la que trato hace negocios principalmente de esa manera, como empleados de sus propias corporaciones. En teoría, ellos no poseen nada y en realidad no existen como ciudadanos privados. Existen como funcionarios de sus corporaciones opulentas, pero como ciudadanos privados no poseen nada. Y dondequiera que voy en el mundo conozco personas que me dicen: "Usted no puede hacer eso en este país. Eso es contra la ley."

La mayoría de la gente no se da cuenta de que las leyes de la mayoría de los países del mundo occidental son similares. Es posible que utilicen palabras diferentes para describir las mismas cosas, pero en principio sus leyes son muy similares.

Yo le recomiendo que, de ser posible, al menos considere convertirse en un empleado de su propia corporación. Esto es especialmente recomendable para los "A" y "D" de altos ingresos, incluso si poseen franquicias o si obtienen sus ingresos por medio del mercadeo en red. Busque el consejo de asesores financieros competentes. Ellos pueden ayudarle a escoger e implementar la mejor estructura para su situación particular.

Existen dos clases de leyes

En la superficie, parece como si existieran leyes para los ricos y leyes para los demás. Pero en realidad las leyes son las mismas. La única diferencia es que los ricos utilizan las leyes en su provecho, mientras que los pobres y la clase media no lo hacen. Esa es la diferencia fundamental. Las leyes son las mismas… fueron escritas para todos… yo le sugiero que contrate asesores inteligentes y que obedezca las leyes. Es muy fácil ganar dinero legalmente en vez de violar las leyes y terminar en prisión. Además, sus asesores legales le servirán como su sistema de alerta temprana en lo que se refiere a cambios inminentes a la ley… y cuando las leyes cambian, la riqueza cambia de manos.

Dos opciones

Una ventaja de vivir en una sociedad libre es la libertad de escoger. En mi opinión, existen dos grandes opciones: la opción de la seguridad y la opción de la libertad. Si usted escoge la seguridad, hay un enorme precio que pagar por esa seguridad, bajo la forma de impuestos excesivos y el castigo de los pagos de intereses. Si usted escoge la libertad, entonces necesita aprender la totalidad del juego y a continuación practicar el juego. Es su elección en qué cuadrante quiere usted desarrollar el juego.

La primera parte de este libro definió los conceptos específicos del Cuadrante del flujo de dinero, mientras que la segunda parte se enfocó en el desarrollo de la mentalidad y actitud de alguien que escoge el lado derecho del Cuadrante. De manera que ahora debe usted comprender dónde se encuentra actualmente en el Cuadrante, así como tener una idea de adónde le gustaría estar. Usted también debe tener una mejor comprensión del proceso mental y la mentalidad correspondiente a operar desde el lado derecho del Cuadrante.

Aunque le he mostrado las maneras de cruzar del lado izquierdo al lado derecho del Cuadrante, ahora me gustaría proporcionarle más detalles específicos. En la sección final del libro, la tercera parte, identificaré siete pasos para encontrar su "pista rápida" financiera que considero esenciales para mudarse al lado derecho del Cuadrante.

Nota del autor

En 1943, Estados Unidos comenzó a cobrar impuestos a todos los trabajadores estadounidenses por medio de la deducción en nómina. En otras palabras, el gobierno recibió su pago antes que las personas en el cuadrante "E" recibieran el suyo. Cualquier persona que era solamente un "E" tiene pocas formas de escapar del gobierno. Eso también significó que en vez de que sólo los ricos pagaran impuestos, lo cual era la esperanza de la 16a. Enmienda Constitucional, todas las personas del lado izquierdo del Cuadrante fueron gravados con impuestos, ricos o pobres. Como afirmé anteriormente, las personas de salario más bajo en Estados Unidos pagan actualmente más impuestos como porcentaje del ingreso total que los ricos y la clase media.

En 1986 la Ley de Reforma Fiscal fue tras los profesionistas de altos ingresos del cuadrante "A". La ley enumeraba específicamente a los médicos, abogados, arquitectos, dentistas, ingenieros y otros profesionistas y hacía difícil, si no es que imposible, que ellos protegieran su ingreso de la manera en que lo hacen los ricos en los cuadrantes "D" e "I".

Estos profesionistas fueron obligados a operar sus negocios por medio de corporaciones denominadas "S", en vez de hacerlo a través de corporaciones denominadas "C", o pagar una multa fiscal. Los ricos no pagan esa multa. El ingreso de esos profesionistas de altas compensaciones pasa a través de la corporación del tipo "S" y es gravado de acuerdo con la tasa de impuestos individual más alta posible. Ellos no tienen oportunidad de proteger su ingreso por medio de las deducciones permitidas a las corporaciones del tipo "C". Y, al mismo tiempo, la ley fue reformada para obligar a todas las corporaciones del tipo "S" a tener un fin de año fiscal. Esto nuevamente obligó a que todos los ingresos fueran gravados de acuerdo con la tasa más alta.

Cuando estaba analizando recientemente estos cambios con mi contadora, ella me recordó que el impacto más grande para las personas autoempleadas generalmente se produce al final de su primer año de negocios, cuando se dan cuenta de que el impuesto más alto que están pagando es un impuesto "a los autoempleados". Ese impuesto es el doble para los "A", o autoempleados, en comparación con el que pagaban como "E", o empleados. Y es calculado con base en el ingreso antes de que el individuo pueda hacer cualquier deducción o aplicar cualquier exención personal. Si es posible para una persona autoempleada no tener un ingreso gravable, aun así debe pagar un impuesto por autoempleo. Las corporaciones, por otra parte, no tienen que pagar un impuesto por autoempleo.

La Ley de Reforma Fiscal de 1986 también expulsó de manera efectiva a los "E" y "A" de Estados Unidos fuera del mercado inmobiliario como inversión y los condujo a invertir en activos de papel como las acciones y los fondos de inversión. Una vez que comenzó la reducción de personal, millones no sólo se sintieron menos seguros acerca de sus empleos, sino que además se sintieron menos seguros acerca de su retiro, simplemente porque estaban basando su futuro bienestar financiero en activos de papel sujetos a los altibajos del mercado.

La Ley de Reforma Fiscal de 1986 también parece haber tenido la intención de eliminar los pequeños bancos comunitarios de Estados Unidos y concentrar todas las operaciones bancarias en los bancos nacionales. Yo sospecho que la razón por la que se hizo eso fue para que Estados Unidos pudiera competir con los bancos más grandes de Alemania y Japón. Si esa fue la intención, fue exitosa. Hoy en día en Estados Unidos las operaciones bancarias son menos personales y se basan únicamente en los números; el resultado neto de lo anterior es que resulta más difícil para ciertas clases de personas cumplir con los requisitos para obtener préstamos hipotecarios. En vez de un banquero de pequeño pueblo que le conoce a usted por su buen carácter, hoy en día una computadora central escupe su nombre si usted no cumple con sus requisitos impersonales de calificación.

•

Después de la Ley de Reforma Fiscal de 1986, los ricos continuaron ganando más, trabajando menos, pagando menos en impuestos y disfrutando de mayor protección de sus activos al utilizar la fórmula que mi padre rico me dio 40 años atrás, que era: "Crea un negocio y adquiere bienes raíces. Gana mucho dinero por medio de las corporaciones del tipo 'C' y protege tu ingreso con los bienes raíces." Mientras millones y millones de estadounidenses trabajan, pagan cada vez más de impuestos y luego depositan miles de millones de dólares en fondos de inversión, los ricos venden discretamente sus acciones de las corporaciones del tipo "C", que los hace incluso más ricos y luego compran miles de millones en inversiones en bienes raíces. Una acción de una corporación del tipo "C" permite al comprador compartir el riesgo de ser propietario de una compañía. Una acción no le permite al accionista tener las ventajas de poseer la corporación del tipo "C" e invertir en ofertas de bienes raíces.

¿Por qué recomendaba mi padre rico poseer negocios en corporaciones del tipo "C" y luego adquirir bienes raíces? Porque las leyes fiscales recompensan a la gente que opera de esa manera... pero ése es un tema que está más allá del alcance de este libro. Sólo recuerde las palabras de personas tan inmensamente ricas como Ray Kroc, fundador de McDonald's:

"Mi negocio no son las hamburguesas. Mi negocio son los bienes raíces."

O de mi padre rico, que martilló en mi cabeza: "Crea negocios y adquiere bienes raíces."

En otras palabras, busqué mi fortuna en el lado derecho del Cuadrante del flujo de dinero para sacar ventaja de las leyes fiscales.

En 1990, el presidente George Bush incrementó los impuestos luego de prometer: "Miren mis labios: no más impuestos." En 1992 el presidente Clinton promulgó como ley el más grande incremento de impuestos en la historia reciente. Nuevamente, esos incrementos afectaron a los "E" y "A", pero los "D" e "I" no fueron afectados en su mayor parte.

Conforme avanzamos más y más lejos de la era industrial y nos adentramos en la era de la información, necesitamos continuar reuniendo información de diferentes cuadrantes. En la era de la información, la información de calidad es nuestro activo más importante. Como dijo una vez Erik Hoffer:

En tiempos de cambio...
los que aprenden heredarán la Tierra,
mientras que los aprendidos
se encontrarán bellamente equipados
para enfrentar un mundo
que ya no existe.

Recuerde

La situación financiera de cada persona es diferente. Por eso siempre recomiendo:

1. Busque el mejor consejo profesional y financiero que pueda encontrar. Por ejemplo, mientras una corporación del tipo "C" puede funcionar mejor en algunos casos, no funciona bien en todos los casos. Incluso en el lado derecho del Cuadrante, ocasionalmente es apropiado utilizar una corporación del tipo "S".
2. Recuerde que existen diferentes consejeros para los ricos, los pobres y la clase media, de la misma forma en que existen diferentes consejeros para las personas que ganan su dinero en el lado derecho y en el izquierdo. También considere la idea de buscar asesoría de personas que ya se encuentren en donde usted quiere ir.
3. Nunca haga negocios o invierta por razones fiscales. Un incentivo fiscal es un motivo adicional para hacer las cosas

a la manera que el gobierno quiere. Debe ser un motivo adicional, no la razón.

4. Si usted es un lector no ciudadano de Estados Unidos, el consejo sigue siendo el mismo. Nuestras leyes pueden ser diferentes, pero los principios de buscar asesoría competente siguen siendo los mismos. Las personas en el lado derecho operan de manera muy similar en todo el mundo.

Tercera parte

Cómo convertirse en un "D" e "I" exitoso

CAPÍTULO 10

Vaya pasito a pasito

La mayoría de nosotros hemos escuchado el dicho: "Un viaje de mil kilómetros comienza con un simple paso." Me gustaría modificar esa afirmación ligeramente. En vez de eso yo diría: "Un viaje de mil kilómetros comienza con un pequeño pasito."

Hago énfasis en esto porque he visto a demasiadas personas tratar de dar "un gran salto adelante", en vez de ir pasito a pasito. Todos hemos visto gente que tienen muy mala condición física y que repentinamente deciden perder 10 kilogramos y ponerse en forma. Comienzan con una dieta tremenda, van al gimnasio por dos horas diarias y luego corren 10 kilómetros. Eso quizá dure una semana. Ellos pierden unos cuantos kilogramos y luego el dolor, el aburrimiento y el hambre comienzan a causar estragos en su voluntad y su determinación. A la tercera semana sus viejos hábitos de comer demasiado, no hacer ejercicio y ver la televisión vuelven a apoderarse de ellos.

En vez de dar "un gran salto adelante", yo recomiendo dar un pequeño pasito hacia adelante. El éxito financiero de largo plazo no se mide por cuán grande es su zancada. El éxito financiero de largo plazo se mide en el número de pasos, en qué dirección se mueve usted y en el número de años. En realidad, ésa es la fórmula para el éxito o el fracaso en cualquier empresa. En lo que se refiere al dinero, he visto a muchas personas, incluyéndome, que tratan de hacer mucho con muy poco... y luego fracasan y se queman. Es difícil dar un pequeño pasito hacia adelante cuando lo que necesita primero es una escalera para salir del hoyo financiero que usted mismo cavó.

¿Cómo se come usted a un elefante?

Esta sección del libro describe siete pasos para guiarlo en su camino hacia el lado derecho del Cuadrante. Con la guía de mi padre rico comencé a trabajar y actuar en función de esos siete pasos desde los nueve años de edad. Continuaré siguiéndolos por lo que me queda de vida. Le advierto antes de que lea los siete pasos porque, para algunas personas, la tarea puede parecer abrumadora y lo será si usted trata de hacerlo todo en una semana. Así que por favor comience dando pequeños pasitos.

Todos hemos escuchado el refrán: "Roma no se construyó en un día." El dicho que yo utilizo siempre que me siento abrumado por todo lo que tengo que aprender es: "¿Cómo se come usted a un elefante?" La respuesta es: "Mordida a mordida." Y ésa es la manera en que le recomiendo que proceda si descubre que se siente incluso ligeramente abrumado por todo lo que usted podría tener que aprender con el fin de realizar el tránsito del lado de "E" y "A" al lado de "D" e "I". Por favor sea amable consigo mismo y considere que la transición es más que sólo un aprendizaje mental; el proceso también implica un aprendizaje emocional. Después de que pueda usted dar pequeños pasitos durante seis meses a un año, usted estará listo para el siguiente refrán que es: "Usted tiene que aprender caminar antes de que pueda correr." En otras palabras, usted va de dar pequeños pasitos a caminar y de allí a correr. Ése es el camino que yo recomiendo. Si a usted no le gusta ese camino, entonces puede hacer lo que hacen millones de personas que quieren volverse ricas de la manera más fácil y rápida, que consiste en comprar un boleto de lotería. ¿Quién sabe? Podría ser su día de suerte.

Actuar es mejor que no actuar

Para mí, una de las razones principales por la que los "E" y los "A" tienen dificultades para pasar del lado "D" al lado "I" es porque tienen mucho temor a cometer errores. A menudo dicen: "Tengo miedo a fracasar." O bien dicen: "Necesito más información", o: "¿Puede usted recomendarme otro libro?" Su miedo y sus dudas sobre ellos mismos son primordialmente lo que les mantiene atrapados en su cuadrante. Por favor tome su tiempo para leer los siete pasos y completar los pasos de acción al final de cada paso. Para la mayoría de las personas eso es suficiente, como un pequeño pasito, para moverse en dirección al lado de "D" e "I". Tan sólo al realizar esos siete pasos de acción le abrirán nuevos mundos de posibilidad y de cambio. Entonces sólo manténgase dando pequeños pasitos.

El lema de Nike, "Sólo hazlo", lo dice mejor. Desafortunadamente nuestras escuelas también dicen: "No cometas errores." Millones de personas muy educadas que desean actuar están paralizadas por su medio emocional a cometer errores. Una de las lecciones más importantes que he aprendido como maestro es que el verdadero aprendizaje requiere de un aprendizaje mental, emocional y físico. Ésa es la razón por la que actuar es mejor que no actuar. Si usted actúa y comete un error, al menos habrá aprendido algo, ya sea mental, emocional o físicamente. Una persona que busca continuamente la respuesta "correcta" es frecuentemente afectada por la enfermedad conocida como "la parálisis del análisis", que parece afectar a muchas personas educadas. En última instancia, la manera en que aprendemos es al cometer errores. Aprendemos a caminar y a andar en bicicleta cometiéndolos. Las personas que tienen miedo a actuar, por miedo a cometer errores, pueden ser inteligentes pero tienen impedimentos físicos y emocionales.

Existe un estudio realizado hace muchos años sobre los pobres y los ricos alrededor del mundo. El estudio quería averiguar cuánta gente que nació en la pobreza eventualmente se enriqueció. El estudio descubrió que esas personas, sin importar en qué país vivían, poseían tres cualidades. Esas cualidades eran:

1. Mantenían un plan y una visión a largo plazo.
2. Creían en retrasar la gratificación o recompensa.
3. Utilizaban el poder del interés compuesto en su favor.

El estudio descubrió que esas personas pensaron y planificaron a largo plazo y sabían que en última instancia lograrían el éxito financiero al mantener un sueño o una visión. Esas personas estaban dispuestas a realizar sacrificios a corto plazo para obtener el éxito a largo plazo, la base de retrasar la gratificación. Albert Einstein estaba asombrado sobre la manera en que el dinero podía multiplicarse simplemente por el poder del interés compuesto. Él consideraba que el interés compuesto del dinero era uno de los inventos más sorprendentes del ser humano. El estudio consideró el concepto del interés compuesto en un nivel más allá del dinero. El estudio reforzó la idea de los "pequeños pasitos"... porque cada pasito en el aprendizaje se acumula a los anteriores con el transcurso de los años. Las personas que no han dado pasos en lo absoluto no tuvieron la ventaja de la acumulación ampliada del conocimiento y la experiencia.

El estudio también descubrió qué causaba que la gente fuera de la riqueza a la pobreza. Existen muchas familias ricas que han perdido la mayor parte de su riqueza después de sólo tres generaciones. No es sorprendente que el estudio descubriera que esas personas poseían las siguientes tres características:

1. Tenían una visión de corto plazo.
2. Tenían el deseo de la gratificación instantánea.
3. Abusaban del poder del interés compuesto.

Actualmente conozco gente que está frustrada conmigo porque desean que les diga cómo ganar más dinero hoy mismo. No les gusta la idea de pensar a largo plazo. Muchos buscan desesperadamente respuestas a corto plazo porque tienen problemas de dinero que deben ser resueltos hoy... problemas de dinero como deuda de consumo y falta de inversiones causados por su incontrolable deseo de obtener gratificación instantánea. Tienen la idea del "come, bebe y sé feliz mientras eres joven". Esto abusa del poder del interés compuesto, que conduce a la deuda a largo plazo, en vez de a la riqueza a largo plazo.

Esas personas desean una respuesta inmediata y quieren que yo les diga qué hacer. En vez de escuchar "quiénes deben 'ser' con el fin 'de hacer' lo que necesitan para adquirir una gran riqueza", desean respuestas a corto plazo a un problema a largo plazo. En otras palabras, demasiadas personas están atrapadas en la filosofía de la vida del "vuélvete rico rápido". A esas personas les deseo suerte porque eso es lo que necesitarán.

Un consejo caliente

La mayoría de nosotros ha escuchado que las personas que escriben sus metas son más exitosas que quienes no lo hacen. Existe un maestro llamado Raymond Aaron, de Ontario, Canadá, que tiene seminarios y cintas sobre temas como las ventas, la fijación de metas, la manera de duplicar su ingreso y cómo ser un mejor trabajador en una red. Aunque esos son temas que mucha gente enseña, yo recomiendo su trabajo porque tiene algunas opiniones fascinantes sobre esos temas importantes. Opiniones que pueden ayudarle a lograr más de lo que usted desea en el mundo de los negocios y la inversión.

Sobre el tema de la fijación de metas, él recomienda algo que sigue en línea con la idea de dar pequeños pasitos en vez de grandes saltos hacia adelante. Recomienda tener grandes sueños y deseos de largo plazo. Sin embargo, en lo que se refiere a la fijación de metas, en vez de tratar de ser una persona de logros extraordinarios, recomienda ser una persona de logros modestos. En otras palabras, dar pequeños pasitos. Por ejemplo, si yo deseo tener un cuerpo bello, en vez de tratar de dar un gran salto adelante, él me recomienda buscar logros modestos al hacer menos de lo que usted desea hacer. En vez de ir al gimnasio por una hora, comprométase a ir por 20 minutos. En otras palabras, fije una meta modesta y oblíguese a cumplir con ella. El resultado será que en vez de estar abrumado, se sentirá aliviado. Al sentirse aliviado, me encuentro a mí mismo con ilusión de ir al gimnasio, o de cualquier otra cosa que necesito hacer o cambiar en mi vida. Lo extraño es que yo consigo lograr cosas hoy al tratar de obtener logros modestos, en vez de matarme para obtener logros extraordinarios. En resumen, sueñe usted grandes y atrevidos sueños y luego obtenga logros modestos cada día. En otras palabras, pequeños pasitos en vez de grandes saltos sobre el precipicio. Fije metas que sea posible alcanzar y que, al lograrlas, proporcionen un refuerzo positivo para ayudarle a mantenerse en el camino hacia la gran meta.

Un ejemplo de la manera en que obtengo logros modestos es que yo he fijado una meta por escrito, de escuchar dos cintas de audio a la semana. Puedo escuchar la misma cinta dos o más veces si es buena… pero aún así cuenta en la relación con mi meta de dos cintas a la semana. Mi esposa y yo también tenemos una meta escrita de acudir al menos a dos seminarios al año sobre temas relacionados con los cuadrantes "D" e "I". Vamos de vacaciones con personas que son expertos en temas que se encuentran en los cuadrantes "D" e "I". Nuevamente aprendemos mucho mientras jugamos, descansamos y salimos a cenar. Ésas son formas de obtener logros modestos y sin embargo seguir avanzando hacia los grandes sueños. Agradezco a Raymond Aaron y a su cinta sobre fijación de metas por ayudarme a lograr más con mucho menos estrés.

Ahora siga leyendo y recuerde en soñar en grande, pensar a largo plazo, obtener logros modestos de manera cotidiana y dar pequeños pasitos. Ésa es la clave para el éxito de largo plazo y la clave para pasar del lado izquierdo del Cuadrante del flujo de dinero al lado derecho.

Si desea ser rico, tiene que cambiar sus reglas

A menudo he citado: "Las reglas han cambiado." Cuando la gente escucha esas palabras, asienten y dicen: "Sí, las reglas han cambiado. Nada es igual ahora." Pero a continuación se marchan y hacen lo mismo que hacían antes.

Los estados financieros de la Era Industrial

Cuando doy clases sobre el tema "Poner en orden su vida financiera", comienzo con pedir a los estudiantes que llenen un estado financiero personal. A menudo se convierte en una experiencia que les cambia la vida. Los estados financieros son en gran medida como rayos equis. Tanto los estados financieros como los rayos equis le permiten ver cosas que no se advierten a simple vista. Después de que los asistentes a la clase han llenado sus estados financieros, es fácil ver quién tiene un "cáncer financiero" y quién es sano desde el punto de vista financiero. Generalmente aquellos con cáncer financiero son los que tienen ideas de la era industrial.

¿Por qué digo eso? Porque en la era industrial la gente no tenía que "pensar sobre el mañana". Las reglas eran: "Trabaja duro y tu empleador o el gobierno se encargará de ti en el mañana." Lo cual es la razón por la que muchos de mis amigos y familiares decían a menudo: "Consigue un trabajo con el gobierno. Tiene grandes beneficios." "Asegúrate que la compañía para la que trabajes tenga un excelente plan de retiro." "Asegúrate que la compañía para la que trabajes tenga un sindicato fuerte." Ésas eran palabras de consejo basadas en las reglas de la era industrial, a las que me refiero como la mentalidad del "merecimiento". Aunque las reglas han cambiado, mucha gente no ha cambiado sus reglas personales… especialmente sus reglas financieras. Aún continúan gastando como si no hubiera necesidad de planificar para el mañana. Eso es lo que busco cuando leo los estados financieros de una persona; si tienen o no un mañana.

¿Tiene usted un mañana?

Mantener las cosas sencillas; eso es lo que yo busco en el estado financiero personal.

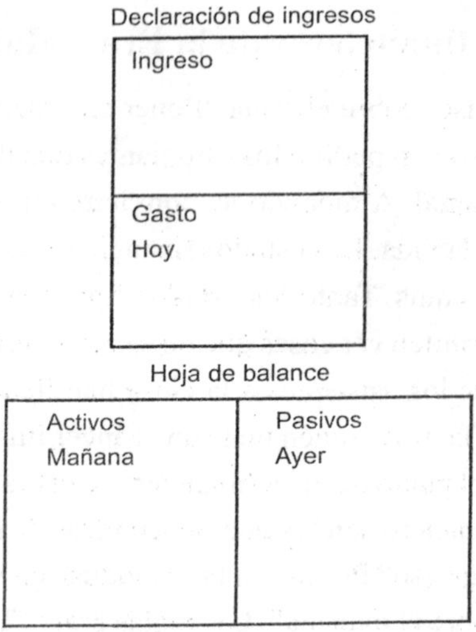

La gente que no tiene activos, que derrocha su flujo de efectivo, no tiene futuro, cuando descubro personas que no tienen activos, generalmente están trabajando por un sueldo para pagar sus cuentas. Si usted mira la columna de gastos de la mayoría de la gente, los dos gastos mensuales más grandes son los impuestos y los intereses por pasivos de largo plazo. Su declaración de gastos tiene el siguiente aspecto:

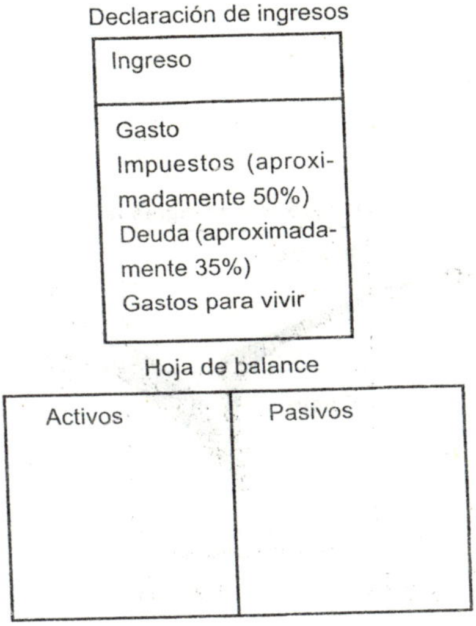

En otras palabras, el gobierno y el banco reciben su pago antes que ellos. La gente que no puede controlar su flujo de efectivo generalmente no tiene futuro financiero y se encontrarán en serios problemas en los próximos años.

¿Por qué? Una persona que sólo se encuentra en el cuadrante "E" tiene poca protección contra los impuestos y la deuda. Incluso una persona "A" puede hacer algo acerca de esos dos cánceres financieros.

Si esto no tiene sentido para usted, le sugiero que lea o vuelva a leer *Padre rico, padre pobre*, pues hará que este capítulo y los siguientes sean más fáciles de comprender.

Tres patrones de flujo de efectivo

Como afirmé en *Padre rico, padre pobre*, existen tres patrones básicos de flujo de efectivo: uno para los ricos, uno para los pobres y uno para la clase media. El siguiente es el patrón de flujo de efectivo para los pobres.

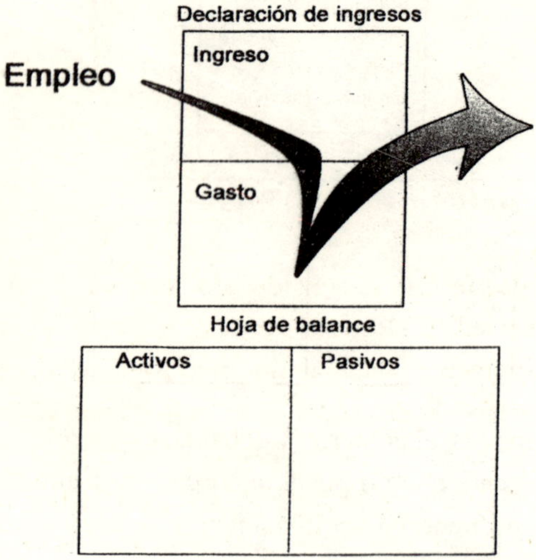

El siguiente es el patrón de flujo de efectivo de la clase media:

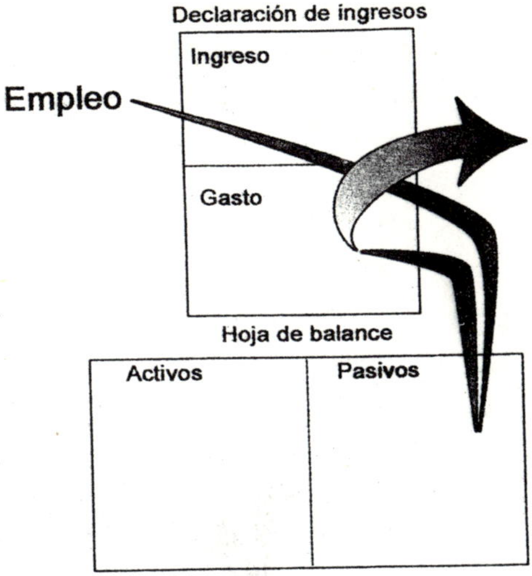

Este flujo de efectivo es considerado "normal" e "inteligente" por nuestra sociedad. Después de todo, la gente que tiene este patrón probablemente tiene trabajos bien pagados, casas bonitas, automóviles y tarjetas de crédito. Eso es lo que mi padre rico llamaba "el sueño de la clase trabajadora".

Cuando practico con adultos mi juego de mesa educativo, *CASHFLOW*, ellos generalmente luchan mentalmente. ¿Por qué? Porque están teniendo su primer contacto con la educación financiera, lo que significa comprender los números y las palabras del dinero. Se necesitan varias horas para jugar, no porque el juego sea largo, sino porque los jugadores están aprendiendo un tema completamente nuevo. Es casi como aprender una lengua extranjera. Pero la buena noticia es que este nuevo conocimiento puede ser obtenido rápidamente y entonces el juego se hace más rápido. Se acelera porque los jugadores son más listos… y mientras más practiquen el juego, más listos y rápidos se vuelven, al mismo tiempo que se divierten.

Algo más ocurre. Dado que ahora tienen conocimientos financieros, muchos comienzan a darse cuenta de que se encuentran personalmente en problemas de este tipo, incluso a pesar de que el resto de la sociedad piensa que son "normales" desde el punto de vista financiero. Tener un patrón de flujo de efectivo de la clase media era normal en la era industrial, pero podría ser desastroso en la era de la información.

Muchas personas, una vez que han aprendido y comprendido exitosamente el juego, comienzan a buscar nuevas respuestas. Se vuelve como el sonido de un despertador acerca de su salud financiera personal, de la misma forma que un ligero ataque al corazón es una alerta sobre la salud médica de una persona.

Al momento de comprender, muchas personas comienzan a pensar como los ricos, en vez de pensar como una persona trabajadora de clase media. Después de jugar varias veces *CASHFLOW*, algunas personas comienzan a cambiar su patrón de pensamiento al de los ricos y comienzan a buscar un patrón de flujo de efectivo que tiene un aspecto parecido al siguiente:

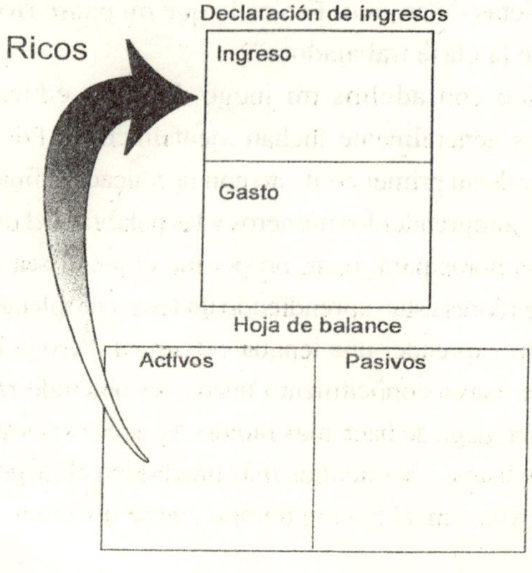

Éste es el patrón de pensamiento que mi padre rico deseaba que su hijo y yo tuviéramos cuando éramos niños pequeños, lo cual es la razón por la que nos retiró nuestros sueldos y se rehusó a darnos aumentos. Él nunca quiso que nos hiciéramos adictos a la idea de un trabajo bien pagado. Él deseaba que desarrolláramos el patrón de pensamiento de pensar sólo en activos e ingreso en la forma de ganancias de capital, dividendos, ingreso por rentas, ingreso residual de negocios y regalías.

Para las personas que desean ser exitosas en la era de la información, mientras más rápido comiencen a desarrollar su inteligencia financiera y su inteligencia emocional para pensar de acuerdo a ese patrón, más rápido se sentirán seguras desde el punto de vista financiero y encontrarán la libertad financiera. En un mundo con cada vez menos seguridad laboral, este patrón de flujo de efectivo tiene mucho más sentido para mí. Y para lograr ese patrón una persona necesita ver el mundo desde los cuadrantes "D" e "I", no sólo desde los cuadrantes "E" y "A".

También llamo al anterior un estado financiero de la era de la información, porque el ingreso es generado de manera estricta a partir de la información y no del trabajo duro. En la era de la información la idea del trabajo duro no significa lo mismo que en la era agrícola o la era industrial. En la era de la información la gente que trabaja más duro físicamente recibirá la menor paga. Eso ya ocurre hoy en día y ha ocurrido a lo largo de la historia.

Sin embargo, actualmente cuando la gente dice: "No trabajes duro, trabaja de manera inteligente", no se refieren a trabajar de manera inteligente en los cuadrantes "E" o "A". En realidad se refieren a trabajar de manera inteligente en los cuadrantes "D" e "I". Ésa es la forma de pensar de la era industrial, por lo que la inteligencia financiera y la inteligencia emocional son vitales hoy en día y lo serán en el futuro.

¿Entonces cuál es la respuesta?

Obviamente mi respuesta consiste en reeducarse a sí mismo para pensar como una persona rica, no como una persona pobre o de clase media. En otras palabras, pensar y mirar al mundo desde los cuadrantes "D" e "I". Sin embargo, la solución no es tan sencilla como regresar a la escuela y tomar algunos cursos. Para ser exitoso en los cuadrantes "D" e "I" se requiere inteligencia financiera, inteligencia de sistemas e inteligencia emocional. Esas cosas no pueden ser aprendidas en la escuela.

La razón por la que esas inteligencias son difíciles de aprender es porque la mayoría de los alumnos está "conectada" con el modo de vida que consiste en "trabajar duro y gastar". Sienten ansiedad financiera, así que se apresuran a trabajar y trabajan duro. Regresan a casa y escuchan acerca del mercado de valores que ha subido o bajado. La ansiedad crece, así que van a comprar la nueva casa o el nuevo automóvil y luego van a jugar al golf para evitar la ansiedad.

El problema es que la ansiedad regresa el lunes por la mañana.

¿Cómo comienza usted a pensar como una persona rica?

La gente a menudo me pregunta cómo comenzar a pensar como una persona rica. Yo siempre recomiendo comenzar en pequeño y procurar una educación, en vez de salir corriendo y simplemente comprar unidades de un fondo de inversión o propiedades para renta. Si la gente es seria acerca de aprender y reentrenarse para pensar como una persona rica, les recomiendo mi juego de mesa, *CASHFLOW*.

Yo elaboré el juego para ayudar a la gente a mejorar su inteligencia financiera. Proporciona a la gente la capacitación mental, física y emocional necesaria para permitirles hacer el cambio gradual de pensar como una persona de clase media a pensar como una persona rica. Enseña a la gente acerca de lo que mi padre rico decía que era importante… que no es un buen salario o una gran casa.

El flujo de efectivo, no el dinero, alivia la ansiedad

Las dificultades financieras y la pobreza son en realidad problemas de ansiedad financiera. Son lazos mentales y emocionales que mantienen a la gente atrapada en lo que llamo "la carrera de la rata". A menos que se rompa con los ganchos mentales y emocionales, el patrón permanece intacto.

He trabajado con un banquero hace unos meses para romper su patrón de lucha financiera. Yo no soy un terapeuta, pero he tenido experiencia al romper con mis propios hábitos financieros inculcados por mi familia.

Este banquero gana más de 120 000 dólares al año, pero siempre está en alguna clase de problema financiero. Tiene una familia muy bella, tres automóviles, una gran casa, una casa para vacacionar y el aspecto de un banquero próspero. Sin embargo, cuando miré sus estados financieros encontré un cáncer financiero que hubiera sido terminal en unos años si no hubiera cambiado sus hábitos.

La primera vez que él y su esposa jugaron *CASHFLOW*, él tuvo dificultades y comenzó a estremecerse de manera casi incontrolable. Su mente estaba vagando y simplemente no parecía comprender el juego. Después de cuatro horas, estaba todavía atrapado. Todos los demás habían completado el juego, pero él estaba todavía en la "carrera de la rata".

Así que le pregunté, conforme dejábamos de lado el juego, qué estaba ocurriendo. Su única respuesta fue que el juego era demasiado difícil, demasiado lento o demasiado aburrido. Entonces le recordé lo que le había dicho antes de que comenzara el juego: todos los juegos son reflejos de las personas que los juegan. En otras palabras, un juego es un espejo que le permite a usted mirarse a sí mismo.

Esa afirmación le molestó, así que di marcha atrás y le pregunté si todavía estaba comprometido a poner en orden su vida financiera. Él me dijo que todavía estaba comprometido, así que los invité, a él y a su esposa, que se enamoró del juego, a volver a jugar con un grupo de inversión que yo estaba dirigiendo.

Una semana después se presentó de manera reticente. Esta vez comenzaron a encenderse algunas luces en el interior de su cabeza. La parte de contabilidad le resultó sencilla, así que él era naturalmente claro con sus números, lo que es importante para que el juego sea valioso. Pero ahora estaba comenzando a comprender el mundo de los negocios y la inversión. Él podía finalmente "ver" con su mente los patrones de su propia vida y las cosas que estaba haciendo para causar sus propias dificultades financieras. Todavía no había terminado el juego después de cuatro horas, pero estaba comenzando a aprender. Al marcharse esta vez, él mismo se invitó a regresar.

Al llegar a la tercera reunión era un hombre nuevo. Tenía ahora el control de su juego, su contabilidad y sus inversiones. Su confianza aumentó y esta vez terminó exitosamente la "carrera de la rata" y pasó a la "pista rápida". Al marcharse en esta ocasión adquirió el juego y me dijo: "Voy a enseñárselo a mis hijos."

Durante la cuarta reunión me dijo que sus propios gastos personales habían disminuido, había cambiado sus hábitos de gasto y eliminado varias tarjetas de crédito y ahora estaba adquiriendo un interés activo en aprender a invertir y construir su columna de activos. Su pensamiento estaba ahora en camino de convertirlo en un pensador de la era de la información.

Durante la quinta reunión probó *CASHFLOW 202*, que es un juego avanzado para las personas que han dominado el *CAHSFLOW (101)* original. Ahora estaba listo y deseoso de jugar el juego rápido y riesgoso que juegan los verdaderos "D" e "I". La mejor noticia es que había asumido el control de su futuro financiero. Este hombre era completamente diferente del que me pidió que hiciera más fácil *CASHFLOW* la primera vez que lo jugó. Le dije que si quería un juego más fácil, debía jugar *Monopolio*, que también constituye un excelente juego de enseñanza. Unas semanas después, en vez de querer que las cosas fueran más sencillas, estaba buscando activamente desafíos más grandes y era optimista respecto de su futuro financiero.

Él se había reeducado a sí mismo, no sólo mentalmente sino —lo que es más importante— emocionalmente, gracias al poder del proceso de aprendizaje repetitivo que proviene de un juego. En mi opinión, los juegos son una herramienta de enseñanza magnífica porque requieren que el jugador se involucre totalmente con el proceso de aprendizaje, mientras se divierte. Jugar un juego involucra a una persona desde el punto de vista mental, emocional y físico.

LOS SIETE PASOS PARA ENCONTRAR SU PISTA RÁPIDA FINANCIERA

Capítulo 11

Paso 1: es tiempo de atender su propio negocio

¿Ha estado usted trabajando duro y haciendo que todos los demás se enriquezcan? Al comenzar nuestra vida, mucha gente está programada para atender los negocios de otras personas y hacer que otras personas se enriquezcan. Eso comienza de manera inocente con palabras de consejo como las siguientes:

1. "Ve a la escuela y obtén buenas calificaciones, para que puedas encontrar un empleo seguro con buen salario y excelentes beneficios."
2. "Trabaja duro para que puedas comprar la casa de tus sueños. Después de todo, tu casa es un activo y es tu inversión más importante."
3. "Tener una gran hipoteca es bueno porque el gobierno te proporciona una deducción de impuestos sobre los pagos de los intereses."
4. "Compra ahora, paga después", o "bajo pago inicial y fáciles pagos mensuales", o "venga y ahorre dinero".

La gente que sigue ciegamente esos consejos a menudo se convierte en:

1. Empleados, que hacen que sus jefes y los dueños se vuelvan ricos.

2. Deudores, que hacen que los bancos y los prestamistas se vuelvan ricos.
3. Contribuyentes, que hacen que el gobierno se enriquezca.
4. Consumidores, que hacen que muchos otros negocios se enriquezcan.

En vez de encontrar su propia pista financiera, ayudan a que todos los demás encuentren la suya. En vez de atender sus propios negocios, trabajan toda su vida atendiendo los negocios de los demás.

Al observar la declaración de ingresos y la hoja de balance, usted puede fácilmente comenzar a advertir cómo hemos sido programados desde una edad temprana para atender los negocios de todos los demás e ignorar nuestro propio negocio.

Declaración de ingresos

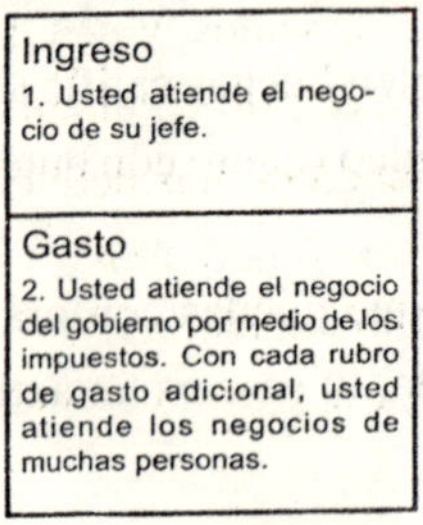
Ingreso
1. Usted atiende el negocio de su jefe.
Gasto
2. Usted atiende el negocio del gobierno por medio de los impuestos. Con cada rubro de gasto adicional, usted atiende los negocios de muchas personas.

Hoja de balance

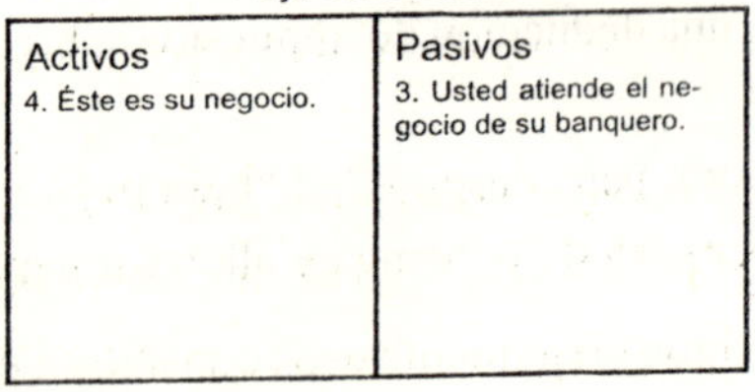
Activos
4. Éste es su negocio.
Pasivos
3. Usted atiende el negocio de su banquero.

Actúe

En mis clases, a menudo le pido a la gente que llene sus estados financieros. En el caso de muchas personas, sus estados financieros no presentan una imagen muy bonita sencillamente porque han sido guiados de manera incorrecta para atender los negocios de todos los demás en vez de atender el suyo.

1) Su primer paso

   Llene su propio estado financiero personal. He incluido una muestra de estado financiero y de hoja de balance como se muestran en el juego *CASHFLOW.*

   Con el fin de llegar adonde usted quiere ir necesita saber en dónde se encuentra. Éste es el primer paso para asumir el control de su vida y pasar más tiempo atendiendo su propio negocio.

2) Establezca sus metas financieras

   Fije una meta financiera a largo plazo, para el sitio en que usted quiere estar en cinco años, y una meta financiera menor, a corto plazo, para el sitio en que usted quiere estar en 12 meses (la meta financiera más pequeña es un paso en el camino hacia la meta de cinco años). Fije metas que sean realistas y que sea posible alcanzar.

A) En los próximos 12 meses:

1. Deseo reducir mi deuda por $_________
2. Deseo incrementar el flujo de efectivo de mis activos, o ingreso pasivo (el ingreso pasivo es ingreso que usted obtiene sin trabajar por él) a $_________ mensuales.

B) Mis metas financieras a cinco años son:

1. Incrementar el flujo de efectivo de mis activos a $_______ mensuales.
2. Tener estos medios de inversión en mi columna de activos (por ejemplo: bienes raíces, acciones, negocios, etcétera):

C) Utilice sus metas a cinco años para desarrollar su declaración de ingresos y su hoja de balance a cinco años a partir de hoy.

Ahora que conoce dónde está hoy desde el punto de vista financiero y que ha fijado sus metas, necesita asumir el control de su flujo de efectivo con el fin de que pueda lograr sus metas.

*Profesión*__________________________ *Jugador*__________________

Meta: salir de la carrera de la rata y pasar a la pista rápida al crear su propio ingreso pasivo que sea más grande que sus gastos totales.

Declaración de ingresos

Ingreso

Salario:______________________________
Interés:______________________________
Dividendos:___________________________
____
____
Bienes raíces______Flujo de efectivo________
____
____
Negocio__________Flujo de efectivo________
____

*Auditor*__________________
Persona sentada a su derecha

Ingreso pasivo=______________
(Interés + Dividendos + Bienes raíces + Negocio)

Ingreso total:____________

Gastos

Impuestos_____________________________
Hipoteca______________________________
Pago de préstamo escolar_______________
Pago del automóvil_____________________
Pago de la tarjeta de crédito___________
Pago del crédito de tiendas comerciales________
Otros gastos___________________________
Gastos por los hijos____________________
Pago del préstamo bancario______________

Número de hijos:______________
(Comience el juego con cero hijos)
Gastos por hijo_______________

Gastos Totales:___________

Flujo de efectivo mensual:______________
(Cheque de pago)

Hoja de balance

Activos

Ahorros:______________________________
Acciones_____________No.:________Costo____
____
Fondos de inversión____________________
____
Certificado de depósitos________________
____
Bienes raíces____Pago inicial_______Costo____
Negocio_______Pago inicial_______Costo____

Pasivos

Hipoteca de la casa______________
Créditos escolares______________
Créditos por automóvil___________
Tarjetas de crédito______________
Deuda con tiendas comerciales____
Segunda hipoteca________________
____
Pasivo (Negocio):________________
Préstamo bancario_______________

Capítulo 12

Paso 2: asuma el control de su flujo de efectivo

Mucha gente cree que simplemente al ganar más dinero resolverán sus problemas de dinero, pero en la mayoría de los casos eso sólo ocasiona mayores problemas de dinero.

La principal razón por la que la mayoría de la gente tiene problemas de dinero es que no se les enseñó la ciencia de la administración del flujo de efectivo. Se les enseñó cómo leer, escribir, manejar automóviles y nadar, pero no se les enseñó cómo manejar su flujo de efectivo. Sin ese entrenamiento terminaron por tener problemas de dinero y tuvieron que trabajar más duro porque creyeron que al ganar más dinero resolverían el problema.

Como decía frecuentemente mi padre rico: "Más dinero no resolverá el problema, si el problema es la administración del flujo de efectivo."

La habilidad más importante

Después de decidirse a atender su propio negocio, el siguiente paso como director ejecutivo del negocio de su vida es asumir el control de su flujo de efectivo. Si usted no lo hace, ganar más dinero no le hará enriquecerse… de hecho, ganar más dinero hace que la mayoría de la gente se vuelva más pobre, porque a menudo van a meterse más profundamente en deuda cada vez que reciben un aumento de sueldo.

¿Quién es más listo: usted o su banquero?

La mayoría de la gente no prepara estados financieros personales. Lo más que hacen es tratar de hacer un balance de chequera cada mes. Así que felicítese porque ahora se encuentra más adelantado que la mayoría de sus colegas al completar sus estados financieros y fijar metas por sí mismo.

Como director ejecutivo de su propia vida, usted puede aprender a ser más listo que la mayoría de la gente, incluyendo su banquero.

La mayoría de la gente dice que llevar "dos juegos de libros" es ilegal. Y eso es cierto en algunos casos. Sin embargo, en realidad si usted comprende verdaderamente el mundo de las finanzas, siempre deben existir dos juegos de libros. Una vez que se dé cuenta de eso, usted será tan listo, o incluso más listo que su banquero. El siguiente es un ejemplo de "dos juegos de libros" que son legales: los de usted y los de su banquero.

Como director ejecutivo de su vida, recuerde siempre estas palabras y diagramas sencillos de mi padre rico: "Por cada pasivo que tengas, tú eres el activo de alguien más."

A continuación dibujaba el siguiente diagrama:

Su hoja de balance

Activos	Pasivos Hipoteca

La hoja de balance del banco:

Hoja de balance del banco

Activos	Pasivos
Su hipoteca	

Como director ejecutivo de su vida, usted debe recordar siempre que por cada uno de sus pasivos o deudas, usted es siempre un activo para alguien más. Ésos son los "dos juegos de libros de contabilidad" reales. Por cada pasivo, como una hipoteca, un préstamo para automóvil, un préstamo escolar y una tarjeta de crédito, usted es el empleado de la gente que le presta el dinero. Usted trabaja duro para hacer que alguien más se enriquezca.

Deuda buena y deuda mala

Mi padre rico a menudo me alertaba sobre la "deuda buena y la deuda mala". A menudo decía: "Cada vez que le debes dinero a alguien, te conviertes en un empleado de su dinero. Si obtienes un préstamo a 30 años, te convertirás en su empleado durante 30 años y ellos no te darán un reloj de oro cuando la deuda se retire."

Mi padre rico pedía dinero prestado, pero hacía su mejor esfuerzo para no convertirse en la persona que pagaba sus préstamos. Él nos explicaría, a su hijo y a mí, que la deuda buena era pagada por alguien más y que la deuda mala es la deuda que usted paga con su propio sudor y sangre. Por eso amaba las propiedades en renta. Él me alentó a adquirir propiedades en renta porque "el banco te proporciona el préstamo, pero tu inquilino paga por él", decía.

Ingreso y gasto

No sólo se aplican los dos juegos de libros a los activos y pasivos, sino que también se aplican a los ingresos y los gastos. La lección verbal más completa de mi padre rico era ésta: "Por cada activo, debe existir un pasivo, pero éstos no aparecen en el mismo juego de estados financieros. Por cada gasto también debe haber un ingreso y nuevamente éstos no aparecen en el mismo juego de estados financieros."

Este sencillo dibujo hará más clara esa lección:

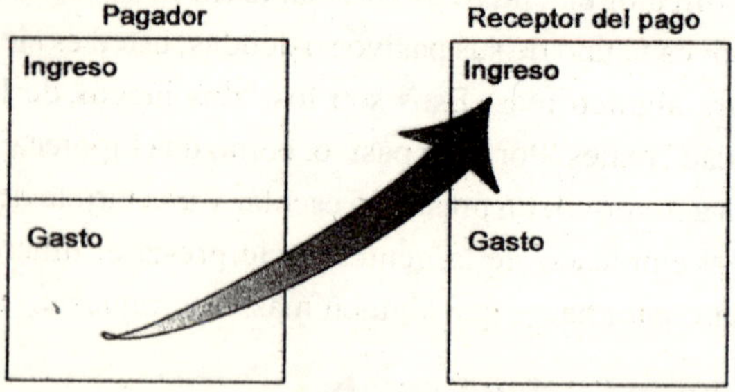

La mayoría de la gente no puede salir adelante financieramente porque cada mes tiene cuentas qué pagar. Ellos tienen cuentas de teléfono, impuestos, electricidad, gas, tarjetas de crédito, alimentos, etcétera. Cada mes, la mayoría de la gente les paga a todos los demás primero y se pagan a sí mismos al final, si es que les queda algo. Por lo tanto, la mayor parte de la gente viola la regla dorada de las finanzas personales, que es: "Págate primero."

Ésa es la razón por la que mi padre rico hacía énfasis en la importancia de la administración del flujo de efectivo y la educación financiera básica. Mi padre rico diría a menudo: "La gente que no puede controlar su flujo de efectivo trabaja para quienes sí pueden hacerlo."

La "pista rápida financiera" y la "carrera de la rata"

El concepto de "dos juegos de libros" puede ser utilizado para demostrar la "pista rápida financiera" y la "carrera de la rata". Existen muchos tipos diferentes de pistas rápidas financieras. El diagrama que se muestra a continuación es el más común. Es la pista que existe entre un deudor y un acreedor.

Está simplificado en gran medida; sin embargo, si usted dedica tiempo a estudiarlo, su mente comenzará a ver lo que los ojos de la mayoría de la gente no pueden ver. Estúdielo y verá la relación entre los ricos y los pobres, los que tienen y los que no tienen, los prestamistas y los que piden prestado y aquellos que crean empleos y quienes buscan empleo.

Ésta es la pista rápida financiera en que usted se encuentra ya

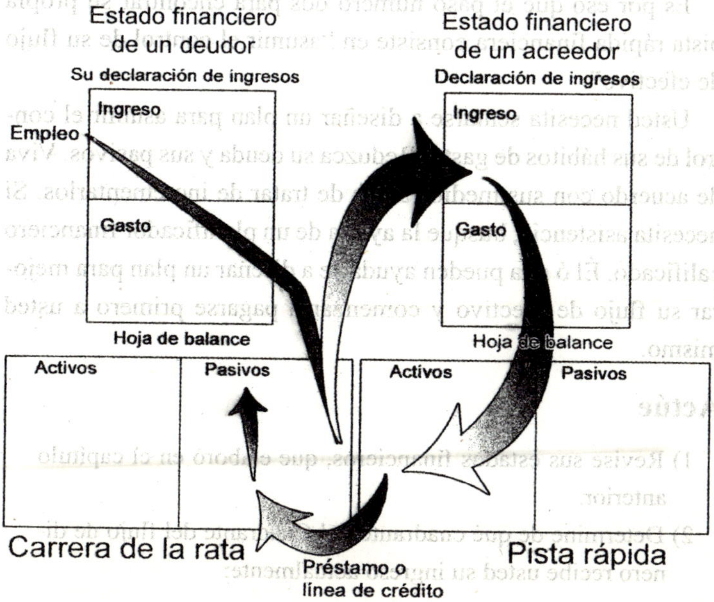

En este punto, el que otorga el crédito dice: "Porque usted tiene buen crédito, nos gustaría ofrecerle un préstamo de consolidación de cuenta." O: "¿Le gustaría abrir una línea de crédito por si acaso necesita dinero extra en el futuro?"

¿Conoce usted la diferencia?

El camino del dinero que fluye entre ambos juegos de libros es lo que mi padre rico llamaba "la pista rápida financiera". También es la "carrera de la rata financiera". Para que exista uno debe existir el otro. Por lo tanto, debe haber como mínimo dos estados financieros. La pregunta es, ¿cuál es el suyo? ¿cuál le gustaría tener?

Ésa es la razón por la que mi padre rico constantemente me decía: "Ganar más dinero no resolverá tus problemas, si la administración del flujo de efectivo es el problema", y "la gente que comprende el poder de los números financieros tiene poder sobre quienes no lo comprenden".

Es por eso que el paso número dos para encontrar su propia pista rápida financiera consiste en "asumir el control de su flujo de efectivo".

Usted necesita sentarse a diseñar un plan para asumir el control de sus hábitos de gasto. Reduzca su deuda y sus pasivos. Viva de acuerdo con sus medios antes de tratar de incrementarlos. Si necesita asistencia, busque la ayuda de un planificador financiero calificado. Él ó ella pueden ayudarle a diseñar un plan para mejorar su flujo de efectivo y comenzar a pagarse primero a usted mismo.

Actúe

1) Revise sus estados financieros, que elaboró en el capítulo anterior.
2) Determine de qué cuadrante del Cuadrante del flujo de dinero recibe usted su ingreso actualmente:

3) Determine de qué cuadrante desea recibir la mayor parte de su ingreso en cinco años: ______________________

4) Comience a ejecutar su plan de administración de flujo de efectivo:

A) Páguese primero. Aparte un porcentaje fijo de cada sueldo o de cada pago que reciba de otras fuentes. Deposite ese dinero en una cuenta de ahorros de inversión. Una vez que ese dinero llegue a esa cuenta, NUNCA lo saque, hasta que esté listo para invertirlo.

¡Felicidades! Usted acaba de comenzar a manejar su flujo de efectivo.

B) Enfoque su atención en reducir su deuda personal.

Los siguientes son algunos consejos sencillos y listos para ser puestos en práctica, encaminados a reducir y eliminar su deuda personal.

Consejo # 1: si tiene tarjetas de crédito con saldo en contra...

1. Elimine todas sus tarjetas de crédito, excepto una o dos.
2. Cualquier nuevo cargo que agregue a la tarjeta o tarjetas que conserve debe ser pagado cada mes. No contraiga más deuda de largo plazo.

Consejo # 2: obtenga de 150 a 200 dólares adicionales cada mes. Ahora que usted se está volviendo cada vez más educado desde el punto de vista financiero, esto debe ser relativamente sencillo de hacer. Si usted no puede generar 150 ó 200 dólares adicionales por mes, entonces sus oportunidades de lograr la libertad financiera pueden ser solamente un sueño de opio.

Consejo # 3: destine esos 150 ó 200 dólares adicionales al pago mensual de SÓLO UNA de sus tarjetas de crédito. Ahora pagará usted el mínimo MÁS los 150 ó 200 dólares de esa única tarjeta de crédito.

Pague únicamente el mínimo en todas las demás tarjetas de crédito. A menudo la gente trata de pagar una pequeña cantidad adicional cada mes en todas sus tarjetas de crédito, pero sorprendentemente esas tarjetas nunca terminan de ser pagadas.

Consejo # 4: una vez que haya terminado de pagar la primera tarjeta de crédito, destine la cantidad total que venía pagando en esa tarjeta a la siguiente tarjeta. Usted estará pagando la cantidad mínima en la segunda tarjeta MÁS el pago total mensual que estaba pagando en la primera tarjeta de crédito.

Continúe el proceso con todas sus tarjetas de crédito y otros créditos al consumo, como cargos de tiendas departamentales, etcétera. Con cada deuda que usted termine de pagar, destine la cantidad total que estaba pagando por esa deuda al pago mínimo de la siguiente deuda. Conforme pague usted cada deuda, la cantidad mensual que está pagando en la siguiente deuda aumentará.

Consejo #5: una vez que todas sus tarjetas de crédito y otras deudas al consumo hayan sido liquidadas, ahora continúe el procedimiento con los pagos de su automóvil y de su casa.

Si sigue este procedimiento quedará asombrado por el breve período de tiempo que se tardará en quedar libre de deudas. La mayor parte de la gente puede quedar libre de deudas entre cinco y siete años.

Consejo #6: ahora que usted está completamente libre de deudas, tome la cantidad mensual que estaba pagando en su última deuda y coloque ese dinero en inversiones. Construya su columna de activos.

Es así de sencillo.

CAPÍTULO 13

Paso 3: conozca la diferencia entre riesgo y riesgoso

A menudo escucho a la gente decir que invertir es riesgoso.

Yo no estoy de acuerdo. En vez de ello digo: "Carecer de educación es riesgoso."

¿Qué es el manejo apropiado del flujo de efectivo?

El manejo apropiado del flujo de efectivo comienza al conocer la diferencia entre un activo y un pasivo… y no la definición que su banquero le proporciona.

El siguiente diagrama es una imagen de un individuo de 45 años de edad que ha manejado adecuadamente su flujo de efectivo.

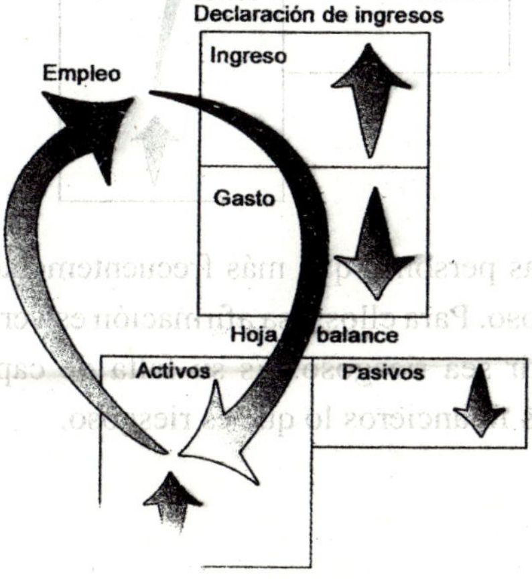

He utilizado la edad de 45 años porque está a medio camino entre los 25 años, cuando la mayoría de la gente comienza a trabajar, y los 65 años, cuando la mayoría de la gente piensa en retirarse. A los 45 años, si han manejado adecuadamente su flujo de efectivo, su columna de activos debe ser más grande que su columna de pasivos.

Ésa es la imagen financiera de una persona que corre riesgos, pero que no es riesgosa.

Esas personas también se encuentran en el 10% más alto de la población. Pero si hacen lo que hace el otro 90% de la población, que es administrar incorrectamente su flujo de efectivo sin conocer la diferencia entre un activo y un pasivo, su imagen financiera tiene el siguiente aspecto a la edad de 45 años:

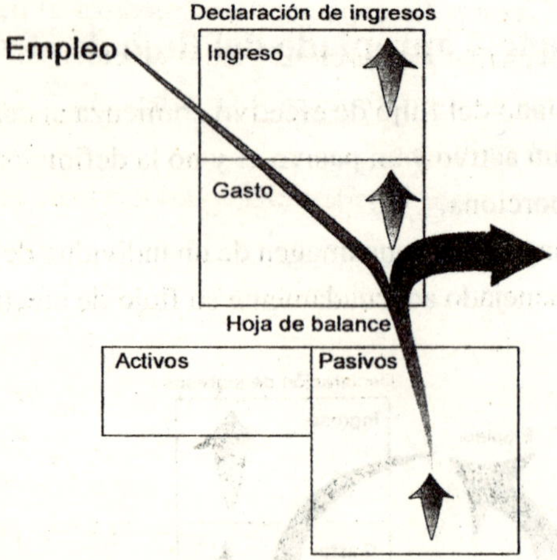

Ésas son las personas que más frecuentemente dicen que invertir es riesgoso. Para ellos, esa afirmación es verdadera; pero no porque invertir sea riesgoso. Es su falta de capacitación y de conocimientos financieros lo que es riesgoso.

Conocimientos financieros

En *Padre rico, padre pobre*, cuento la historia de cómo mi padre rico me exigió que me educara desde el punto de vista financiero.

La educación financiera consiste simplemente en mirar los números con sus ojos, pero también con su mente entrenada que le dice en qué dirección fluye el efectivo. Mi padre rico a menudo afirmaba: "La dirección del flujo de efectivo lo es todo."

Así que una casa puede ser un activo o un pasivo dependiendo de la dirección en que fluya el efectivo. Si el efectivo fluye hacia el interior de su bolsillo se trata de un activo; y si va hacia afuera del bolsillo, es un pasivo.

La inteligencia financiera

Mi padre rico tenía muchas definiciones para el término "inteligencia financiera", como "la capacidad de convertir el trabajo y el efectivo en activos que proporcionen flujo de efectivo".

Sin embargo, una de sus definiciones favoritas era: "¿Quién es más listo? ¿Usted o su dinero?"

Para mi padre rico, pasar la vida trabajando duro para ganar dinero, tan solo para dejarlo ir tan pronto como lo obtiene, no es una señal de gran inteligencia. Usted probablemente desee revisar los patrones de flujo de efectivo de una persona pobre y de una persona de clase media, así como los de una persona rica, tal y como fueron presentados en el capítulo 10 y recordará que una persona rica enfoca sus esfuerzos en adquirir activos, no en trabajar más duro.

Debido a la falta de inteligencia financiera, muchas personas educadas se colocan en posiciones de gran riesgo financiero. Mi padre rico lo llamaba "la línea roja financiera", que significaba que el ingreso y los gastos eran casi los mismos cada mes. Ésas son personas que se aferran desesperadamente a la seguridad laboral, son incapaces de cambiar cuando la economía cambia y a menudo destruyen su salud con el estrés y la preocupación. Y ésas son frecuentemente las mismas personas que dicen: "Los negocios y la inversión son riesgosos."

En mi opinión, los negocios y la inversión no son riesgosos. No contar con educación, sí lo es. De la misma forma, estar mal informado es riesgoso y depender de un "empleo seguro" es el riesgo más grande que alguien puede correr. Adquirir un activo no es riesgoso. Crear pasivos sobre los que le han dicho que son activos es riesgoso. Atender su propio negocio no es riesgoso; atender el negocio de todos los demás y pagarles primero es riesgoso.

Así que el paso tres consiste en conocer la diferencia entre el riesgo y lo riesgoso.

Actúe

1) Defina el riesgo en sus propias palabras.

a) ¿Es riesgoso para usted depender del pago de un sueldo?

b) ¿Es riesgoso para usted tener deuda que pagar cada mes?

c) ¿Es riesgoso para usted poseer un activo que genera flujo de efectivo en su bolsillo cada mes?

d) ¿Es riesgoso para usted destinar tiempo para aprender acerca de la educación financiera?

e) ¿Es riesgoso para usted destinar tiempo para aprender acerca de los diferentes tipos de inversión?

2) Destine cinco horas de su tiempo cada semana para hacer una o más de las siguientes actividades:

a) Leer la sección de negocios de su periódico y el *Wall Street Journal*.

b) Escuchar las noticias financieras en la televisión o la radio.

c) Escuchar cintas de audio educativas sobre la inversión y la educación financiera.

d) Leer revistas y boletines financieros.

e) Jugar *CASHFLOW*.

Capítulo 14

Paso 4: decida qué tipo de inversionista quiere ser

¿Alguna vez se ha preguntado por qué algunos inversionistas ganan mucho dinero con mucho menos riesgo que otros?

La mayoría de la gente tiene dificultades financieras porque evita los problemas financieros. Uno de los secretos más grandes que mi padre rico me enseñó fue este: "Si deseas adquirir una gran riqueza rápidamente, enfrenta grandes problemas financieros."

En la primera sección de este libro me referí a los siete niveles de inversionistas. Me gustaría agregar una distinción más que define tres tipos diferentes de inversionista:

Tipo A: Inversionistas que buscan problemas.

Tipo B: Inversionistas que buscan respuestas.

Tipo C: Inversionistas parecidos al sargento Schultz: "No sé nada."

Los inversionistas del tipo "C"

El nombre del sargento Schultz viene de un adorable personaje de la serie de televisión *Los héroes de Hogan*. En ese programa, el sargento Schultz es un guardia de un campo de prisioneros de guerra alemán que sabe que los prisioneros de guerra están tratando de escapar o de sabotear los esfuerzos de guerra de los alemanes.

Cuando sabe que algo está mal, todo lo que el sargento Schultz dice es: "No sé nada". La mayoría de la gente, cuando se trata de justificar, adopta la misma actitud.

¿Pueden los inversionistas parecidos al sargento Schultz lograr una gran riqueza? La respuesta es sí. Pueden obtener un empleo con el gobierno federal, casarse con alguien que sea rico o ganar la lotería.

Los inversionistas del tipo "B"

Los inversionistas del tipo "B" a menudo formulan preguntas como:

"¿En qué me recomienda que invierta?"

"¿Cree usted que debo comprar bienes raíces?"

"¿Qué fondos de inversión son buenos para mí?"

"Hablé con mi hermano y él me recomendó que diversificara."

"Mis padres me dieron unas cuantas acciones bursátiles. ¿Debo venderlas?"

Los inversionistas del tipo "B" deben entrevistar inmediatamente a varios planificadores financieros, escoger uno y comenzar a seguir sus consejos. Los planificadores financieros, si son buenos, proporcionan excelente conocimiento técnico y pueden a menudo ayudarle a establecer un plan de juego financiero para su vida.

La razón por la que no ofrezco asesoría financiera específica en mis libros es que la posición financiera de cada uno es diferente. Un planificador financiero puede evaluar mejor dónde está usted actualmente y a continuación darle una idea sobre cómo convertirse en un inversionista de Nivel 4.

Un comentario marginal interesante: a menudo he descubierto que muchos "E" y "A" de altos ingresos corresponden a la categoría "D" de inversionista porque tienen poco tiempo para buscar oportunidades de inversión. Debido a que están muy ocupados, a menudo tienen poco tiempo para aprender acerca del lado derecho del Cuadrante. Por lo tanto, buscan respuestas en vez de conocimiento. Así que este grupo a menudo adquiere lo que el inversionista de tipo "A" denomina "inversiones al menudeo", que son inversiones que han sido empaquetadas para su venta a las masas.

Los inversionistas del tipo "A"

Los inversionistas del tipo "A" buscan los problemas. En particular buscan problemas causados por aquellos que se meten en dificultades financieras. Los inversionistas que son buenos para resolver problemas esperan obtener réditos de entre 25% y el infinito por su dinero. Se trata generalmente de los inversionistas de Nivel 5 y Nivel 6, que tienen bases financieras sólidas. Poseen las habilidades necesarias para tener éxito como dueños de negocios e inversionistas y utilizan esas habilidades para resolver problemas causados por la gente que carece de dichas aptitudes.

Por ejemplo, cuando comencé a invertir, todo lo que yo buscaba era pequeños condominios y casas que estaban en ejecución de hipotecas. Comencé con 18 000 dólares en busca de problemas creados por inversionistas que no manejaron su flujo de efectivo correctamente y a quienes se les acabó el dinero.

Después de unos cuantos años yo todavía estaba buscando problemas, pero en esta ocasión los números eran más grandes. Hace tres años yo estaba trabajando en la adquisición por 30 millones de dólares de una compañía minera en Perú. Aunque los problemas y números eran más grandes, el proceso era el mismo.

Cómo pasar más rápido a la pista rápida

La lección consiste en comenzar en pequeño y aprender a resolver problemas y eventualmente usted conseguirá una enorme riqueza conforme mejore su manera de resolver problemas.

Para aquellos que quieren adquirir activos en forma rápida, nuevamente hago énfasis en aprender primero las aptitudes del lado "D" e "I" del *Cuadrante.* Les recomiendo aprender primero cómo construir un negocio, porque el negocio proporciona una experiencia educativa vital, mejora las aptitudes personales, proporciona flujo de efectivo que suaviza los altibajos del mercado y proporciona tiempo libre. Es el flujo de efectivo de mi negocio lo que me permitió tener tiempo para comenzar a buscar problemas financieros que resolver.

¿Puede usted ser los tres tipos de inversionista?

En realidad yo actúo como los tres tipos de inversionista. Yo soy un sargento Schultz, o un inversionista del tipo "C", en lo que se refiere a los fondos de inversión y a seleccionar acciones bursátiles. Cuando me preguntan: "¿Qué fondos de inversión me recomienda?" "¿Qué acciones está usted comprando?", me convierto en el sargento Schultz y respondo: "Yo no sé nada."

Poseo participación en algunos fondos de inversión, pero en realidad no paso mucho tiempo estudiándolos. Puedo lograr mejores resultados con mis edificios de apartamentos que con los fondos de inversión. Como inversionista del tipo "B", busco respuestas profesionales a mis problemas financieros. Busco respuestas de los planificadores financieros, los corredores de bolsa, los banqueros y los corredores de bienes raíces. Si son buenos, esos profesionales proporcionan una gran riqueza de información que yo personalmente no tengo tiempo para recabar. Ellos también se encuentran más cerca del mercado y están, confío, más actualizados sobre los cambios en la legislación y los mercados.

El consejo de mi planificadora financiera no tiene precio sencillamente porque ella sabe más de fideicomisos, testamentos y seguros de lo que yo jamás sabré. Todos debemos tener un plan y por eso existe la profesión de planificador financiero. Existen muchas más cosas en qué invertir que simplemente comprar y vender.

También doy mi dinero a otros inversionistas para que lo inviertan por mí. En otras palabras, conozco otros inversionistas del Nivel 5 y Nivel 6 que buscan socios para sus inversiones. Ésos son individuos que conozco personalmente y en quienes confío. Si deciden invertir en un área de la que no sé nada, como la vivienda para personas de bajos ingresos o los grandes edificios de oficinas, puedo decidir darles mi dinero porque sé que son buenos en lo que hacen y confío en su conocimiento.

Por qué debe comenzar rápidamente

Una de las principales razones por las que recomiendo que la gente encuentre su propia "pista rápida" financiera rápidamente y tome en serio la tarea de volverse rico es porque en Estados Unidos y en la mayor parte del mundo existen dos juegos de reglas, una para los pobres y otra para todos los demás. Muchas leyes han sido elaboradas en contra de la gente que se encuentra atrapada en la carrera de la rata de las finanzas. En el mundo de los negocios y de la inversión, que es el mundo que conozco mejor, encuentro impactante lo poco que sabe la clase media en lo que se refiere al destino de sus impuestos. Aunque los dólares que pagan por impuestos son destinados a muchas causas valiosas, una gran cantidad de los incentivos y pagos fiscales van a los ricos, mientras que la clase media los sufraga.

Por ejemplo, la vivienda de interés social en Estados Unidos es un enorme problema y una "papa caliente" desde el punto de vista político. Para ayudar a resolver ese problema, los gobiernos federal, estatales y locales, ofrecen jugosos créditos fiscales, incentivos fiscales y rentas subsidiadas a la gente para que construya vivienda de interés social. Por el solo hecho de conocer las leyes, los financieros y constructores se enriquecen al hacer que los contribuyentes subsidien sus inversiones en la vivienda para personas de bajos ingresos.

Por qué es injusto

Por lo anterior, no sólo ocurre que la mayoría de la gente del lado izquierdo del Cuadrante del flujo de dinero paga más por impuesto sobre la renta personal, sino que a menudo no son capaces de participar en inversiones con ventajas fiscales. Ésta puede ser una fuente del dicho "los ricos se enriquecen".

Yo sé que es injusto y comprendo ambas versiones de la historia. He conocido gente que protesta y escribe cartas al editor de su periódico. Algunas personas tratan de cambiar el sistema al postularse para puestos políticos. Yo digo que es mucho más fácil simplemente atender su propio negocio, asumir el control de su flujo de efectivo, encontrar su propia pista rápida financiera y enriquecerse. Sostengo que es más fácil que usted cambie a que cambie el sistema político.

Los problemas conducen a las oportunidades

Hace algunos años mi padre rico me alentó a que desarrollara mis habilidades como dueño de negocios e inversionista. También me dijo: "Luego practica resolver problemas."

Durante años, eso fue todo lo que hice. Resolví problemas de negocios y de inversión. Algunas personas prefieren llamarlas "retos", sin embargo yo les llamo problemas, porque eso es lo que son, en su mayoría.

Pienso que a la gente le gusta más la palabra "retos" que "problemas" porque creen que una palabra suena más positiva que la otra. Sin embargo, para mí la palabra "problema" tiene un significado positivo, porque sé que dentro de cada "problema" existe una "oportunidad" y que las oportunidades son lo que los inversionistas buscan. Y con cada problema financiero o de negocios que abordo, sin importar si resuelvo el problema, termino aprendiendo algo. Puedo aprender algo nuevo sobre finanzas, mercadotecnia, asuntos legales o sobre la gente. A menudo conozco nuevas personas que se convierten en activos invaluables en otros proyectos. Muchos se convierten en amigos de toda la vida, lo cual constituye un valor adicional que no tiene precio.

Encuentre su propia pista rápida

Entonces, los que deseen encontrar su propia pista rápida financiera, comiencen por:

1. Atender su propio negocio.
2. Asumir el control de su propio flujo de efectivo.
3. Conocer la diferencia entre riesgo y riesgoso.
4. Conocer la diferencia entre los inversionistas de tipo "A", "B" y "C" y escoger ser los tres.

Para pasar a la pista rápida financiera, conviértase en un experto en la solución de cierto tipo de problema. No "diversifique", como les recomiendan a las personas que son sólo inversionistas del tipo "B". Conviértase en un experto en la resolución de un tipo de problema y la gente acudirá a usted con dinero para invertir. Luego, si usted es bueno y digno de confianza, alcanzará su pista rápida financiera más rápidamente. He aquí algunos ejemplos:

Bill Gates es un experto en resolver problemas de mercadotecnia para aplicaciones de computadora. Él es tan bueno en eso que el gobierno lo persigue. Donald Trump es un experto en resolver problemas de bienes raíces. Warren Buffet es un experto en resolver problemas de negocios y del mercado bursátil, lo que a su vez le permite comprar acciones valiosas y manejar un portafolios exitoso. George Soros es un experto en resolver problemas que son el resultado de la volatilidad de los mercados. Eso es lo que le hace ser un excelente gerente de compensación de riesgo. Rupert Murdoch es un experto en resolver problemas de negocios en las redes de televisión global.

Mi esposa y yo somos muy buenos para resolver problemas de vivienda de apartamentos que eventualmente reditúan ingreso pasivo. Sabemos poco fuera del campo de los edificios de apartamentos pequeños y medianos en que invertimos principalmente y no diversificamos. Si escogemos invertir en áreas alejadas de esa, yo me convierto en un inversionista del tipo "B", lo que significa que le doy mi dinero a la gente que tiene un excelente historial en sus campos de pericia.

Yo tengo un objetivo enfocado y es el de atender mi propio negocio. Aunque mi esposa y yo trabajamos para instituciones caritativas y ayudamos a otras personas en sus esfuerzos, nunca perdemos de vista la importancia de atender nuestro propio negocio y agregar continuamente a nuestra columna de activos.

Así que para volverse rico más rápidamente, conviértase en estudiante de las aptitudes necesarias para ser un dueño de negocio e inversionista y busque resolver problemas más grandes… porque al interior de los grandes problemas se encuentran enormes oportunidades financieras. Por eso recomiendo convertirse primero en un "D" y luego en un "I". Si usted es un maestro en la resolución de problemas de negocios, tendrá un excesivo flujo de efectivo y su conocimiento de negocios le hará ser un inversionista más inteligente. Lo he dicho muchas veces, pero vale la pena decirlo nuevamente: muchas personas acuden al cuadrante "I" con la esperanza de que la inversión resolverá sus problemas financieros. En la mayoría de los casos eso no ocurre. La inversión sólo hace que sus problemas financieros empeoren, si ellos no son ya sólidos propietarios de negocios.

No hay escasez de problemas financieros. De hecho, hay uno para usted a la vuelta de la esquina, esperando ser resuelto.

Actúe

Edúquese en lo relacionado con la inversión:

Una vez más, le recomiendo que domine el Nivel 4 de inversión antes de convertirse en un inversionista de los niveles cinco o seis. Comience en pequeño y continúe su educación.

Haga cada semana al menos dos de las actividades siguientes

1. Asista a seminarios y clases sobre finanzas. (Yo atribuyo gran parte de mi éxito a un curso en bienes raíces que tomé cuando era joven y que me costó 385 dólares. Me ha hecho ganar millones a lo largo de los años porque me decidí a actuar.)

2. Busque los anuncios de venta de bienes raíces de su área. Llame a tres o cuatro por semana y pídale al vendedor que le informe sobre la propiedad. Formule preguntas como éstas:
¿Se trata de una propiedad de inversión?
Si lo es:
¿Está rentada? ¿Cuál es la renta actual? ¿Cuál es la tasa de ocupación? ¿Cuál es la renta promedio en el área? ¿Cuáles son los costos de mantenimiento? ¿Existe mantenimiento diferido? ¿Proporcionará el dueño financiamiento? ¿Qué tipo de términos de financiamiento están disponibles?
Practique el cálculo de una declaración de flujo de efectivo mensual de cada propiedad y luego revíselo con el agente de la propiedad para ver qué olvidó. Cada propiedad es un sistema de negocios único y debe ser apreciado como un sistema de negocio individual.
3. Entrevístese con varios corredores de bolsa y preste atención a las compañías cuyas acciones recomiendan que adquiera. A continuación investigue esas compañías en la biblioteca o en Internet. Llame a las compañías y pídales que le envíen sus informes anuales.
4. Suscríbase a boletines de inversión y estúdielos.
5. Continúe leyendo, viendo videos y escuchando cintas de audio, mirando programas de televisión sobre finanzas y juegue *CASHFLOW.*

Edúquese en lo relacionado con los negocios:

1. Entrevístese con varios corredores de negocios para ver qué negocios existentes están a la venta en su área. Es sorprendente la terminología que usted puede aprender tan sólo al formular preguntas y escuchar.
2. Asista a un seminario de mercadeo en red o aprenda acerca de su sistema de negocio. (Le recomiendo investigar al menos tres compañías de mercadeo en red diferentes.)

3. Asista a las convenciones de oportunidades de negocios o exposiciones comerciales en su área para ver qué franquicias o sistemas de negocios están disponibles.
4. Suscríbase a periódicos y revistas de negocios.

Capítulo 15

Paso 5: busque mentores

¿Quién le guía a los lugares donde nunca ha estado antes?

Un mentor es alguien que le dice lo que es importante y lo que no lo es.

Los mentores nos dicen qué es importante

La siguiente es una hoja de marcador de mi juego de mesa educativo *CASHFLOW*. Fue creada para ser un mentor, porque capacita a la gente a pensar como pensaba mi padre rico y señala aquello que él consideraba que tenía importancia desde el punto de vista financiero.

Salario
Padre Pobre pensaba que esta área de su declaración de impuestos era importante

Pasivo
Padre Rico me enseñó que estas áreas eran importantes si querías ser rico.

*Profesión*________________ *Jugador*________________

Meta: salir de la carrera de la rata y pasar a la pista rápida al crear su propio ingreso pasivo que sea más grande que sus gastos totales.

Declaración de ingresos

Ingreso

Salario:________________
Interés:________________
Dividendos:________________
____
____
Bienes raíces______Flujo de efectivo______
____
____
Negocio______Flujo de efectivo______
____

*Auditor*________________
Persona sentada a su derecha

Ingreso pasivo=____________
(Interés + Dividendos + Bienes raíces + Negocio)

Ingreso total:____________

Gastos

Impuestos________________
Hipoteca________________
Pago de préstamo escolar____________
Pago del automóvil____________
Pago de la tarjeta de crédito____________
Pago del crédito de tiendas comerciales______
Otros gastos________________
Gastos por los hijos________________
Pago del préstamo bancario____________

Número de hijos:____________
(Comience el juego con cero hijos)
Gastos por hijo____________

Gastos Totales:____________

Flujo de efectivo mensual:____________
(Cheque de pago)

Hoja de balance

Activos

Ahorros:________________
Acciones________No.:______Costo____
____
Fondos de inversión________________
____
Certificado de depósitos____________
____
Bienes raíces____Pago inicial______Costo____
Negocio______Pago inicial______Costo____

Pasivos

Hipoteca de la casa____________
Créditos escolares____________
Créditos por automóvil____________
Tarjetas de crédito____________
Deuda con tiendas comerciales______
Segunda hipoteca____________
____
Pasivo (Negocio):____________
Préstamo bancario____________

Mi padre educado pero pobre pensaba que un empleo con un salario alto era importante y que comprar la casa de sus sueños era importante. También creía en pagar sus cuentas primero y vivir de acuerdo con sus medios.

Mi padre rico me enseñó a enfocarme en el ingreso pasivo y pasar mi tiempo adquiriendo activos que proporcionaran ingreso pasivo o residual de largo plazo. Él no creía en vivir de acuerdo con sus medios. A su hijo y a mí nos decía frecuentemente: "En vez de vivir de acuerdo con sus medios, enfóquense en incrementar sus medios."

Para hacer eso, recomendaba que nos enfocáramos en construir la columna de activos e incrementáramos el ingreso pasivo de las ganancias de capital, dividendos, ingreso residual de los negocios, ingreso por renta de bienes raíces y regalías.

Ambos padres fueron mentores importantes para mí cuando crecía. El hecho de que escogí seguir el consejo financiero de mi padre rico no disminuye el impacto que mi padre educado pero pobre tuvo en mí. Yo no sería quien soy ahora sin la poderosa influencia de ambos hombres.

Modelos de conducta inversos

Así como existen mentores que son excelentes modelos de conducta, hay personas que sirven como modelos de conducta inversos. En la mayoría de los casos, todos tenemos ambos.

Por ejemplo, yo tengo un amigo que ha ganado personalmente más de 800 millones de dólares a lo largo de su vida. Actualmente, mientras escribo estas líneas, se encuentra en bancarrota. He tenido otros amigos que me han preguntado por qué continúo pasando tiempo con él. La respuesta a esa pregunta es porque él es al mismo tiempo un excelente modelo de conducta y un excelente modelo de conducta inversa. Puedo aprender de ambos modelos de conducta.

Modelos de conducta espirituales

Mis dos padres eran hombres espirituales, pero cuando se trataba de dinero y espiritualidad tenían diferentes puntos de vista. Por ejemplo, interpretaban el dicho "el amor por el dinero es la raíz de todos los males" de manera diferente.

Mi padre educado pero pobre consideraba que cualquier deseo de tener más dinero o de mejorar su posición financiera era malo.

Por otra parte, mi padre rico interpretaba esa cita de manera totalmente diferente. Él consideraba que la tentación, la codicia y la ignorancia financiera eran malas.

En otras palabras, mi padre rico no pensaba que el dinero fuera malo en sí mismo. Él creía que trabajar toda su vida como esclavo para ganar dinero era malo y que permanecer en estado de esclavitud financiera respecto a la deuda personal era malo.

Mi padre rico a menudo tenía una manera de convertir las enseñanzas religiosas en lecciones financieras; ahora me gustaría compartir con usted una de esas lecciones.

El poder de la tentación

Mi padre rico consideraba que los individuos que trabajaban más duro, que estaban en deuda de manera crónica y vivían por encima de sus medios eran malos modelos de conducta para sus hijos. No sólo eran malos modelos de conducta a sus ojos, sino que sentía que la gente endeudada se había rendido a la tentación y la codicia.

A menudo trazaba un diagrama que tenía el siguiente aspecto y decía:

"Y no nos dejes caer en tentación", mientras señalaba la columna del pasivo.

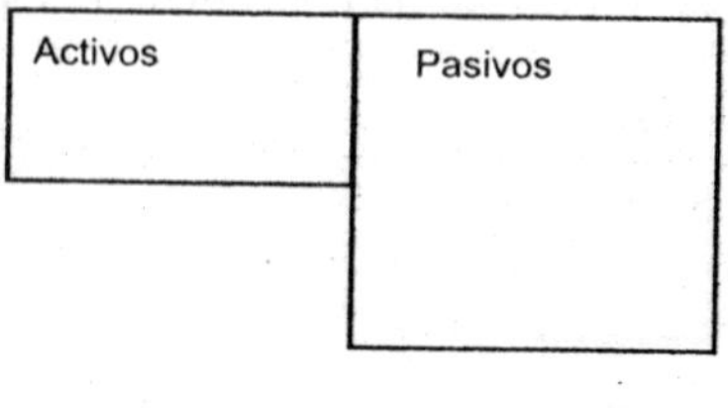

Mi padre rico creía que muchos problemas financieros provenían del deseo de poseer artículos que tenían poco valor. Cuando llegaron las tarjetas de crédito, él previó que millones de personas se endeudarían y que la deuda eventualmente controlaría sus vidas. Vemos a la gente contraer enormes deudas personales para comprar casas, muebles, ropa, vacaciones y automóviles, porque carecen de control sobre la emoción humana llamada "tentación". Hoy en día la gente trabaja más y más duro y adquiere cosas que creen que son activos, pero sus hábitos de gasto nunca les permiten adquirir verdaderos activos.

A continuación, él señalaba la columna de activo que sigue y decía:

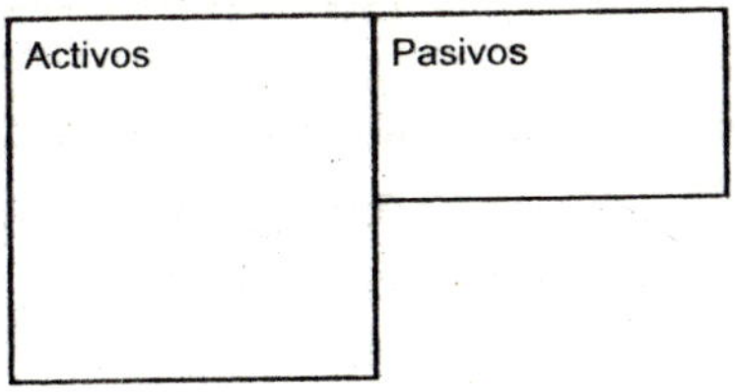

"Líbranos del mal."

Lo cual era la manera de mi padre rico de decir que retrasar la gratificación (una señal de inteligencia emocional), atender su propio negocio y construir primero su columna de activos le ayudaría a evitar la degradación del espíritu humano causada por la tentación, la falta de educación financiera y la influencia de malos modelos de conducta financiera.

Para aquellos de ustedes que busquen su propia pista rápida personal, sólo puedo prevenirlos de que sean cuidadosos acerca de las personas que les rodean todos los días. Pregúntese a sí mismo: ¿Son buenos modelos de conducta? Si no lo son, le sugiero que trate conscientemente de pasar más tiempo con personas que marchan en la misma dirección que usted.

Si usted no puede encontrarlos durante sus horas de trabajo, busque en los clubes de inversión, los grupos de mercadeo en red y otras asociaciones de negocios.

Encuentre a alguien que haya estado allí

Escoja sabiamente a sus mentores. Sea cuidadoso de quien acepta usted consejo. Si usted quiere ir a alguna parte, es mejor encontrar a alguien que ya haya estado allí.

Por ejemplo, si usted decide ir a escalar el Monte Everest el próximo año, obviamente buscará el consejo de alguien que haya escalado la montaña antes. Sin embargo, cuando se trata de escalar montañas financieras, la mayor parte de la gente pide el consejo de personas que también están atrapadas en los pantanos financieros.

La parte difícil de encontrar mentores que sean "D" e "I" es que la mayoría de la gente que proporciona consejo sobre esos cuadrantes y sobre dinero, son personas que en realidad provienen del lado "E" y "A" del Cuadrante.

Mi padre rico me alentó siempre a tener un mentor o entrenador. Él decía constantemente: "Los profesionales tienen un entrenador. Los aficionados no."

Por ejemplo, yo juego al golf y tomo clases, pero no tengo un entrenador de tiempo completo. Ésa es probablemente la razón por la que pago para jugar golf en vez de que me paguen para jugar. Sin embargo, cuando se trata del juego de los negocios y la inversión, sí tengo entrenadores; varios de ellos. ¿Por qué tengo entrenadores? Tengo entrenadores porque me pagan para jugar esos juegos.

De manera que escoja sus mentores sabiamente. Ésa es una de las cosas más importantes que usted puede hacer.

Actúe

1) Busque mentores. Busque individuos tanto en la arena de la inversión como en la de los negocios, que puedan actuar como mentores para usted.

a) Busque modelos de conducta. Aprenda de ellos.

b) Busque modelos de conducta inversos. Aprenda de ellos.

2) Su futuro depende de con quién pase su tiempo

a) Escriba los nombres de las seis personas con las que usted pasa más tiempo. Todos sus hijos cuentan como una persona. Recuerde que el factor de calificación es con quién pasa más tiempo, no el tipo de relación (NO SIGA LEYENDO HASTA QUE NO HAYA ESCRITO SUS 6 NOMBRES).

Yo estaba en un seminario hace 15 años cuando el instructor nos pidió que hiciéramos lo mismo. Escribí mis seis nombres.

A continuación nos pidió que miráramos los nombres que habíamos escrito y anunció: "Están ustedes mirando a su futuro. Las seis personas con quienes pasan más tiempo son su futuro."

Las seis personas con las que pasa usted más tiempo pueden no ser necesariamente amigos personales. Para algunos de ustedes puede tratarse de sus colaboradores, su esposa e hijos, o miembros de su iglesia o institución caritativa. Mi lista estaba compuesta de colaboradores, socios de negocios y jugadores de rugby. La lista fue muy reveladora una vez que la observé por debajo de la superficie. Obtuve una perspectiva sobre mí mismo que me gustó y otra que no me gustó.

El instructor nos pidió que recorriéramos la habitación y habláramos con otras personas para conversar sobre nuestras listas. Después de un rato la importancia del ejercicio comenzó a resultar más evidente. Mientras más discutía mi lista con otras personas y mientras más las escuchaba, me daba cuenta de que necesitaba hacer algunos cambios. Este ejercicio tenía poco que ver con las personas con quienes pasaba mi tiempo. Tenía todo que ver con a dónde me dirigía y qué estaba haciendo con mi vida.

Quince años después, las personas con quienes paso la mayor parte de mi tiempo son todas distintas, excepto una. Los cinco restantes en mi lista anterior todavía son amigos queridos, pero nos vemos rara vez. Son grandes personas y son felices con sus vidas. Mi cambio tuvo que ver solamente conmigo mismo. Yo quería cambiar mi futuro. Para cambiar mi futuro de manera exitosa, tenía que cambiar mis ideas y como resultado a la gente con quien pasaba el tiempo.

b) Ahora que tiene su lista de seis personas, el siguiente paso es:

1) Escriba después del nombre de cada persona el cuadrante en que opera.

¿Son "E, A, D o I"? Un recordatorio: el cuadrante refleja la manera en que una persona genera la mayor parte de su ingreso. Si son desempleados o retirados, señale el cuadrante en que ganaban sus ingresos. Deje el espacio en blanco para los niños y los estudiantes.

Nota: una persona puede tener más de una designación. Por ejemplo, mi esposa Kim tendría una "D" y una "I" junto a su nombre, debido a que ella genera 50% de su ingreso en cada cuadrante.

Mi lista tendría a Kim a la cabeza debido a que ella y yo pasamos casi todo nuestro tiempo juntos.

NOMBRE	Cuadrante
1. Kim Kiyosaki	D-I
2.	
3.	
4.	
5.	
6.	

c) El siguiente paso consiste en escribir junto a cada persona su nivel como inversionista. Por favor revise el capítulo cinco y los siete niveles de inversionistas. Kim es una inversionista de Nivel 6.

Si usted no sabe cuál es el nivel de inversionista de una persona, simplemente haga su mejor esfuerzo y trate de adivinarlo.

Un nombre quedaría completo con el cuadrante y el nivel de inversionista.

NOMBRE	Cuadrante	Nivel de inversionista
1. Kim Kiyosaki	D-I	6
2.		
3.		
4.		
5.		
6.		

Algunas personas se enfadan

He recibido comentarios diferentes de las personas tras realizar este ejercicio. Algunas personas se enojan mucho. He escuchado: "¿Cómo se atreve a pedirme que clasifique a las personas que me rodean?" De manera que si este ejercicio le ha causado una molestia emocional, por favor acepte mis disculpas. Este ejercicio no tenía la intención de irritar a nadie. Se trata simplemente de un ejercicio diseñado para arrojar alguna luz sobre una vida individual. Lo hace en algunos casos, pero no para todos.

Cuando hice este ejercicio hace cerca de 15 años, me di cuenta de que estaba jugando a lo seguro y escondiéndome. Yo no estaba contento con el sitio en que me encontraba y utilizaba a la gente con quien trabajaba como una excusa de por qué no estaba realizando progreso en mi vida. Había dos personas en particular con quienes discutía constantemente, culpándolas por impedir el avance de nuestra compañía. Mi rutina diaria de trabajo consistía en descubrir sus errores, señalarles sus fallas y luego culparlos por los problemas que estábamos teniendo como organización.

Después de completar este ejercicio, me di cuenta de que esas dos personas con quienes siempre tenía enfrentamientos eran muy felices en el sitio en que se encontraban. Yo era quien quería un cambio. De manera que en vez de cambiarme a mí mismo, estaba presionándolos para que cambiaran. Después de hacer este ejercicio me di cuenta de que estaba proyectando mis expectativas personales en los demás. Quería que ellos hicieran lo que yo no quería hacer. También pensé que ellos deberían querer y tener las mismas cosas que yo. No se trataba de una relación sana. Una vez que me di cuenta de lo que estaba ocurriendo, fui capaz de dar los pasos para cambiarme a mí mismo.

d) Observe el Cuadrante del flujo de dinero y coloque las iniciales de las personas con quienes pasa su tiempo en el cuadrante apropiado.

   A continuación ponga sus iniciales en el cuadrante en que se encuentra usted actualmente. En seguida ponga sus iniciales en el cuadrante en que desea estar en el futuro. Si todos se encuentran principalmente en el mismo cuadrante, existen buenas posibilidades de que usted sea una persona feliz.

Usted está rodeado de personas con su misma mentalidad. Si no es así, es posible que usted quiera considerar algunos cambios en su vida.

Capítulo 16

Paso 6: convierta la desilusión en su fortaleza

¿En quién se convierte usted cuando las cosas no salen como quiere?

Cuando dejé el cuerpo de marines, mi padre rico me recomendó que consiguiera un trabajo que me enseñara a vender. Él sabía que yo era tímido. Aprender a vender es la última cosa en el mundo que yo quería hacer.

Durante dos años fui el peor vendedor de mi compañía. Yo no podía vender un salvavidas a un hombre que se estuviera ahogando. Mi timidez era dolorosa, no sólo para mí, sino también para los clientes a quienes trataba de vender. Durante dos años estuve “a prueba”; lo que significa que siempre estaba a punto de ser despedido.

A menudo culpaba a la economía o al producto que yo estaba vendiendo, incluso a los clientes, como las razones por las que carecía de éxito. Mi padre rico tenía otra manera de ver las cosas. Él decía: “Cuando la gente es mediocre, le gusta culpar a los demás.”

Eso significaba que el dolor emocional por la desilusión era tan fuerte que el individuo que lo padece trata de empujarlo hacia alguien más por medio de la culpa. Para aprender a vender, tuve que enfrentarme al dolor de la desilusión. En el proceso de aprender a vender, descubrí una lección sin precio: cómo convertir la desilusión en un activo, en vez de que sea un pasivo.

Siempre que conozco a personas que tienen miedo de "intentar" algo nuevo, en muchos casos la razón es que tienen miedo a la desilusión. Tienen miedo de que puedan cometer un error o ser rechazados. Si usted está preparado para embarcarse en su viaje para encontrar su propia pista rápida financiera, me gustaría ofrecerle las mismas palabras de consejo y estímulo que mi padre rico me ofreció cuando yo estaba aprendiendo algo nuevo:

"Prepárese a quedar desilusionado."

Él decía esto en un sentido positivo, no en un sentido negativo. Su razonamiento era que si usted está preparado para la desilusión, tiene una oportunidad de convertir esa desilusión en un activo. La mayoría de la gente convierte la desilusión en un pasivo —uno de largo plazo. Y usted sabe que es de largo plazo cuando escucha que una persona dice: "Nunca volveré a hacer eso", o "yo debería haber sabido que fracasaría".

De la misma forma que al interior de cada problema hay una oportunidad... al interior de cada desilusión se encuentra la gema sin precio de la sabiduría.

Siempre que escucho a alguien decir: "Nunca volveré a hacer eso", sé que estoy escuchando a alguien que ha dejado de aprender. Han permitido que la desilusión los detenga. La desilusión se ha convertido en una muralla erigida a su alrededor, en vez de ser los cimientos sobre los cuales crecer más alto.

Mi padre rico me ayudó a aprender cómo tratar con la desilusión emocional profunda. Mi padre rico decía a menudo: "La razón por la que existen pocas personas que se hayan enriquecido por su propio esfuerzo es debido a que pocas toleran la desilusión. En vez de aprender a encarar la desilusión, pasan sus vidas evitándola."

También decía: "En vez de evitarla, debes estar preparado para ella. La desilusión es una parte importante del aprendizaje. De la misma forma en que aprendemos de nuestros errores, forjamos nuestro carácter de nuestras desilusiones." A continuación incluyo algunos consejos que me dio a lo largo de los años:

1. Espere quedar desilusionado. Mi padre rico decía frecuentemente: "Sólo los tontos esperan que todo salga de la manera que quieren. Tener la expectativa de quedar desilusionado no significa ser pasivo o ser un perdedor derrotado. Tener la expectativa de quedar desilusionado es una manera de preparase mental y emocionalmente para estar listo ante las sorpresas que usted puede no desear. Al estar preparado emocionalmente, usted puede actuar con calma y dignidad cuando las cosas no marchan como desea. Si usted está calmado, puede pensar mejor."

Muchas veces he visto a personas con grandes y novedosas ideas de negocios. Su entusiasmo dura cerca de un mes y luego la desilusión comienza a apoderarse de ellos. Pronto, su entusiasmo disminuye y todo lo que les escucha decir es: "Ésa era una buena idea, pero no funcionó."

No es la idea lo que no funcionó. Ocurrió que la desilusión funcionó mejor. Ellos permitieron que su impaciencia se volviera desilusión y entonces permitieron que la desilusión los derrotara. Muchas veces esa impaciencia es el resultado de que no reciben una recompensa financiera inmediata. Los dueños de negocios e inversionistas posiblemente esperen durante años para ver el flujo de efectivo de su negocio o inversión, pero lo realizan conscientes de que el éxito posiblemente tarde en llegar. También saben que cuando el éxito se logra, la recompensa financiera bien habrá valido la pena.

2. Tenga un mentor al pendiente. En la primera página de su directorio telefónico se encuentra la lista de teléfonos del hospital, el departamento de bomberos y el departamento de policía.

Yo tengo la misma lista de números para emergencias financieras, excepto que se trata de los números telefónicos de mis mentores.

Frecuentemente, antes de participar en un negocio o empresa, llamo a uno de mis amigos para explicarle lo que estoy haciendo y qué pretendo lograr. También les pido que se mantengan al pendiente por si me voy de bruces, lo que ocurre a menudo.

Recientemente me encontraba negociando la compra de una gran propiedad inmobiliaria. El vendedor estaba jugando duro y cambiando los términos al cerrar el trato. Él sabía que yo deseaba la propiedad y estaba haciendo su mejor esfuerzo para obtener más dinero en el último minuto. Dado que tengo un temperamento explosivo, mis emociones salieron de control. En vez de arruinar el trato al gritar, lo cual es mi inclinación normal, simplemente le pedí que me dejara utilizar su teléfono para llamar a mi socio.

Después de hablar con tres de mis amigos, que estaban al pendiente y obtener su consejo sobre cómo manejar la situación, me calmé y aprendí tres nuevas formas de negociar que yo no conocía antes. El negocio no se concretó, pero yo todavía utilizo esas tres técnicas de negociación actualmente; técnicas que nunca hubiera aprendido si no hubiera participado en ese negocio en absoluto. Ese conocimiento no tiene precio.

Lo importante es que no podemos saberlo todo de antemano y a menudo sólo aprendemos las cosas cuando necesitamos aprenderlas. Ésa es la razón por la que recomiendo que intente hacer nuevas cosas y espere quedar desilusionado, pero siempre tenga a un mentor al pendiente para que lo dirija durante la experiencia. Muchas personas nunca comienzan sus proyectos simplemente porque no tienen todas las respuestas. Usted nunca dispondrá de todas las respuestas, pero comience de cualquier manera. Como dice siempre mi amigo Keith Cunningham: "Muchas personas no avanzan en la calle hasta que todas las luces están en verde. Por eso no van a ninguna parte."

3. Sea amable consigo mismo. Uno de los aspectos más dolorosos sobre cometer un error y quedar desilusionado o fracasar en algo no es lo que otras personas dicen sobre nosotros. Es cuán duros somos con nosotros mismos. Muchas personas que cometen errores a menudo se golpean más duro de lo que nadie más lo haría. Deberían entregarse a la policía por abuso emocional personal.

He descubierto que las personas que son muy duras consigo mismas mental y emocionalmente a menudo son demasiado precavidas cuando corren riesgos, o cuando adoptan nuevas ideas, o cuando intentan algo nuevo. Es difícil aprender algo nuevo si usted se castiga a sí mismo o si culpa a alguien más por sus desilusiones personales.

4. Diga la verdad. Uno de los peores castigos que jamás recibí cuando era niño fue el día en que accidentalmente rompí el diente incisivo de mi hermana. Ella corrió a decírselo a mi padre y yo corrí a esconderme. Cuando mi padre me encontró estaba muy enojado.

Me regañó: "La razón por la que te castigo no es porque le hayas roto el diente a tu hermana... sino porque huiste."

En cuestiones financieras, ha habido muchas ocasiones en que yo hubiera podido huir de mis errores. Huir es una cosa muy fácil, pero las palabras de mi padre me fueron útiles por el resto de mi vida.

En pocas palabras, todos cometemos errores. Todos nos sentimos molestos y desilusionados cuando las cosas no salen como queremos. Sin embargo, la diferencia está en cómo procesamos internamente esa desilusión. Mi padre rico lo resumió de esta manera. Él decía: "El tamaño de tu éxito se mide por la fortaleza de tu deseo, el tamaño de tu sueño y cómo manejaste la desilusión en el camino."

En los siguientes años vamos a sufrir cambios financieros que pondrán a prueba nuestro coraje. Son las personas que tienen control de sus emociones, quienes no permiten que sus emociones les hagan retroceder, poseen madurez emocional para aprender nuevas habilidades financieras, estos individuos florecerán en los años siguientes.

Como dice la canción de Bob Dylan: "Los tiempos están cambiando."

Y el futuro pertenece a quienes pueden cambiar con los tiempos y utilizan sus desilusiones personales como material para construirlo.

Actúe

1) Cometa errores. Ésa es la manera en que recomiendo que comience a dar pequeños pasitos. Recuerde que perder es parte de ganar. Los "E" y "A" fueron entrenados bajo la idea de que cometer errores no era aceptable. Los "D" y los "I" saben que cometer errores es la manera en que ellos aprenden.
2) Invierta un poco de dinero. Comience en pequeño. Si usted encuentra una inversión en la cual quiere participar, invierta un poco de dinero. Es sorprendente la velocidad con que la inteligencia crece cuando usted está arriesgando su dinero. No apueste el rancho, el pago de su hipoteca o los ahorros para la educación universitaria de su hijo. Simplemente invierta un poco de dinero… y luego ponga atención y aprenda.
3) La clave para este paso es ¡ACTÚE!

   Leer, observar y escuchar son cruciales para su educación. Pero usted debe comenzar a HACER. Realice ofertas en pequeños tratos de bienes raíces que le generen un flujo de efectivo positivo, únase a una compañía de mercadeo en red y aprenda sobre ella desde adentro, invierta en algunas acciones luego de investigar a la compañía. Busque el consejo de su mentor, asesor financiero o fiscal si usted lo necesita. Como dicen en Nike… "¡Sólo hágalo!"

Capítulo 17

Paso 7: el poder de la fe

¿Cuál es su miedo más profundo?

En mi último año de la preparatoria, el hijo de mi padre rico y yo estábamos de pie frente a un pequeño grupo de estudiantes compuestos principalmente por los líderes de nuestra clase. Nuestra tutora nos dijo: "Ustedes dos nunca lograrán nada."

Algunos de nuestros compañeros hacían muecas mientras continuaba: "A partir de ahora no voy a gastar mas tiempo con ninguno de ustedes. Sólo voy a pasar tiempo con aquellos estudiantes que son líderes de la clase. Ustedes dos son los payasos de la clase con malas calificaciones y nunca lograrán nada. Ahora márchense de aquí".

El más grande de todos los favores

La tutora nos hizo, a Mike y a mí, el más grande de todos los favores. Aunque lo que ella dijo era verdadero en muchos sentidos y sus palabras nos hirieron profundamente, también nos inspiraron para esforzarnos más. Sus palabras nos acompañaron a lo largo de nuestra universidad y hasta el momento en que tuvimos nuestros propios negocios.

Una reunión de la preparatoria

Hace unos años Mike y yo regresamos a la reunión de nuestra preparatoria, que siempre es una experiencia interesante. Fue agradable visitar a personas con quienes pasamos tres años durante un período cuando ninguno de nosotros sabía realmente quiénes éramos. También fue interesante ver que la mayoría de los así llamados líderes no habían tenido éxito después de la escuela preparatoria.

Cuento esta historia porque Mike y yo no éramos luminarias académicas. Tampoco fuimos genios financieros ni estrellas del atletismo. En gran medida éramos estudiantes entre "lentos para aprender" y "promedio". No éramos los líderes de nuestra clase. En mi opinión, no teníamos el talento natural de nuestros padres. Sin embargo, fueron las dolorosas palabras de nuestra tutora y las muecas de burla de nuestros compañeros de clase lo que nos impulsó a trabajar con esmero, aprender de nuestros errores y seguir avanzando tanto en los buenos tiempos como en los malos.

Sólo porque usted no tuvo un buen desempeño escolar, no era popular, no era bueno en matemáticas, era rico o pobre, o tenía otras razones para menospreciarse a sí mismo, nada de eso cuenta a largo plazo. Las llamadas "limitaciones" sólo cuentan si usted cree que cuentan.

Para quienes consideren embarcarse en su propia pista rápida financiera, es posible que tengan algunas dudas sobre sus capacidades. Todo lo que puedo decirles es que confío en que tengan todo lo que necesitan en este momento para ser exitosos desde el punto de vista financiero. Todo lo que se requiere para sacar los talentos naturales que Dios les dio es su deseo, determinación y la fe profunda de saber que tienen un genio y un talento únicos.

Mírese en el espejo y escuche las palabras

Un espejo refleja más que sólo una imagen visual. Un espejo a menudo refleja nuestros pensamientos. Con qué frecuencia hemos visto personas que se miran en el espejo y dicen cosas como:

"¡Oh, tengo un aspecto horrible!"

"¿He subido tanto de peso?"

"Realmente estoy envejeciendo"

O:

"¡Vaya, vaya, vaya! ¡Soy endiabladamente guapo! ¡Soy un regalo de Dios para las mujeres!"

Los pensamientos son reflejos

Como dije antes, los espejos reflejan mucho más que aquello que los ojos ven. Los espejos también reflejan nuestros pensamientos, a menudo nuestras opiniones sobre nosotros mismos. Esos pensamientos u opiniones son mucho más importantes que nuestra apariencia externa.

Muchos de nosotros hemos conocido personas que son bellas en el exterior, pero que en su fuero interno creen que son feas. O personas que son muy amadas por otros, pero que no pueden amarse a sí mismas. Nuestros pensamientos más profundos son a menudo reflejos de nuestras almas. Los pensamientos son reflejos de nuestro amor por nosotros mismos, nuestros egos, nuestro disgusto con nosotros mismos, cómo nos tratamos o nuestra opinión general sobre nosotros mismos.

El dinero no permanece con las personas que no confían en sí mismas

Las verdades personales son mencionadas frecuentemente en momentos de emociones álgidas.

Después de explicar el Cuadrante del flujo de dinero a una clase o individuo les doy un momento para que decidan su siguiente paso. Primero deciden en qué cuadrante se encuentran, lo cual es sencillo porque se trata simplemente del cuadrante en el que generan la mayor parte de su dinero. A continuación les pregunto hacia qué cuadrante les gustaría trasladarse, si es que necesitan hacerlo.

Entonces ellos observan el Cuadrante y hacen su selección.

Algunas personas lo miran y dicen: "Yo estoy feliz exactamente en donde estoy."

Otras dicen: "Yo no soy feliz con el sitio en que me encuentro, pero no estoy dispuesto a cambiar o hacer un movimiento en este momento."

Y hay personas que están insatisfechas con el lugar en que están y saben que necesitan hacer algo inmediatamente. Las personas en esta condición a menudo hablan con mayor claridad acerca de sus verdades personales. Utilizan palabras que reflejan sus opiniones sobre sí mismos, palabras que reflejan su alma. Y eso es por lo que digo que "las verdades personales son mencionadas frecuentemente en momentos de emociones álgidas".

En esos momentos de verdad a menudo escucho:

"No puedo hacer eso. No puedo trasladarme de 'A' a 'D'. ¿Está usted loco? Tengo una esposa y tres hijos que alimentar."

"No puedo hacer eso. No puedo esperar cinco años antes de recibir otro cheque de sueldo."

"¿Invertir? Usted quiere que pierda todo mi dinero, ¿No es así?"

"No tengo dinero para invertir."

"Necesito más información antes de hacer algo."

"He intentado eso antes. Nunca funcionará."

"No necesito saber cómo leer estados financieros. Puedo arreglármelas."

"No tengo por qué preocuparme. Todavía soy joven."

"No soy lo suficientemente inteligente."

"Yo lo haría si pudiera encontrar a las personas correctas que lo hagan conmigo."

"Mi esposo nunca se atrevería."

"Mi esposa nunca comprendería."

"¿Qué dirían mis amigos?"

"Lo haría si fuera más joven."

"Es demasiado tarde para mí."

"No vale la pena."

"No valgo la pena."

Todas las palabras son espejos

Las verdades personales son mencionadas en momentos de emociones álgidas. Todas las palabras son espejos porque reflejan alguna perspectiva sobre aquello que las personas piensan de sí mismas, incluso a pesar de que puedan estar hablando de alguien más.

Mi mejor consejo

Para aquellos de ustedes que están listos para transitar de un cuadrante a otro, el consejo más importante que puedo darles es que deben estar conscientes de sus palabras. Usted debe estar especialmente consciente de las palabras que vienen de su corazón, de su estómago y de su alma. Si usted va a hacer un cambio, debe estar consciente de los pensamientos y palabras generadas por sus emociones. Si usted no puede estar consciente del momento en que sus emociones están afectando sus ideas, nunca sobrevivirá al viaje. Usted se pondrá obstáculos sólo. Porque incluso si usted está hablando acerca de alguien más, por ejemplo al decir: "Mi cónyuge nunca lo comprenderá", en realidad está diciendo algo de sí mismo. Usted puede estar utilizando a su cónyuge como una excusa por su propia falta de acción, o en realidad podría estar diciendo: "No tengo el coraje o las habilidades de comunicación para transmitirle a ella estas ideas." Todas las palabras son espejos que proporcionan oportunidades para que usted observe su propia alma.

O usted podría decir:

"No puedo dejar de trabajar y comenzar mi propio negocio. Tengo una hipoteca y una familia en quien pensar."

Usted podría estar diciendo:

"Estoy cansado. No quiero hacer nada más."

O:

"En realidad no quiero aprender nada más."

Ésas son verdades personales.

Las verdades personales también son mentiras personales

Ésas son verdades y también son mentiras. Si usted se miente a sí mismo, yo diría que el viaje nunca podrá ser completado. De manera que mi mejor consejo es que escuche sus propias dudas, temores y pensamientos limitantes y entonces indague en busca de una verdad más profunda.

Por ejemplo, decir: "Estoy cansado. No quiero aprender algo nuevo", puede ser una verdad, pero también una mentira. La verdad puede ser: "Si no aprendo algo nuevo, estaré todavía más cansado", incluso más profundamente que eso: "La verdad es que me gusta aprender nuevas cosas. Me gustaría aprender nuevas cosas y estar emocionado nuevamente acerca de la vida. Quizá se abrirían nuevos mundos para mí." Una vez que usted pueda llegar al punto de la verdad más profunda, es posible que encuentre una parte de usted que es lo suficientemente poderosa para ayudarle a cambiar.

Nuestro viaje

Para que Kim y yo saliéramos adelante primero tuvimos que estar decididos a vivir con las opiniones y críticas que teníamos de manera individual sobre nosotros mismos. Teníamos que estar dispuestos a vivir con los pensamientos personales que nos mantenían pequeños, pero no dejar que dichos pensamientos nos detuvieran. Ocasionalmente la presión llegaría al punto de ebullición y nuestra autocrítica estallaría y yo la culparía a ella por mis dudas sobre mí mismo y ella me culparía por sus dudas sobre sí misma. Sin embargo, ambos sabíamos antes de comenzar el viaje, que las únicas cosas que teníamos que encarar eran en última instancia nuestras propias dudas, críticas y defectos. Nuestro verdadero trabajo como marido y mujer, como socios de negocios y como almas gemelas a lo largo de ese viaje, era seguir recordándonos mutuamente que cada uno de nosotros era más poderoso que nuestras dudas individuales, nuestra mezquindad y nuestros defectos. En ese proceso aprendimos a confiar más en nosotros mismos. La meta última para nosotros era más que simplemente volvernos ricos; consistía en aprender a ser dignos de confianza con nosotros mismos y con el dinero.

Recuerde que usted es la única persona que determina los pensamientos que quiere creer sobre sí mismo. De manera que la recompensa por el viaje no es sólo la libertad que proporciona el dinero sino la confianza que usted cobra en sí mismo... pues en realidad se trata de lo mismo. Mi mejor consejo es que se prepare diariamente para ser más grande que su pequeñez. En mi opinión, la razón por la que la mayoría de la gente se detiene y le da la espalda a sus sueños es porque la pequeña persona que se encuentra dentro de cada uno de nosotros derrota a la más grande.

A pesar de que usted posiblemente no sea bueno en todo, se necesita tiempo para desarrollar aquello que usted necesita aprender y su mundo cambiará rápidamente. Nunca huya de aquello que necesita aprender. Enfrente sus miedos y dudas, y nuevos mundos se abrirán ante usted.

Actúe

¡Crea en usted mismo y comience hoy!

Capítulo 18

En resumen

Éstos son los siete pasos que mi esposa y yo utilizamos para transitar de carecer de un hogar a ser libres desde el punto de vista financiero en unos cuantos años. Estos siete pasos nos ayudaron a encontrar nuestra propia pista rápida financiera y continuamos utilizándolos hoy en día. Yo tengo confianza en que podrán ayudarle a trazar su propio trayecto hacia la libertad financiera.

Para lograrlo, le recomiendo que sea fiel a sí mismo. Si usted no es todavía un inversionista de largo plazo, conviértase en uno tan rápido como pueda. ¿Qué significa eso? Siéntese y diseñe un plan para asumir el control de sus hábitos de gasto. Reduzca su deuda y sus pasivos. Viva de acuerdo con sus medios y a continuación increméntelos. Averigüe cuánto dinero invertido al mes, por cuantos meses, a una tasa de retorno realista, le tomará alcanzar sus metas. Metas como: ¿A qué edad planifica usted dejar de trabajar? ¿Cuánto dinero necesitará mensualmente para vivir de acuerdo con el estándar que usted desea?

Contar con un plan a largo plazo que reduzca su deuda de consumo mientras le permita apartar una pequeña cantidad de dinero de manera regular le dará a usted una ventaja si comienza lo suficientemente temprano y se mantiene atento a lo que está haciendo.

En este nivel, haga las cosas sencillas. No haga lo complicado.

La razón por la que le muestro el Cuadrante del flujo de dinero, los siete niveles de inversionistas y mis tres tipos de inversionistas es para ofrecerle muchas perspectivas sobre lo que usted es, cuáles pueden ser sus intereses y en quién quiere usted convertirse en última instancia. Me gusta creer que cualquiera puede encontrar su propio camino único hacia la pista rápida financiera, sin importar en qué cuadrante opere. Sin embargo, depende de usted en última instancia encontrar su propio camino.

Recuerde lo que dije en un capítulo previo: "El trabajo de su jefe es darle a usted un trabajo. Su trabajo es convertirse en rico usted mismo."

¿Está listo para dejar de acarrear cubetas de agua y comenzar a construir las tuberías de flujo de efectivo que lo mantengan, mantengan a su familia y su estilo de vida?

Atender su propio negocio puede ser difícil y en ocasiones desconcertante, especialmente al principio. Existe mucho que aprender, sin importar lo que usted sepa. Se trata de un proceso que dura toda la vida. Pero la buena noticia es que la parte más difícil del proceso está al inicio. Una vez que usted hace el compromiso, la vida realmente se hace cada vez más sencilla. Atender su propio negocio no es difícil. Se trata solamente de sentido común.

Apéndice: Guía de consulta rápida para la riqueza

Por Alan Jacques*, inspirada en la obra de Robert Kiyosaki

	Masas en bancarrota
1. Quiénes	Empleados
2. Educación	Bachillerato o licenciatura
3. Objetivo financiero máximo	Sobrevivir hasta el siguiente día de pago
4. Aspiración	Salario o tarifa por hora
5. Administración del flujo de dinero (AFD)	"¿Cuánto traigo en la cartera?"
6. Definición de activos	Un *6-pack* en el refrigerador
7. Casa	Les gustaría ser propietarios de una
8. Medios de inversión	•Pensión del gobierno •Lotería
9. Fuentes de inversión	El gobierno
10. Sistemas de inversión	Esperanza
11. Índice estimado de ganancia	Hacerse ricos rápidamente
12. Riesgos	No saben cómo evaluarlos
13. Qué funciona	Si no funciona, sigue intentándolo
14. Horizonte temporal	Siguiente día de pago
15. Bienes raíces	Les gustaría ser propietarios
16. Recurso más valioso	Salario
17. Finalidad del trabajo	Trabajan para solventar los gastos del fin de semana
18. Asesores	Amigos y familiares en bancarrota
19. Fuentes de información	•Televisión
20. Indicador de éxito	Cuenta de ahorro con 100 dólares
21. Preguntas y respuestas	No comprenden la diferencia
22. Delega	"Si lo quieres bien hecho, hazlo tú mismo"

*Alan Jacques es presidente de una exitosa consultora canadiense y excelente maestro de temas como dinero, riqueza y negocios empresariales.

Inversionista exitoso de clase media	**Ricos**
Empleado o autoempleado	Dueños de negocios e inversionistas
•Valora la educación académica; suele ser licenciado •Asiste a cursos y seminarios sobre inversión	Valoran únicamente lo aprendido en la "vida real", por sí mismos o mediante colegas
Reunir un capital neto significativo entre los 55 y 65 años de edad	Libertad
Capital neto	Flujo de dinero
Entiende la importancia de la AFD	Saben que la AFD es la base de la riqueza
Todo aquello que tiene valor de mercado	Todo lo que produce un flujo de dinero positivo
Uno de sus activos más importantes	Una casa es un pasivo, no un activo
•Fondos de inversión mobiliaria •Acciones de compañías grandes •Bienes raíces: condominios, casas y dúplex	•Invierten en ofertas públicas primarias de acciones bursátiles •Bienes raíces: desarrollos grandes •Negocios
Invierte en productos financieros creados por otros	•Crean productos y servicios para vender a la clase media y las masas
•Costo de inversión promedio •Inversión en bienes raíces depreciados con potencial a futuro	•Desarrollan sus propios sistemas y/o modifican otros •Aprenden de colegas inversionistas ricos
12 a 30%	50 a 500% +++
Acepta riesgos moderados	La mayoría de las inversiones son de riesgo bajo o muy bajo
Aprende qué funciona y continúa haciéndolo	Siguen aprendiendo e innovando, innovando e innovando
Largo plazo	Se adapta a cada meta o inversión
Compra y espera a que su valor aumente	"El dinero se gana al comprar, no al vender"
Inversiones	Tiempo
Trabaja para ganar dinero, del cual destina a inversiones entre 10 y 20%	El dinero trabaja para que ellos no tengan que hacerlo
Planificadores financieros, contadores	Ellos mismo, colegas, asesores, profesionales selectos
•*The Millionaire Next Door* •*The Wealthy Barber*	•*Padre rico, padre pobre* •*El Cuadrante del flujo de dinero* •Juego *CASHFLOW* •Audiocintas de Robert Kiyosaki
Un millón de dólares de capital neto	Sus ingresos pasivos superan sus gastos
Plantea preguntas y busca la respuesta correcta	Saben que hay muchas respuestas
"Puedes delegar lo que no sabes hacer"	"Si no sabes lo básico, ¡pueden destazarte!"

El cuadrante del flujo de dinero de Robert T. Kiyosaki
se terminó de imprimir en julio de 2017
en los talleres de
Impresora Tauro S.A. de C.V.
Av. Plutarco Elías Calles 396, col. Los Reyes,
Ciudad de México